新中國出土書蹟

選堂題

西林昭一　陈松长

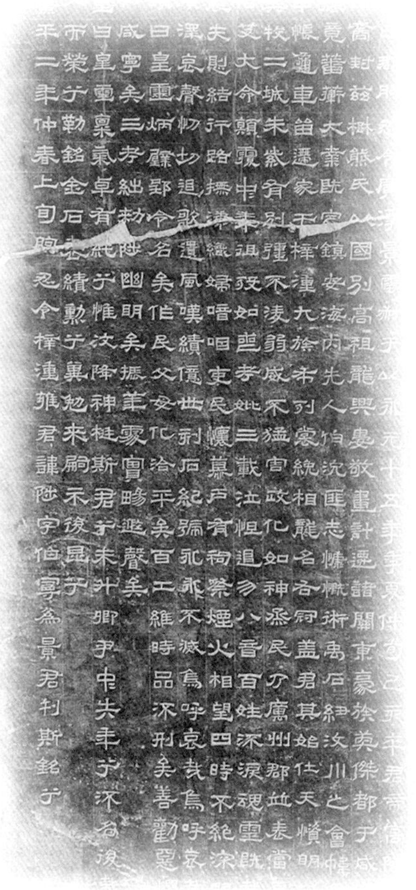

文物出版社

书名题签：饶宗颐
责任编辑：李　穆
封面设计：周小玮
责任印制：陈　杰

图书在版编目（CIP）数据

新中国出土书迹／（日）西林昭一著；陈松长译．－北京：
文物出版社，2009.5
ISBN 978-7-5010-2753-8

Ⅰ．新…　Ⅱ．①西…②陈…　Ⅲ．古书契－汇编－中国
Ⅳ．K877

中国版本图书馆 CIP 数据核字（2009）第 057593 号

新中国出土书迹

西林昭一　　陈松长

*

文物出版社出版发行

（北京市东城区东直门内北小街 2 号楼）

http://www.wenwu.com

E-mail:web@wenwu.com

北京燕泰美术制版印刷有限责任公司印制

新　华　书　店　经　销

787 × 1092　1/16　印张：22

2009 年 5 月第 1 版　2009 年 5 月第 1 次印刷

ISBN 978-7-5010-2753-8　定价：78.00 元

序

苏士澍

记得一位文物专家谈到历代文物的出土时说，我们的祖先不可能把所有的东西都埋到地下，我们也不可能把祖先埋的东西全挖出来。这话说得非常客观，也非常到位，的确这是一个没有争论的问题。这就使我们研究的课题，永远带有一定的玄妙性，有不少疑团等待我们解决，于是我们的课题也就显得丰富多彩起来。

现实还告诉我们，随着时光的推移，随着考古工作的进展，我们几乎每天都有祖先埋的东西被发掘出来，给我们的研究增加新的材料，也使我们的研究日益生动起来，并且不断地向前发展。

对于书法工作者来说，发现新资料似乎更显得重要。为什么这样说，因为文字发展的轨迹可以说已经基本画就，虽然我们推断甲骨文前面有了系统的文字，但是发现要依赖很大程度上的偶然性，也许像甲骨文当年走出中药铺那样。于是，带有刻符的陶器、做辅料用的残纸、作为地界铭文的砖头……发现都会令我们惊喜不已。

这些文物的出现，我们更看中其身上的文字，甚至在某种意义上忽略了本身的价值，颇有点儿买椟还珠的意思。这倒不是我们喧宾夺主，而是这些文字的出现虽然比不了填补甲骨文那样大的缺项，却在小的地方把原有的文字丰富起来，使得文字发展的轨迹更加圆满和流畅，也为我们研究古文字和发展书法某一流派提供了千金难买的第一手资料。

尽管这些资料是零散的，但是一汇入已经有了的文字阵容之中，举足轻重的作用立刻便被显示出来。几十年来，有些学者开始对这些看似散碎的资料着手整理，使之尽可能地系统化，并探讨出处，无论是对研究历史还是书法者，都有着莫大的好处。

有的时候，学术不受国界的局限，更何况和我们一衣带水的日本，对汉文化一直是锲而不舍地研究。我的老朋友，日本学者西林昭一先生，专攻书法理论和中国书法演变史已经五十多年了，经过辛勤的积累，陆续发表了关于书史书迹的论文，并且在 1989 年出版了专著——《中国新出土的书迹》，涉及的资料竟然有 300 多种。这种精神，这种业绩，真是到了令人赞叹的地步。他在出书的时候，就有了预言，说随着时光的推移和考古事业的发展，一定会有更多的新的书迹被发现。他有一个充足的理由，那就是说中国是一个地大物博的国家。

正如学者有卓识的预言，果然新的书迹也争先来沐浴新世纪的阳光了，使得考古界又有了新的发现，书人又有了新的惊喜。西林昭一先生自然也按捺不住激情，又写出了补充新资料的《中国新发现的书迹》一书。一曰"出土"，一曰"发现"，同样印证了学者严谨的治学精神，还有一种时不我待的紧迫感。

两本专著像是两阵清风吹到了海洋的彼岸，大陆的学者陈滞冬先生翻译了"出土"一书；台湾的温淑惠女士翻译了"发现"一书。中日文化交流的花坛，又一次散发出诱人的幽香。

有花必然结果，中国的学者陈松长先生，作为西林昭一的老朋友自然了解他的心情，那便是希望这两本书能与中国的书人见面，并引发共鸣。将两书进行组合，削减了关于铭镜、瓦当、印章、封泥、戳记等，并且增加了新出土的书迹数十件。这样一来，使得新出土或者说新发现的书迹呈现出全新的面貌，而且也具备了相对的完整性。心平气和地说，这应该是中日书坛的一件盛事。这种合作，除了对文化的追求有着共同点外，也是他们情谊深厚的具体表现。二者无论是缺少了哪个也完成不了这次合作；换言之，只有这样的合作，才会使这些书迹体现出真正的价值来。如果说，零星的发现带给我们的是小的惊喜，那么，本书的出版就足以令我们大喜、欣喜一回了。

我们真诚地希望，这样的合作不是一花独秀，应该是渐渐地多起来。随着新的资料的发现，将有更多的专著、像这样的合作出现。感谢祖先们给了我们丰厚的遗产，也感谢我们的同道为继承遗产而做的不懈的努力，也感谢西林昭一和陈松长先生带给我们的欢喜。

以上所述，不敢言序，谨以为贺。

己丑年四月于北京

前　言

西林昭一

　　汉字是中国文化的中枢。自安阳殷墟商代甲骨出土以来，中国书法艺术一直以汉字为素材而创作的历史非常悠久。

　　我专攻书法理论和中国书法演变史已有50余年。自1971年《考古学报》、《考古》、《文物》等刊物复刊以后，我从中选出报告新出土书迹的文章，作备忘录放在桌边，也陆续发表一些论文介绍了其中的重要发现。经过20余年的积累，我应日本一家出版社的邀请，以书法爱好者为主要对象编著出版了登载近300种书迹的《中国新出土の书》（1989年二玄社出版）。因为此书介绍的是大部分日本读者未曾见过的中国新出土的书迹，故在当时引起了很大的反响。

　　我在该书后记中写到："中国是一个地大物博的国家，今后一定会陆续发现更多的出土文物。十年以后本书也可能有补充修改的需要。"没有出乎我的意料，十年以后，随着改革开放政策的实施，中国各地相继发现了大批出土文物，发表了不少重要书迹的报告，迫使我们不得不重新研究中国古代的书法发展和演变的历史。因此，我又选择了新出土的近300件书迹文物，编辑出版了《中国新发现的书》（2002年柳原出版社出版）。

　　以上两书的编撰，为了方便书法界同仁观览，均以图片为主，随图就书迹在书法史上的价值略抒管见。当时中国好像还没有类似的书出版，所以陈滞冬先生曾翻译了前者，出版了《新出土中国历代书法》（1990年成都出版社出版），台湾的温淑惠女士翻译了后者，出版了《中国新发现の书》（2003年台北蕙风堂有限公司出版）一书。

　　此次由我的老朋友陈松长先生将两书内容重新编排组合，削减了有关镜铭、瓦当、印章、封泥、戳记等非正宗书法的部分内容，并选择性地增补了自2002年以后中国新出土的书迹约30余件的内容，以弥补前两书中或缺的部分重要的书法史料。这本书的编撰，本人只是同意重新编排、削减和增补两书的部分内容的基本原则，并提供了两书的译本而已。虽说是合著，但主要是松长先生以广博的学识和简洁的文笔使拙著面目一新了。

　　本书承我二十年来的挚友苏士澍先生惠赐热情洋溢的序文，同时还通过松长先生得到了我们尊敬的硕学饶宗颐教授的题签。我谨向二位表示衷心的谢意。

2006年10月

凡　例

　　一、本书是在西林昭一所著《中国新出土の书》和《中国新发现の书》两本书的基础上重新编排修订补充而成的，因为该书所收的内容都是1949年以后出土的书迹文物，而且所选也只是大量出土书迹中比较重要和清楚的一部分而已，因此，我们将其定名为《新中国出土书迹》。

　　二、本书所选出土书迹的发表时间截止于2005年底，凡在2005年以前经由正式出版物刊发的出土书迹，原则上都是本书选择的范围，但由于篇幅的限制，我们仅选取唐代以前的部分书迹，宋以下的碑拓等书迹就只好忍痛割爱了。

　　三、本书所选的出土书迹，均以其本身的书法价值和其在书法演变史上的地位为标准，凡同一时期同样书法风格的出土书迹，我们择善取用，凡书迹保存不太清晰者，我们多舍而不取。

　　四、西林昭一原来所著两书中的文字，比较注意墓葬考古资料的介绍，本书为统一体例和节约篇幅，削减了相关的一些墓葬考古背景资料，重点是介绍书迹本身的出土地点、时间、定名、内容和其所具有的书法价值等，因此，如果对考古资料感兴趣的读者，可以参考西林昭一的那两本原著。

　　五、为了突显本书的书法意义，我们将原来两书中有些不是典型书法意义的文字载体作了一些删减，如镜铭、瓦当、印章、封泥、戳记等都没有收进本书，如对这方面感兴趣的读者也可参考西林昭一的两本原著。

　　六、在编排体例上，我们以书迹的载体为经，以同一载体的时代先后为纬，将所有内容分为陶文、甲骨文、金文、简牍、帛书、纸文书、碑铭刻石、其它器物铭文等八大部分，希望是能够比较清楚地呈现出不同载体的出土书迹在发展演变中的脉络和轮廓。

　　七、本书的编排一仍西林昭一原著的风格，主要采用上栏排图，下栏排文的形式，但改繁体竖排为简体横排，以适应国内广大读者需要。个别特别有价值和意义的书迹我们也适当采用通栏的形式加以突出，以便大家能更好地欣赏到出土书迹的精彩传神之处。

目　录

一、陶文 1

　　1．大汶口刻符（前 2500 年左右）.. 1

　　2．丁公村陶片刻字（前 2200 年左右）.. 2

　　3．龙虬陶片刻字（前 2200 年左右）.. 3

　　4．吴城刻符（前 1500 年左右）.. 3

二、甲骨文 4

　　1．小屯南地甲骨文 4

　　2．桓台史家甲骨文 4

　　3．花园庄东地甲骨文 5

　　4．周原甲骨文 5

　　5．岐山周王陵甲骨文 6

三、金文 7

　　1．"司母辛"鼎铭（殷商晚期）.. 7

　　2．帚鱼爵铭（殷商晚期）.. 8

　　3．帚芎鼎铭（殷商晚期）.. 8

　　4．版方鼎铭 9

　　5．方鼎铭 9

　　6．戍嗣子鼎铭 10

　　7．大保罍铭（西周早期）... 10

　　8．利簋铭（武王）... 11

　　9．旗鼎铭（武、成王）... 11

　　10．彊伯簋铭（武、成王）.. 12

　　11．叔矢方鼎铭（成王）.. 12

　　12．员簋铭（康王）.. 13

　　13．孟鼎铭（康王）.. 13

　　14．荣仲方鼎铭（康王时期）.. 13

　　15．柞伯簋铭（康、昭之际）.. 14

　　16．史皀敏尊铭（昭王）.. 14

　　17．商尊铭（昭王）.. 15

18．折觥铭（昭王）……………………………………………………… 15

19．彧方鼎铭（穆王）…………………………………………………… 16

20．十三年㝬壶铭…………………………………………………………… 16

21．匍盉铭（穆王）………………………………………………………… 17

22．应侯盨铭（恭王）……………………………………………………… 17

23．邦簋铭（恭王）………………………………………………………… 18

24．史墙盘铭（恭王）……………………………………………………… 18

25．孟员鼎铭………………………………………………………………… 19

26．殷簋铭…………………………………………………………………… 19

27．士山盘铭………………………………………………………………… 19

28．应侯视工簋……………………………………………………………… 20

29．遂公盨铭（西周中期偏晚）…………………………………………… 20

30．井叔达盨铭（孝王）…………………………………………………… 21

31．虎簋铭（西周中晚期）………………………………………………… 21

32．宰兽簋铭（夷王）……………………………………………………… 22

33．晋侯僰马壶铭（孝王、夷王）………………………………………… 22

34．裘卫盉铭………………………………………………………………… 23

35．𫸩簋铭（厉王）………………………………………………………… 24

36．晋侯稣编钟铭（厉王三十三年）……………………………………… 25

37．虢仲簠铭………………………………………………………………… 25

38．四十二年逨鼎乙铭（宣王时期）……………………………………… 26

39．逨盘铭（宣王）………………………………………………………… 27

40．单五父方壶乙盖铭（宣王）…………………………………………… 28

41．单五父方壶器身口内铭（宣王）……………………………………… 28

42．单叔鬲辛铭（宣王）…………………………………………………… 29

43．有司简簋盖铭（西周晚期）…………………………………………… 29

44．虢国铜盨铭（西周晚期）……………………………………………… 30

45．郜中簠铭（西周晚期）………………………………………………… 30

46．郜召簠铭（西周晚期）………………………………………………… 30

47．秦公簋铭（春秋早期）………………………………………………… 31

48．孟姬壶铭（春秋早期）………………………………………………… 31

49．郜公典盘铭（春秋中期）……………………………………31

50．楚王子午鼎铭（前552）……………………………………32

51．王孙诰钟铭（前552）………………………………………33

52．叔姜簋盖铭…………………………………………………33

53．吴王光剑铭（前493）………………………………………33

54．陈公子中庆簋铭（前479）…………………………………34

55．越王鸠浅剑铭（前465）……………………………………34

56．自铎钟铭（前465）…………………………………………34

57．歆甗铭………………………………………………………35

58．曾侯乙墓编钟铭（战国）（前433）…………………………37

59．越王州句剑铭（前412）……………………………………37

60．哀成叔鼎铭（前375）………………………………………38

61．中山王鼎铭（前310）………………………………………38

62．中山王方壶铭（前310）……………………………………40

63．楚郰陵君鉴铭（前306）……………………………………43

64．砏子盠盘铭…………………………………………………43

65．辰溪铜矛鸟篆铭……………………………………………44

66．玄肤戈铭……………………………………………………44

67．十一年皋落戈铭（战国晚期）………………………………45

68．十年洱阳令张疋戟铭………………………………………45

69．秦兵马俑一号坑戟铭（秦代）………………………………46

70．秦始皇廿四年斧铭…………………………………………46

71．"长沙元年"鼎铭（西汉）……………………………………46

72．满城错金银鸟虫书壶铭……………………………………47

73．中山内府铜銷铭……………………………………………48

74．阳信家铜钟铭（前144）……………………………………48

75．昆阳乘舆鼎铭（前144－87）………………………………49

76．上林铜鉴铭（前21）…………………………………………51

77．阳朔四年钟铭（前21）………………………………………51

78．宝女墩铜鼎铭………………………………………………52

79．嘉量版铭（新莽）……………………………………………52

四、简牍 53

    1. 曾侯乙墓竹简（战国早期，前 433） 53

    2. 江陵藤店楚简（战国早期，前 412） 53

    3. 信阳长台关竹简（战国早期） 54

    4. 江陵望山一号墓楚简（战国早、中期） 54

    5. 江陵天星观楚简（战国早、中期） 55

    6. 包山楚简（战国中期，前 323） 57

    7. 新蔡楚简（战国中期） 58

    8. 江陵九店楚简（战国中、晚期） 59

    9. 郭店楚简（前 300 前后） 59

    10. 上博楚简 62

    11. 仰天湖楚简（战国中、晚期） 64

    12. 常德夕阳坡楚简 65

    13. 青川秦牍（秦，前 306） 66

    14. 天水放马滩秦简（前 239） 67

    15. 岳山秦牍 68

    16. 龙岗秦简 69

    17. 睡虎地云梦秦简（前 252 左右－前 217） 69

    18. 周家台秦简（前 213－前 209） 72

    19. 湘西里耶秦简 73

    20. 高台木牍（西汉） 76

    21. 沅陵虎溪山竹简 78

    22. 长沙马王堆竹简木牍 79

    23. 长沙王后"渔阳"墓木楬 82

    24. 张家山汉简 83

    25. 凤凰山汉简（前 164） 84

    26. 阜阳汉简 86

    27. 贵县木牍 87

    28. 长沙走马楼汉简（前 125－120） 88

    29. 银雀山竹简 89

30．连云港简牍 90

31．居延木简 94

32．敦煌简牍 96

33．邗江木牍 97

34．大通木简 98

35．定县竹简 98

36．仪征简牍 100

37．未央宫木简（新莽） 101

38．武威旱滩坡简牍（东汉） 102

39．武都汉简 103

40．张家界古人堤木牍 104

41．东汉建初四年"序宁"木简 104

42．东汉河堤木简 106

43．长沙东牌楼木简 107

44．甘谷木简 108

45．长沙走马楼三国吴简（三国） 109

46．湖北鄂城木刺 111

47．南昌高荣墓木刺、木牍 112

48．安徽南陵麻桥木牍 114

49．郴州苏仙桥 J4 三国吴简（239－232） 114

50．安徽马鞍山朱然木牍　吴·嘉禾年间 115

51．南昌吴应墓木牍 117

52．泰始九年简（273） 119

53．东晋"松人"解除木牍（340） 119

54．沮渠封戴木表　高昌·承平十三年（455） 119

五、帛书 122

　1．马王堆帛书 122

　　a.《阴阳五行》甲篇（秦始皇二十五年前后） 122

　　b.《五十二病方》 123

　　c.《养生方》 124

     d.《足臂十一脉灸经》 125

     e.《老子》甲本（前 195 前后） 126

     f.《春秋事语》 127

     g.《战国纵横家书》 127

     h.《阴阳五行》乙篇 129

     i.《刑德》甲篇（前 196） 130

     j.《刑德》丙篇 131

     k.《相马经》 132

     l.《周易》 133

     m.《老子》乙本 134

     n.《黄帝书》 134

     o.《五星占》 135

     p.《太一将行图》 136

  2. 悬泉置帛质书信 138

  3. 张掖都尉启信 139

  4. 武威出土枢铭 140

六、纸文书 141

  1. 西汉残纸 141

  2. 魏晋残纸 141

  3. 兵曹差直步许奴文书 夏·真兴七年（425） 142

  4. 翟万衣物疏 北凉·缘禾六年（436） 143

  5.《三国志·吴书·孙权传》残卷 144

七．碑铭刻石 145

  1. 秦瓦文 145

  2. 龟山（刘注）陵塞石题记 汉·元朔元年（前 128） 146

  3. 梁国保安山二号墓塞石刻字（前 118） 148

  4. 九龙山封门塞石刻字（西汉中晚期） 150

  5. 金乡县出土残石（西汉末年） 150

  6. 连岛苏马湾界域刻石 新莽·始建国四年(12) 152

7．郁平大尹冯君孺久墓题记　新莽·始建国天凤五年（18）.................................153

8．姚孝经买地券　东汉·永平十六年（73）.................................154

9．张文思画像石题记　东汉·建初八年（83）.................................155

10．铜山东沿画像石题记　东汉·元和三年(86).................................156

11．辽东太守画像题记　东汉·永元二年（90）.................................157

12．定县北庄墓黄肠石题记　东汉·永元四年（92）.................................158

13．乐君画像石题记　东汉·永元五年(94).................................160

14．杨孟元画像石题记　东汉·永元八年（96）.................................160

15．任城王陵黄肠石题记　东汉·永元十三年（101）.................................161

16．王圣序画像石题记　东汉·永元十六年（104）.................................163

17．幽州书佐秦君神道石柱　东汉·元兴元年（105）.................................163

18．延平元年刻石　东汉·延平元年（106）.................................166

19．田文成画像石题记　东汉·延平元年（106）.................................166

20．茅村蔡邱画像石题记　东汉.................................167

21．王孝渊碑题记　东汉·永建三年（128）.................................167

22．四川崖墓题记　东汉·阳嘉二年（133）.................................169

23．盖县出土砖铭　东汉·永和五年（140）.................................171

24．郭君夫人画像石题记　东汉.................................172

25．苍山画像石题记　东汉·元嘉元年（151）.................................172

26．许安国祠堂画像石题记　东汉·永寿三年（157）.................................174

27．延熹三年画像石题记（160）.................................175

28．鲜于璜碑　东汉·延熹八年（165）.................................176

29．李冰石像题记　东汉·建宁元年（168）.................................178

30．肥致碑　东汉·建宁二年（169）.................................179

31．建宁三年残碑（170）.................................181

32．汉巴郡胸忍令景云碑　东汉·熹平二年（173）.................................182

33．熹平三年残碑（174）.................................184

34．邓季皇石祠堂画像石题记　东汉·熹平三年（174）.................................185

35．孙仲隐墓志　东汉·熹平四年（175）.................................186

36．刘元台买地券　东汉·熹平五年（176）.................................187

37．熹平石经残石　东汉·熹平五年－光和六年（176－183）.................................188

38．王舍人碑　东汉·光和六年（183）⋯⋯⋯⋯⋯⋯⋯⋯⋯⋯⋯189

39．任元升墓门题记　东汉·中平四年（187）⋯⋯⋯⋯⋯⋯⋯⋯190

40．王威墓门题记　东汉⋯⋯⋯⋯⋯⋯⋯⋯⋯⋯⋯⋯⋯⋯⋯⋯⋯191

41．鸣咽泉村画像石题　东汉中后期⋯⋯⋯⋯⋯⋯⋯⋯⋯⋯⋯⋯192

42．四川犀浦簿书残碑　东汉晚期⋯⋯⋯⋯⋯⋯⋯⋯⋯⋯⋯⋯⋯193

43．陶洛残碑　东汉晚期⋯⋯⋯⋯⋯⋯⋯⋯⋯⋯⋯⋯⋯⋯⋯⋯⋯194

44．黄君法行两女葬砖　东汉晚期⋯⋯⋯⋯⋯⋯⋯⋯⋯⋯⋯⋯⋯195

45．袁牌坊村二号墓残石　东汉末至三国魏⋯⋯⋯⋯⋯⋯⋯⋯⋯196

46．戴侯太妃王氏造冢记　西晋·太康四年（283）⋯⋯⋯⋯⋯⋯197

47．周都船墓砖　西晋·太康八年（287）⋯⋯⋯⋯⋯⋯⋯⋯⋯⋯198

48．李达买地券　西晋·永康元年（300）⋯⋯⋯⋯⋯⋯⋯⋯⋯⋯199

49．华芳墓志　西晋·永嘉元年（307）⋯⋯⋯⋯⋯⋯⋯⋯⋯⋯⋯200

50．谢鲲墓志　东晋·太宁元年（323）⋯⋯⋯⋯⋯⋯⋯⋯⋯⋯⋯202

51．张镇墓志碑　东晋·太宁三年（325）⋯⋯⋯⋯⋯⋯⋯⋯⋯⋯202

52．温峤墓志　东晋·咸和四年（329）⋯⋯⋯⋯⋯⋯⋯⋯⋯⋯⋯204

53．元氏县界封刻石　后赵·建武五年（339）⋯⋯⋯⋯⋯⋯⋯⋯205

54．颜谦妇刘氏墓志　东晋·永和元年（345）⋯⋯⋯⋯⋯⋯⋯⋯206

55．高崧墓志　东晋·永和一二年（355）　太和元年（366）⋯⋯206

56．王康之墓志　东晋·永和十二年（356）⋯⋯⋯⋯⋯⋯⋯⋯⋯208

57．刘克墓志　东晋·升平元年（357）⋯⋯⋯⋯⋯⋯⋯⋯⋯⋯⋯209

58．李缉墓志　东晋·升平元年（357）⋯⋯⋯⋯⋯⋯⋯⋯⋯⋯⋯210

59．王闽之墓志　东晋·升平二年（358）⋯⋯⋯⋯⋯⋯⋯⋯⋯⋯211

60．王建之墓志·刘媚子墓志　东晋·咸安二年（372）⋯⋯⋯⋯212

61．孟府君墓志　东晋·太元元年（376）⋯⋯⋯⋯⋯⋯⋯⋯⋯⋯214

62．梁舒墓表　前秦·建元十二年（376）⋯⋯⋯⋯⋯⋯⋯⋯⋯⋯216

63．崔遹墓表　后燕·建兴十年（395）⋯⋯⋯⋯⋯⋯⋯⋯⋯⋯⋯217

64．吕他墓表　后秦·弘始四年（402）⋯⋯⋯⋯⋯⋯⋯⋯⋯⋯⋯218

65．镇军梁府君墓表　后凉－西凉（386－421）⋯⋯⋯⋯⋯⋯⋯219

66．恭帝玄宫石碣　南朝·宋·永初二年（421）⋯⋯⋯⋯⋯⋯⋯219

67．谢琉墓志　南朝·宋·永初二年（421）⋯⋯⋯⋯⋯⋯⋯⋯⋯220

68．徐副买地券　南朝·宋·元嘉元年（424）⋯⋯⋯⋯⋯⋯⋯⋯222

69. 宋乞墓志　南朝·宋·元嘉二年（425）……………………223

70. 田弘造像塔柱发愿文残石　北凉·承元二年（429）……………………224

71. 刘贤墓志　北魏·承平年间（452）……………………225

72. 皇帝南巡碑　北魏·和平二年（461）……………………226

73. 邸府君碑　北魏·和平三年（462）……………………228

74. 皇兴造像铭　北魏·皇兴五年（471）……………………229

75. 钦文姬辰墓志　北魏·延兴四年（474）……………………230

76. 太和五年石函铭　北魏·太和五年（481）……………………231

77. 司马金龙墓表、墓志　北魏·太和八年（484）……………………232

78. 秦僧猛买地券南朝　齐·永明五年（487）……………………233

79. 云峰山四仙人题字　北魏（无纪年）……………………234

80. 建武二年造像铭　南朝·齐（495）……………………236

81. 萧融墓志　南朝·梁·天监元年（502）……………………237

82. 员标墓志　北魏·景明三年（502）……………………238

83. 封和突墓志　北魏·正始元年（504）……………………239

84. 元淑及妻吕氏墓志　北魏·永平元年（508）……………………240

85. 元同墓志　北魏·永平四年（511）……………………242

86. 司马悦墓志　北魏·永平四年（511）……………………243

87. 杨颖墓志　北魏·永平四年（511）……………………244

88. 杨阿难墓志　北魏·永平四年（511）……………………245

89. 崔猷墓志　北魏·延昌元年（512）……………………246

90. 杨播墓志　北魏·熙平元年（516）……………………247

91. 皮演墓志　北魏·熙平元年（516）……………………248

92. 杨泰墓志　北魏·熙平三年（518）……………………249

93. 杨胤季女墓志　北魏·神龟二年（519）……………………250

94. 常袭妻崔氏墓志　北魏·神龟三年（520）……………………251

95. 郭定兴墓志　北魏·正光三年（522）……………………252

96. 崔鸿墓志　北魏·孝昌二年（526）……………………253

97. 元邵墓志　北魏·建义元年（528）……………………254

98. 王真保墓志　北魏·神平（永安）二年（529）……………………255

99. 王温墓志　北魏·太昌元年（532）……………………257

100．崔鹑墓志　东魏·天平四年（537）……………………………………258

101．崔混墓志铭　东魏·元象元年（538）………………………………259

102．崔令姿墓志　东魏·元象元年（538）………………………………260

103．吉长命造像碑　西魏·大统六年（540）……………………………261

104．房悦墓志　东魏·兴和三年（541）…………………………………262

105．武定五年造像碑　东魏·武定五年（547）…………………………263

106．高湛妻茹茹公主闾氏墓志　东魏·武定八年（550）………………263

107．崔芬墓志　北齐·天保元年（550）…………………………………265

108．惠风造像记　北齐·天保二年（551）………………………………266

109．贺拔昌墓志　北齐·天保四年（553）………………………………267

110．天保九年造像记　北齐·天保九年（558）…………………………268

111．库狄回洛夫人斛律昭男墓志　北齐·河清元年（562）……………270

112．狄湛墓志　北齐·河清三年（564）…………………………………271

113．洪顶山刻经摩崖　北齐·河清三年（564）前后……………………272

114．张海翼墓志　北齐·天统元年（565）………………………………275

115．刁翔墓志　北齐·天统元年（565）…………………………………276

116．尧峻墓志　北齐·天统三年（567）…………………………………277

117．李贤墓志　北周·天和四年（569）…………………………………279

118．娄睿墓志　北齐·武平元年（570）…………………………………280

119．裴良墓志　北齐·武平二年（571）…………………………………281

120．徐显秀墓志　北齐·武平二年（571）………………………………283

121．□道贵墓志　北齐·武平三年（572）………………………………284

122．范粹墓志铭　北齐·武平六年（575）………………………………285

123．李云、李云妻刘氏墓志　北齐·武平七年（576）…………………285

124．宇文俭墓志　北周·建德七年（578）………………………………287

125．安伽墓志　北周·大象元年（579）…………………………………288

126．滏山石窟碑　隋（581—618）………………………………………289

127．武德皇后墓志　隋·开皇二年（582）………………………………290

128．李静训墓志　隋·大业四年（608）…………………………………291

129．史射勿墓志　隋·大业六年（610）…………………………………292

130．大业六年买地券　隋·大业六年（610）……………………………293

131．李寿墓志　唐·贞观五年（631） 295
132．尉迟敬德墓志　唐·显庆四年（659） 296
133．李贞墓志　唐·开元六年（718） 298
134．薛儆墓志　唐·开元九年（721） 299
135．管元惠墓志　唐·天宝元年（742） 300
136．张悦墓志　唐·开元十九年（731） 302
137．王琳墓志　唐·天宝元年（750） 303
138．严仁墓志　唐·天宝元年（742） 304
139．郭虚己墓志　唐·天宝九年（750） 306
140．史思明哀册　唐·宝应元年（762） 308
141．回元观钟楼铭　唐·开成元年（836） 309

八、其它器物铭文 310
1．侯马盟书（春秋晚期） 310
2．温县盟书（春秋晚期） 311
3．玉刚卯"行气"铭（战国） 312
4．玉器铭（战国中期偏晚） 313
5．象牙筹铭 315
6．秦公一号墓石磬铭　秦·景公四年（前573） 316
7．秦骃玉版　战国晚期 317
8．马王堆三号墓漆器题铭　西汉·景帝十二年（前168） 319
9．狮子山汉墓陶瓮刻字　西汉·景帝三年(前154)前后 320
10．元凤元年骨签铭 321
11．宝鸡汉墓陶书　东汉中晚期 322
12．陶器朱书铭　东汉·阳嘉四年（135）、熹平六年等（177） 323
13．西安汉墓陶　东汉·初平四年（193） 324
14．悬泉置壁书 325
15．司马金龙墓漆画屏风题记　北魏·太和八年（484）以前 325

后　记 328

1.1a 大汶口刻符

大汶口陶尊

1.1b 大汶口刻符

一、陶文

1. 大汶口刻符 <small>（前 2500 年左右）</small>

　　1959年，在山东大汶口一带发现的大汶口文化，其年代在公元前四千年到公元前二千年之间。其中出土于吕县陵阳河的灰陶尊腹部表面刻划符号（图a、图b），从出土的地层推断，是属于晚期即大约公元前二千五百年左右的东西。其图像是否是文字，有不同的认识。于省吾认为图一是旦字的祖形（见《关于古文字研究的若干问题》，载《文物》1973年2期），唐兰则认为是炅的祖形，并认为图b是图a的略体（见《关于江西吴城文化遗址与文字的初步探索》，载《文物》1975年7期）。邵望平则注意到图a的刻线内被填以红色的颜料，这使器体本身具有了神圣的意义，认为这个陶尊是在旦时（日出）祈祷用的祭器，因而将'旦'理解为象征着祭天的意思（见《远古文明的火花－陶尊上的文字》，载《文物》1978年9期）。我们且不管这图像的文字与否，单从中国书法史的角度来考量，它多少在刻画的同时，已开始了中国书法的萌芽，因为它已是一种具有线条性质的原始刻符。

1.2a 丁公村陶片刻字

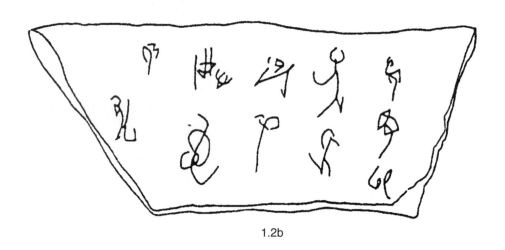

1.2b

2. 丁公村陶片刻字（前2200年左右）

　　1991年，在山东省邹平县苑城乡丁公村龙山文化的城迹灰坑中出土了大量陶片，其中一块上边长7.7厘米，下边长4.6厘米，厚3.2厘米的陶片上刻有11个类似文字的符号（图1.2）。冯时在《山东丁公龙山时代文字解读》（载《考古》1994年1期）一文中引用现今彝族的文字来解释这些陶文，认为它们是彝族的古代文字，是"将罹病事"时祈求祖先神灵保佑的文辞。日本的松丸道雄也基本同意冯氏的解释，将其视为东夷的古代文字（详见日本《中国古代的文字与文化论集》汲古书院1999年出版）。这里我们且不管其文字的所属如何，但从时代来看，它是略晚于大汶口刻符的一种文字化的符号，因此，它更具有中国原始书法的线条意味。

1.3a 龙虬陶片刻字

1.3b

1.4 吴城陶文

3. 龙虬陶片刻字（前 2200 年左右）

　　1993 年，在江苏省龙虬庄发现一块黑色陶片，最长边 4.8 厘米，宽 3.8 厘米，在其内壁的左边刻有竖写的四个文字符号，每一个文字符号的右边则刻有四个不同的图像（图 1.3）。日本的松丸道雄最早认为从右边上面起好像是四角兽、钓线和鱼、扬起镰刀形脖子的蛇、水鸟，而和左边文字刻符的关联则不太清楚。（见《朝日新闻》1996.3.1 晚报所载《中国 4000 年前的文字》）饶宗颐则释左边的下面两个字为"朱龙"，并将其与"祝融"相比较（见《符号、初文和字母——汉字树》第 49 页，上海出版社 2000 年版）。我们不管其解释如何，如果从书学史的角度来考量，这块黑色陶片上的刻字，也是与丁公村陶片刻字时代相近的一种原始的具有书法意味的线条组合。

4. 吴城刻符（前 1500 年左右）

　　1973 年至 1975 年，在江西省清江县吴城的第二、三期文化遗存中出土了殷中期以后的刻符陶片 92 件，其中从第三期的地层中出土了 49 件，其时代与殷中期二里岗文化时期相当，即公元前 1500 年左右。这里我们选了这块陶片（图 1.4），尽管对陶片上刻符的释读还存在很多问题，但学界比较一致的认为，这应该是真正意义上的文字符号。因此，这也应该是中国书法的真正源头之一。（《文物》1975 年第七期）

2.2a 桓台史家甲骨文

2.1 小屯南地甲骨文

2.2b 同上背面

二、甲骨文

1. 小屯南地甲骨文

　　1973年在小屯南地发现的甲骨，是战后数量最大的一批，全部共7150片，其中卜甲110片（有刻辞者60片），卜骨7040片，（有刻辞者4761片），另有未经加工的牛肩胛骨106片。这批甲骨的时代，除第二期以外，一（图2.1）、三、四、五期均有。内容涉及到祭祀、天象、田猎、农事、征伐等许多方面，在殷商史的研究上有很高的史料价值。在书学史上亦是很珍贵的实证资料。（《文物》1975年第1期）

2. 桓台史家甲骨文

　　1996－1997年间，在山东省桓台县史家村的发掘调查中，发现了一个属于岳石文化晚期，距今约1千5百年的水井状窖穴，在深约370厘米的袋状土坑里，将一块长约300厘米的木板做成长162、宽156厘米的井字形木框，堆成27层。其中最下层的深110厘米处，出土了以土器为主，并有骨头、石器等249件。这里选用的卜骨2件（图2.2）都是羊的肩胛骨，其最长部位是11×3.5厘米，有灼烧的痕迹，两面都有符号或文字的刻痕。另外还有一件为5.5×3厘米的一块卜骨的中间，刻有一个可隶定为"幸"的字符。（《考古》1997年第11期）

2.3a 花园庄东地甲骨   2.3b 同左出土甲骨之一

3．花园庄东地甲骨文

  1991年，在河南省安阳殷墟，从编号 H3 的土坑中出土了甲骨 1583 件，甲骨成四层堆积，其厚度达 80 厘米左右（图 2.3a）。其中占卜用甲骨 1558 件，而有卜辞的 579 件，完整的卜甲竟有 300 余件（图 2.3b）。卜辞的内容为祭祀、天候、田猎、疾病等，而以祭祀祖先的卜辞最多，时代推测为殷墟第一期的武丁早期。卜辞的字体具有一定的规范性，异体字少，有整齐秀丽的风味，间有笔法圆润的字穿插其间，具有一定的书法意味。（《考古》1993 年 6 期）

4．周原甲骨文

  1977年，在陕西省岐山凤雏村（即古公亶父时建立周朝的所谓周原）的宫殿遗址内的窖藏中出土了 17000 片甲骨。这批甲骨大体上是龟甲，其中 190 余片上刻有约 600 个字，内容涉及祭祀、田猎、征伐、天象等，时代在武王克殷前后。其中有一块周人祭祀殷人祖先汤王的卜辞，是证实周武王灭殷以前周是殷商属国的重要史料。此外，八卦图像的出现，给文王演易的传说提供了直接的证据。

  这批周原甲骨的刻写有一个特点，就是字迹特别小（图 2.4），使用 5 倍的放大镜才大体上看得见像丝一样细的刻划线条，而这线条的刚健有力和点画的精细优美，表现在类似于微雕的甲骨上，具有很不一般的艺术性。（《文物》1979 年第 1 期）

2.4a 卜祭

2.5 岐山周王陵甲骨文

2.4b 导体字

2.4c 记事

5. 岐山周王陵甲骨文

2003年12月11日，北大考古系副教授徐天进带领北大文博院在周原博物馆实习的学生在岐山县周公庙周围进行考古调查，12月14日，在一次常规调查中，考古人员在周公庙南的祝家巷北的一处沟渠中发现了一小片带字的龟骨。这一意外发现引起了考古人员的极大兴趣，立即组织人员对此地进行全面清理和发掘。当天下午两点，在此处地表层第4层中发现了这两片龟骨。两块甲骨均呈黄褐色，上面刻画的文字多达50余个，其中一片字数多达38个（一片17字），是迄今为止全国已发现甲骨中甲骨文字数最多的一片。由于龟骨残缺，考古人员初步断定这两片龟骨的面积是原先的四分之一，这两片龟骨上，还可以看到有明显的锯面，这在过去发现的甲骨中是从来没有的。

2004年2月以后，陕西省考古研究所和北京大学考古文博学院联合组成的周公庙考古队在周公庙遗址周围大约10平方公里的范围内进行了大规模的考古调查与钻探，已发现目前所知周代高等级大型墓葬22座，其中带四条墓道的天子级墓10座，三墓道和两墓道各4座，单墓道2座，另有陪葬的车马坑14个。是目前所知周代最高等级的墓葬。围绕墓地有周长1500多米的夯土城墙和6处大型夯土建筑基址。在外围的甲骨坑中出土卜甲760余片，有刻辞者80余片，甲骨文420余字，其中4片有"周公"字样（图2.5）。其线条细劲刚健，具有很强的刀笔趣味。

3.1a 司母辛鼎铭

3.1b 司母辛鼎

三、金文

1. "司母辛"鼎铭（殷商晚期）

1976年，在河南安阳小屯北部的殷代宫殿遗址内，发掘了一座未被盗掘过的墓葬，这就是著名的殷墟五号墓，即"妇好"墓。其出土的随葬铜器有468件之多，其中铜器铭文有"妇好"、"司母辛"（图3.1）等九种，"妇好"的铭文多达60余件，所以一般认为墓主就是商王武丁的配偶妇好。妇好之名，在已发现的殷墟卜辞中出现过180次之多，在其生前，曾参与主持祭祀等国家大事。武丁有庙号称为妣戊、妣辛、妣癸的三位夫人，"司母辛"的"母辛"应当就是这位妣辛，"司母辛"应就是祠母辛之意。从书法的角度来审视，这件"司母辛"的铭文已具有相当的书法艺术内涵，从章法来看，虽只有三个字，铸作者显然已经形成了一种整体把握的全局性构图和布白意识，使三个字形成错落有致的组合排列，气息通贯而浑然一体。从笔画来看，已显现出毛笔书写的意味，其线条的粗细变化已表现出用笔时轻重提按的笔意。（《殷墟妇好墓》）

3.2c 盖铭

3.2a 帚鱼爵

3.2b 器身铭

3.3a 帚姤鼎铭

3.3b 帚姤鼎

2．帚鱼爵铭（殷商晚期）

　　1984年河南安阳殷墟西区1712号墓出土，与之同出的铭文铜器还有鼎、簋各一件和另一件爵。该爵的通高是22.2厘米，流尾长20厘米，铭文（图3.2）内容是记载得商王赏赐之事。其书体风格与下一件鼎铭相近。（《考古》1985年8期）

3．帚姤鼎铭（殷商晚期）

　　1982年山西省曲沃县曲村81号殷商墓出土，通高25.3厘米，长21厘米，宽17.5厘米，铭文铸在鼎的内壁（图3.3），内容所记该鼎是商王于甲子日祭祀祖甲时所赏赐。

　　这两件殷商晚期的铜器铭文的风格基本相同，都是用笔强劲，线条遒厚，字形大小参差错落，显得无拘无束，有一种气魄雄强，元气浑成的艺术趣味。（《全国出土文物珍品选》）

3.4a 版方鼎铭

3.4b 版方鼎铭

3.5b 方鼎底铭

3.5a 方鼎铭

金文

4. 版方鼎铭

2005年北京保利艺术博物馆入藏，方鼎通高20、口长16、宽13厘米，立耳，窄折沿，浅腹直壁，四隅有平直扉棱，细长柱足。其口沿下饰一首二尾的"肥遗"，缀有涡纹，以雷纹衬地。腹面光素，三边环以乳钉纹框，足上部饰牛首，下加三道弦纹。

铭文（图3.4）分铸两处，一处在鼎腹长面内壁，有6行37字，记载了"廿祀又二"年"五月""乙未"，"王宾文武帝乙肜日"之事，铭文线条粗细变化自如，古拙而刚健，是较典型的商末铭文风格。另一处在鼎内底，仅一"鱼"字，富有美术意味。（《文物》2005年9期）

5. 方鼎铭

1973年辽宁省喀左县北洞村孤山山顶的窖坑内出土，通高52厘米，口部宽30.6厘米，长40.6厘米，腹深23.4厘米，器内腹壁有铭文（图3.5），器底铸有"亚"的族徽文字，作器的时代虽不能确定，但由器形可以判断出是殷代晚期的遗物。

此器铭文的书法风格，白川静评为"追求秀媚而有变化，但纤细之处则趋于颓靡"，是所谓"秀丽体"。（《考古》1974年6期）

3.6 戍嗣子鼎　　　　　　　　　　　　　3.7 大保罍铭

6．戍嗣子鼎铭

1959 年河南省安阳市后岗的殉葬坑内出土，通高 48 厘米。口径 34.5 厘米到 39.5 厘米不等（因口缘部变形所致），腹壁内有铭文（图 3.6）。铭文的第一行的"嗣子"和"庙问"是合文。林巳奈夫认为，从书法的式样及书法风格来看，是殷代的特征，但从器形及伴出的铜戈所显示的周初风格推测，应该是当地殷代后裔在周代初年所做成的器物。（《考古学报》1960年 1 期）

7．大保罍铭（西周早期）

1986 年，在北京市房山区琉璃河镇的西周墓中出土了好几件有铭文的铜器，其中大保罍通高 32.7 厘米，口径 14 厘米，器身内壁和盖子内有一样的铭文（图 3.7），内容所述是周王将大保封为燕侯之事。其书法风格仍承晚商风格，字形大小不拘，但运笔拉长，渐趋整肃，这是西周早期铭文中的典型。（《考古》1990 年 1 期）

旂鼎

利簋

3.8 利簋铭   3.9 旂鼎铭

8．利簋铭（武王）

    1976年陕西省临潼县出土，通高28厘米，口径22厘米，铭文（图3.8）铸于器内底上。铭文首字"珷"是武王二字的合文，铭文中的"甲子""夙有商"等文字与传世古籍如《尚书·牧誓》等记载周武王灭殷在"甲子之朝"完全吻合，因此，本器作为预言所谓"牧野之战"胜利的彝器，具有重要的史料价值。

    这件铭文的书法风格继承了商代所谓"雅醇体"的作风，全文虽然仅仅三十二字，却雄健而雅致，应该看作是西周初期金文的杰作。（《文物》1977年8期）

9．旂鼎铭（武、成王）

    1972年陕西省眉县的一个灰坑内出土的大鼎，通高77厘米，口径56.5厘米，最大腹围187厘米，重达78.5公斤。铭文（图3.9）铸于接近口沿部的内腹壁上。铭文中的"王姜"是王妃之名，但其究竟是武王之妃或成王之妃尚无定论。从器形与书风推断，此器为周初的作品是不用怀疑的。

    这件铭文在书风上继承了被称为"宏放体"的格调，虽然在厚重程度上与殷代金文相比尚有一步之差，但却显得明朗而酣畅。（《文物》1972年7期）

金 文

3.10 弭伯簋铭　　　　　　　　　　　　　3.11 叔夨方鼎铭

弭伯四耳簋

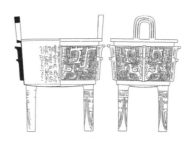

叔夨方鼎铭

10. 弭伯簋铭（武、成王）

1981年陕西省宝鸡市纸坊头村的一个窖藏出土，其中有铭铜器有鼎一、鬲一、簋二，其制作年代大约在武、成王时期。

两件簋虽都有比较少见的四个兽形耳，但大小略有差异，一件通高31厘米，口径25厘米，腹深13.1厘米；另一件则通高38.7厘米，口径26厘米，腹深12.5厘米。两件簋所著铭文（图3.10）基本相同，都仅铭刻铸作者的名号而已，但书法风格则劲峭挺健，线条流畅而遒劲，与上述利簋铭文的风格同中有异，颇值得玩味。（《文物》1988年3期）

11. 叔夨方鼎铭（成王）

2001年初出土于山西晋侯墓地发掘清理的114号晋侯墓中，出土时该铜鼎已碎成数十块，经拼合，可知为直口、立耳、浅腹、平底、四柱足。口长18.5，宽16.5，腹深约11.2，通高27厘米。鼎腹内壁一侧铸有铭文8行48字，经学者考证，这件方鼎的作者叔夨有可能就是叔虞，故此鼎也可称为叔虞方鼎，如果此说可以成立的话，那这件铜鼎是迄今所知唯一一件晋国第一代封君自作的铜器，其时代可早至西周成王时期。

铭文（图3.11）的书体雄健刚毅，笔画粗细不拘，且还残存着商末铜器铭文中特有的垂点，是典型的西周早期风格。（《文物》2001年8期）

员簋

3.12 员簋铭

3.13 盂鼎铭

12. 员簋铭（康王）

1981年陕西省长安县17号墓出土，通高25.5厘米，口径21.6厘米，铭文（图3.12）记载了"员"从王征伐楚、荆有功而铸器的内容，制作年代当为周康王16－21年（公元前1008－1005年）。书法是西周早期那种点画粗细均匀，圆浑丰韵，结体婉转，布局疏朗，整体上端庄典雅而又灵动妩媚风格的典型。（《文物》1986年1期）

3.14 荣仲方鼎铭

13. 盂鼎铭（康王）

1996年湖北省蕲春县城西北新屋村地窖中出土，同出共有方鼎五件，圆鼎一件，铜斗一个。鼎内两件有两行铭文，三件有族徽，制作年代大致在康王时期。这件圆鼎通高24.7厘米，口径19.5厘米，腹径19.8厘米，腹深13.2厘米。两行铭文（图3.13）的书法是很工整的肥厚体，线条圆厚刚毅，相当遒劲。（《文物》1997年12期）

14. 荣仲方鼎铭（康王时期）

2005年北京保利艺术博物馆入藏，这件鼎通高30、口长22.3，宽18厘米。立耳、窄折沿，直壁，四隅与壁中间有平直扉棱，柱足，全体光素。铭文铸于腹面内壁，有10行48字，内含两处合文，一处重文。内容记载了"荣仲"在学宫受到赏赐的事件，因此，这件方鼎铭文的特殊价值还印证了西周初期的学制。

这件铭文（图3.14）构形比较粗放，布局比较随意，线条富有变化，有一种自由雄强之气象，这与西周康王时期的铭文风格完全相同。（《文物》2005年9期）

3.15 柞伯簋铭   3.16 史㽙敏尊铭

15．柞伯簋铭 （康、昭之际）

1993年河南省平顶山市薛庄乡西周墓出土的七件铜器中的一件。平顶山市在西周属于应国的版图，但铭文中的"柞"通"胙"，胙也是西周所封国名，其地望在今河南省延津县一带，与应国的直线距离在二百公里以上，因此，这件胙国的铜簋很可能是因某种原因赠送给应国的礼物，其时代在康、昭之际。

这件铜簋通高16.5厘米，口径17厘米，底径13.5厘米，铭文（图3.15）在内底部。铭文第一行的"大射"一词与《仪礼》中所记的"礼射"仪式可以印证，具有很重要的史料价值。第二行的"南"字、第四行的"金"字，最后一行的"宝"字的构形都是很罕见的特例，而第二、第八行的"周"及第六行的"无"字都是字体简化的异体字，这在西周前期的金文中是不多见的。

铭文的书体虽属肥厚体，但肥瘦曲直变化得体，显得毫不臃滞呆板，是新出土金文中的上品。（《文物》1998年9期）

16．史㽙敏尊铭 （昭王）

1978年河南省洛阳市北窑村出土，通高21.5厘米，口径19.7厘米，铭文（图3.16）在器内底部，其时代在昭王时期。

这件铭文的书法线条匀称而劲健，布局清爽而高雅，与前面所举的肥厚体金文大异其趣。（《文物》1996年7期）

3.17 商尊铭　　　　　　3.18b 折觥铭（部分）

商尊　　　　　　　　　折觥

3.18a 折觥铭

17. 商尊铭 (昭王)

1976年陕西省扶风县庄白村一个深12米，东西宽110米，南北长195米的大窖坑内出土，同出的青铜器有103件，其中有铭文者74件，字数最少的仅一字，最多的有284字，可谓长篇巨制。

此器通高30.4厘米，口径23.6厘米，腹围53厘米。铭文（图3.17）铸于腹内底上，从器形和铭文风格来看，具有商末周初的特征。铭文中"商"是人名，书法风格属于"宏放体"，线条明快流畅，富有大小肥瘦的变化。（《文物》1978年3期）

18. 折觥铭 (昭王)

与商尊同一窖坑内出土，器形全长38厘米，通高28.7厘米，腹深12.5厘米，器、盖内铸有同样的铭文（图3.18），其中"王在斥"一句铭文在西周早、中期的铜器铭文中习见，由此可推该器当为昭王时期所铸。

铭文的书法风格与商尊铭文比较，字的大小更为整齐，横向排列更为匀称，布局较为整饬，渐趋整肃而较少变化。（《文物》1978年3期）

㦰方鼎

3.19 㦰方鼎铭

十三年㝬壶

3.20a 十三年㝬壶铭　　　　　　　3.20 十三年㝬壶铭

19. 㦰方鼎铭（穆王）

1975年陕西省扶风县庄白村西周墓中出土，当时共出土的鼎三件和簋、爵、壶等青铜器共14件，除一件之外，都有铭文，字数最少的3字，最多的有134字。这件方鼎连盖通高27.5厘米，口缘长17厘米，宽16厘米，器身与盖内壁各铸有文字相同的铭文（图3.19）。

这14件铜器中，以爵及觯的时代最早，从其形制和铭文的书风来判断，应是穆王时期所铸作。

西周初期的金文书法，一般可以观察到起笔、收笔出锋的痕迹，但中期以后，其线条变得圆润起来，其起笔、收笔一样均齐的点画，已渐开所谓"玉筋体"的先河，到了中期之末的共王以后，那均齐的点画更转化为单纯的线条，书法风格也开始有程序化的倾向。这件鼎铭，尤富有庄重典雅的书法趣味。（《文物》1976年6期）

20. 十三年㝬壶铭

1976年陕西省扶风县庄白村一号坑出土，与前述商尊、折觥同出而时代有别，因为它与1975年陕西县董家村出土的"仲南父壶"形制相同而被认为是西周中期制作的器物。

这件壶通高59.6厘米、口径16.8厘米，腹围108厘米，腹壁与盖内都铸有相同的铭文（图3.20），铭文分14行，每行4字，共108个字，由于铭文取横式，故拓本的视觉效果颇有现代卷轴的意味，其文字的构形庄重，线条流畅，书法庄重而雅致。（《文物》1978年3期）

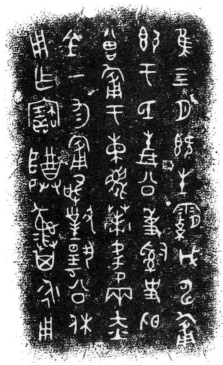 

3.21 匍盉铭　　　　　　　　　　　　3.22 应侯盨铭

匍盉　　　　　　　　　　　　　　　　应侯盨

21．匍盉铭（穆王）

1998 年河南省平顶山市应国墓地第 50 号墓中出土，该墓的年代为穆王时期。

这件盉造型精巧，通体绿漆古，颜色漂亮。通高 26 厘米，通长 31.8 厘米，宽 17.2 厘米，口径 14.2 厘米。铭文（图三二）在盖内壁，共 44 字，其书法属西周中期比较典型的"玉箸体"，但其点画和文字构形又富有变化，因而显得大器而不板滞。（《文物》1998 年 4 期）

22．应侯盨铭（恭王）

1986 年开始发掘的河南省平顶山市北滍村西边的滍阳岭西周应国墓地第 81 号墓出土，通高 22.4 厘米，宽 39.3 厘米，口缘长 28.8 厘米，宽 19.8 厘米，器内底部和盖内铸有相同的铭文（图三三），从铭文可知，它是应侯再肇所铸作。

铭文的布局排列比较疏朗，在西周中期初的铭文中，像这样把字距和行距拉得很开的例子尚不多见，故看上去不太紧凑，显得比较松散而随意。（《文物》1998 年 9 期）

3.23 邦簋铭

史墙盘

3.24 史墙盘铭

23. 邦簋铭（恭王）

1967年出土于河南省洛阳市北窑村的一个西周墓中，同墓所出器物有鼎一、车辖一和一些玉饰，其制作年代在穆、恭王时期。此器通高23.8厘米，口径19.8厘米，腹深11.8厘米，铭文（图3.23）在器内腹壁上，共七个字，简单记载了"邦"为"祖庚"作器之事。书体风格刚健遒劲。（《文物》1996年7期）。

24. 史墙盘铭（恭王）

这也是陕西省扶风县庄白村一号坑出土之青铜重器，通高16.2厘米，口径47.3厘米，深8.6厘米，有两耳及圈足，器外腹部铸有鸟纹，这种鸟纹是周穆王、恭王时流行的纹样。

铭文（图3.24）从中央分为两部分，左右各9行，全文284字，是庄白一号坑出土铜器中铭文最长的一件。铭文按其内容可分为两段。前段颂赞文、武、成、康、昭、穆诸先王及当时恭王之威德，后段对比诸先王之谱系，叙述作为史官的"墙"的家世和来历，最后是自赞和求福之辞。根据铭文的内容可以推定，这是恭王时期所作。这样的铭文，在西周铭文中是很罕见的，而其中用韵文的修辞手法，也很足以珍惜。

铭文纵横排列得很整齐，除末行之外，各行字数均15字。书风谨慎，曲直线条组织适当，点画稍稍有线条化的倾向，但因为笔势控制得较严，所以字形舒展不够。当然，我们不能因其舒展不够而否认其整体布局的和谐和其所蕴蓄的穆王时期以前的金文那种庄重风格的影响。这件铭文是西周金文进入衰落期的标尺之一。（《文物》1978年3期）

25．孟员鼎铭

　　1983 年－1986 年间，陕西省长安县张家坡村
183 号墓出土，同出的青铜礼器有鼎二、簋、甗、爵
各一，且都有铸铭。这件鼎通高 24.4 厘米，口径 20.8
厘米，铭文（图 3.25）在器内腹壁上。这件铭文的
布局行距较宽，字距较密，整体方正而字多欹侧；其
结体规整，但又讲究线条的变化，故有自然洒脱、落
落大方之风趣。（《考古》1989 年 6 期）

3.25 孟员鼎铭

26．殷簋铭

　　1984 年陕西省耀县城西南丁家沟村窖藏坑出
土，同出的青铜器有六件（簋二、钟四），两件簋的
形制相同，铭文一样，都铸在盖内和器底。这件簋
通高 22 厘米，口径 18 厘米，腹深 11.5 厘米，铭文
（图 3.26）共 8 行，每行 10 个字，排列整齐而缺少变
化，书法虽是较典型的玉筋体，但因形式上比较固
定而显得典雅有余，遒劲不足。(《考古与文物》1986
年 4 期)

3.26 殷簋铭

27．士山盘铭

　　中国历史博物馆藏，盘的直径 38 厘米，器身高
11.5 厘米，圈足高 4 厘米，铭文在盘腹内底，共 8 行
96 字，主要记载了周王命作册尹册命士山的有关内
容，其中反映了西周中期周王朝与下属侯国及附庸
小国之间的政治与经济关系，给西周中期的历史研
究提供了新的资料。

　　铭文（图 3.27）的书体风格秀劲而雅致，其点
画精工，线条内敛细劲，字体构形张弛有度，大小
参差错落，富有变化，具有浑穆而古拙的高古气象。
(《中国历史文物》2002 年 1 期)

3.27 士山盘铭

3.28a 应侯视工簋一

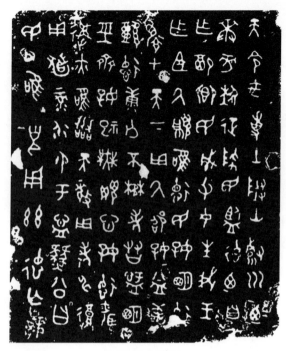

3.29 遂公盨铭

3.28b 应侯视工簋二

28．应侯视工簋

2002年北京保利艺术博物馆入藏一对应侯视工簋，这对簋两器同铭，并且都是器盖对铭（图3.28），但并不是一个范模所铸，如图所示盖铭比较沉稳厚重，器铭的字距略微宽松些，笔道也较为纤细，铭文6行共52字，铭文的笔画工整圆转，平实朴茂，构形以方正为主，间有变化，是西周中期较典型的铭文风格。（《文物》2002年7期）

29．遂公盨铭（西周中期偏晚）

2002年北京保利艺术博物馆收购入藏，失盖，仅存器身高11.8厘米，口缘长24.8厘米。器作长方形，圆角，弇口，两侧兽首耳，器口环绕凤鸟纹一圈，下饰瓦纹三道，圈足，器底内有铭文10行98字。铭文中开篇因有"天命禹尃（敷）土"的记载，说明其内容与大禹治水有关，这在金文中还是第一次出现，因此，一发表就在学界引起广泛关注和热烈讨论。

这件铭文（图3.29）的风格与恭王时期的"史墙盘铭"有点接近，整体上是线条整饬，构形方正，布局疏朗而规整，但在布局上却存在明显不足的地方。这篇铭文本是每行10字，但铭文却是98个字，最后一行只有8个字，铸造者也许是为了整篇布局的整齐，故在最后一行将文字突然增大许多，且将前三字的字距拉得很宽，结果没想到排不下，后面又只好缩小字距，而最后三字还是挤在了一起，这说明当时的铸造者在最后一行的布局上有明显的失算之处。（《中国历史文物》2002年6期）

3.30 井叔达盨铭

3.31 虎簋铭

30. 井叔达盨铭（孝王）

1985年陕西省长安县张家坡村152号墓出土，大小尺寸未见报道，铭文（图3.30）内容述说了周王的重臣井叔"达"为铭记周王赐马而铸造此器的经过。

一般说来，西周中期的金文，书法艺术上渐趋整齐固定，有程序化的倾向，但这件铭文仍具有文字构形的自由张力和变化，这在同时期的作品中是很有个性的例子。（《文物》1990年7期）

31. 虎簋铭（西周中晚期）

1996年陕西省丹凤县西河乡出土，簋盖的口径23.5厘米，铭文（图3.31）在盖子的内壁，共161字，内容是周王给一位名叫虎的重臣赏赐册命而铸器的记载，由于铭文的开头有"卅年四月初吉甲戌"的记载，因此有穆王时期，即前966年铸作说（见张文玉《虎簋盖和穆王的纪年》，载《考古与文物》2000年5期）和西周后期的夷王末年铸作说（见彭裕商《再论新出虎簋盖的年代》，载《文物》1999年6期）。

西周中期的金文，一般来说，起笔、收笔的方法一样，点画圆润的"玉筋体"多采用竖长的结构，这件铭文虽同是"玉筋体"的路数，但字形扁方，构形不太固定，线条比较拘谨，显得笔力不够挺健。（《考古与文物》1997年3期）

3.32 宰兽簋铭

3.33 晋侯僰马壶铭

32．宰兽簋铭（夷王）

1997年陕西省扶风县大同乡农民挖地时发现，通高37.5厘米，口径24.5厘米，腹深13厘米，铭文（图3.32）在器盖内，共12行129字，内容记载了"六年二月初吉甲戌"，周王把内史尹中传唤到师汞官，给重臣宰兽赏赐册命的经过，根据铭文纪年和器形、纹饰、字形等方面来分析，此器为西周中晚期夷王时期所铸。

铭文中通假字用得比较多，用字构形富有变化，如"兽"字，铭文中出现过4字，但无一完全相同者，这多少说明铸铭者已很注意用字形的变化来加强其布局的书法趣味了。（《文物》1998年8期）

33．晋侯僰马壶铭（孝王、夷王）

山西省曲沃县西南的天马－北赵晋侯墓地33号墓出土。该墓虽经数次盗掘，破坏严重，但仍有大量的车马器、兵器和六件青铜器出土，这件铜壶就是六件青铜器的一件，可能是因为残破的关系，具体尺寸不详，铭文（图3.33）在壶身内底部约14×6.5厘米处，其书法风格虽与前述虎簋铭有些相似，但字体拉长，线条伸缩有序，艺术水准显然高出很多。（《文物》1995年7期）

3.34 裘卫盉铭

裘卫盉

34．裘卫盉铭

1975年陕西省岐山县董家村农民在整理工地时发现出土，同一个窖坑内出土的铜器共有37件，其中簋14件，鼎13件，壶、鬲、豆各两件，盘、盉、匜、盨各一件。这批铜器的制作年代不一，其窖藏的时间，即下限被认为是西周末年。

此器通高29厘米，口径20.2厘米，盖里面铸有铭文（图3.34）132字。铭文的内容是大臣"卫"将法律的实施情况上告于周王，周王认可其报告，指示强制执行。这作为显示当时货币流通情况的史料，在学术上有很大的研究价值。

这篇铭文的章法较有变化，全篇12行，每行大约10个字，第9至11行各9字，纵向排列与横向排列均不求划一，书风也还保留古雅之趣。虽然作器的时代不能确定，但如果确如所推测的是西周后期之作的话，则可说是继承了西周中期书风的特点，艺术表现上也明显的超过了前述恭王时期的"史墙盘"铭文。（《文物》1976年5期）

3.35 㝬簋铭

35. 㝬簋铭（厉王）

1978年陕西省扶风县齐村的一个灰坑内出土，器体通高59厘米，口径43厘米，最大腹围136厘米，是现今所知西周铜簋中最大的一件。铭文（图3.5）铸于腹内底上，共12行，124字，内容是作器者"㝬"祭祀先王，称述王家功业，并祈愿一族安宁的祝辞。

作器者"㝬"或认为是周昭王，或认为是诸侯之一，或认为是周厉王"胡"的自称（参见《伯冬三器的铭文释文与考释》注三，载《文物》76年6期），我们这里取后一种说法。

这篇铭文在章法上布局整齐匀称，为了使每行都是平均10个字，还将最后一行的"才下"、"十又"均处理为合文，有意识地将所有的字距、行距处理得整齐划一的技巧，比起"史墙盘"铭文来，显得高超许多。但就书法风格上看，虽然字形方整，但比"史墙盘"铭文更纤弱，缺乏强弱的变化，没有刚健的点画，显得纤秀有余，骨力不足。（《文物》1979年4期）

晋侯编钟

3.37 虢仲簋铭　　　　　　　　3.36a 晋侯编钟铭　　　　3.36b 晋侯编钟铭

36．晋侯稣编钟铭（厉王三十三年）

晋侯稣编钟一共有 16 件，1992 年 12 月，上海博物馆从香港古玩肆中抢救回归 14 件，另 2 件在山西省曲沃县北赵村晋侯墓地的 8 号墓中出土，16 件钟的形制并不完全一致，但经检测，音阶完全和谐。16 件编钟共刻铭文（图 3.36）355 字，其中重文 9 字，合文 7 字。均用利器刻凿而成，笔道细劲，构形方正，属秀劲一路的书风。（《晋侯墓地出土青铜器国际学术研讨会论文集》上海书画出版社 2002 年版）

37．虢仲簋铭

1992 年河南省三门峡市上村岭虢国墓地 2013 号墓出土，同出的青铜器有 726 件，其中 7 件为礼器，有铭文的是簋、匜各一件。

这件簋铭（图 3.37）铸于内底，铭文中的"丑姜"当是墓主，故此簋当是上虢仲为夫人"丑姜"所作。其书法风格是既讲究布局的整齐而又追求构形的变化自由，整饬之中蕴涵放逸之态。（《文物》2000 年 12 期）

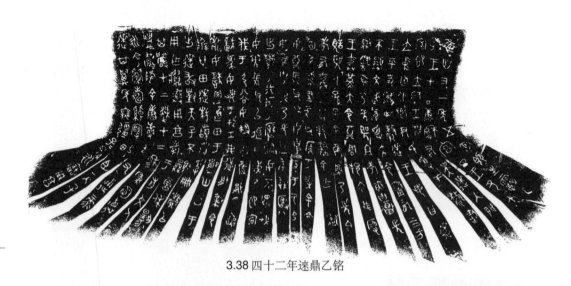

3.38 四十二年逨鼎乙铭

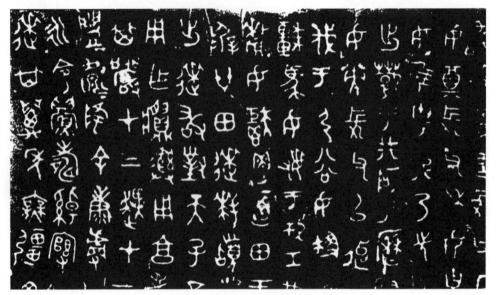

局部

38．四十二年逨鼎乙铭（宣王时期）

2003年陕西省眉县马家镇杨家村地窖出土，同出共27件青铜器，计有鼎12件，鬲9件，方壶2件，盘、盉、匜盂各一件，都有铭文，12件鼎中四十二年逨鼎2件，四十三年逨鼎10件，这件的编号是（2003MYJ：1），名称叫"四十二年逨鼎乙"，通高51、口径43.5厘米，重35.4千克。器形敛口，厚宽沿外斜折，方形立耳微外撇，下腹向外倾斜，阔圜底，三蹄状足，足内侧扁平，立耳外侧有两道凹弦纹，口沿下饰窃曲纹一周，间有六个扉棱将纹饰分成六组。腹部饰环带纹一周，足膝部有一扉棱与两侧纹饰组成的兽面纹，腹内壁有铭文（图3.38）25行，每行10－13字不等，共280字，其中重文符号4个。

铭文刻铸工整讲究，构形方正，笔道秀劲，布局匀停，是西周中晚期的代表风格之一。

（《文物》2003年6期）

3.39 逨盘铭

39. 逨盘铭 (宣王)

2003 年陕西省眉县马家镇杨家村地窖出土，编号是 2003MYJ：10，敛口，方唇，宽平沿外折，浅腹，腹壁外弧斜，底近平，两 U 形附耳，两耳之间有近似圆雕的螺状犄角状的衔环龙首，高圈足，圈足下附四个兽足。腹和圈足各饰窃曲纹一周，两耳和衔环上饰重环纹。口径 53.6 厘米，通高 20.4 厘米。盘内底有铭文（图 3.39）21 行，每行 17 – 19 字不等，共 372 字，包括合体字 1 个，重文符号 12 个。铭文的铸造风格与上述四十二年逨鼎乙铭基本相同，整饬而大器。（《文物》2003 年 6 期）

27

3.41b 单五父方壶器身口内铭原器

3.40 单五父方壶乙盖铭

3.41a 单五父方壶器身口内铭

40. 单五父方壶乙盖铭 (宣王)

2003年陕西省眉县马家镇杨家村地窖出土，编号为2003MYJ：19，盖面饰交缠的吐舌龙纹，盖沿饰环带纹，盖的子口上有铭文4行17字，与器铭相同，但最后一行为5字，正与器铭的首行5字形成对应。铭文（图3.40）的风格与上述四十二年逨鼎乙铭基本相同。(《文物》2003年6期)

41. 单五父方壶器身口内铭 (宣王)

2003年陕西省眉县马家镇杨家村地窖出土，编号为2003MYJ：19，椭方形，长颈垂腹，圈足，颈上双耳作三层龙首形，腰横三道凸棱，腹部以一个圆突的双身龙首为主，辅有多条身躯相交的龙纹，圈足饰带目窃曲纹。壶口内侧有铭文（图3.41）4行19字，含2个重文符号。铭文由凸起的细线印格相间，但文字的构形又并不受印格的限制，或有出格或偏中的表现，显得既有规矩又很自由，颇具艺术魅力。此外，在线条上比盖铭更加整饬，有一种内敛秀劲的韵味充盈其间。(《文物》2003年6期)

3.43 有司简簋盖铭

3.42 单叔鬲辛铭

单叔鬲辛铭

42．单叔鬲辛铭（宣王）

2003 年陕西省眉县马家镇杨家村地窖出土，编号为 2003MYJ：27，器形矮小，敛口，方唇，束颈，宽沿外折，腹壁外弧，腹上部饰窃曲纹一周，腹下部饰夔龙纹，器身有三个高凸扉棱将纹饰分成三组。口径 15、通高 19.8 厘米。口沿内侧有铭文（图 3.42）1 行 17 字，含重文符号 2 个。铭文风格与上述四十二年逨鼎乙铭基本相同，但略显板滞。（《文物》2003 年 6 期）

43．有司简簋盖铭（西周晚期）

2001 年发现于陕西西安，据云为早年出自长安丰镐一带。盖为圆形，顶面隆起，中部有圆形捉手，覆置时即为高圈足。直径 21.5，通高 7.5，捉手径 10.2，高 5 厘米，重 1275 克，全身褐色锈，盖内有铭文 4 行 30 字，铭文（图 3.43）的书风秀婉流丽，其笔画较为纤弱，结体匀整偏长，布局工整，是西周晚期一路的书体风格。（《文物》2004 年第 3 期）

3.44 虢国铜盨铭

3.45 郜中簠铭

3.46 郜召簠铭

44．虢国铜盨铭（西周晚期）

　　1990年三门峡上村岭虢国墓地贵族夫人墓（M2006）出土。铜盨通高20.4，口径16.5－23，腹深9.3，盖深5.6厘米。椭方形，弇口，垂腹，旋角兽首双耳。盖顶起四扉棱，矩形圈足外侈，前后两侧有缺。器盖对铭，计4行33字。铭文（图3.44）的线条粗重平实，结体方正，布局整齐，显得比较朴实而古拙。（《文物》2004年第4期）

45．郜中簠铭（西周晚期）

　　1986年山东省长清县万德镇石都庄墓葬出土，同出有两件铜簠，其形制大小基本相同，通高17、口长27.7、口宽23.3厘米。器盖形制完全一样，均作长方形斗状，方唇外凸，平沿较广，敞口，斜直腹，平底。盖鼎捉手及圈足为长方形，两长边中间下凹，盖及腹两端各有一半环形兽首耳。铸造精良。器底及盖顶内铸有对铭，各3行17字，其中重文2字。铭文（图3.45）的铸造风格比较粗放，字形大小不拘，参差错落，富有一种随意而大方的自然情趣。（《文物》2003年4期）

46．郜召簠铭（西周晚期）

　　1995年山东省长清县城东南的北黄崖村3号墓出土，共出的还有青铜礼器三件和陶器20件左右。此器通高8.7厘米，口缘长28厘米，宽24.5厘米，铭文（图3.46）铸在器盖内和器底，共4行23字，铭文布局固定而秩序井然，虽也有走样的字形，但风格与西周晚期的整体风格基本一致，看上去字形修长，结体匀称，章法整齐，技巧熟练。（《文物》1998年9期）

3.47 秦公簋铭

3.48 孟姬壶铭

3.49 邿公典盘铭

47．秦公簋铭（春秋早期）

1993年，上海博物馆从香港古董店购买秦公鼎四件，秦公簋两件，这些重器可能是90年代从甘肃省大保山的三座秦公大墓中盗挖后流入香港的，其时代据考证应是春秋初期。

这件铜簋通高23.9厘米，口径18.6厘米，铭文（图3.47）铸在盖内和器内，文字相同。春秋时期秦的铜器铭文风格基本承继了宗周的余绪，字体构形修长，线条均整，平实而雄强。此器铭文中值得玩味的是"秦"字构形比较特殊，这多少透露出秦系文字尚没定型时的些许信息。（《考古与文物》1997年5期）

48．孟姬壶铭（春秋早期）

1983年河南省光山县宝相村孟姬墓出土，通高30.7厘米，腹径17 − 22.5厘米，铭文（图3.48）铸在颈部，共4行16个字，书风上线条流丽，构形上自由而畅达。（《考古》1984年4期）

49．邿公典盘铭（春秋中期）

1995年山东省长清县仙人台邿国墓地第5号墓出土，同出的青铜器有41件，其中礼器有10件。这件盘通高7.2厘米。口径43.5厘米，铭文（图3.49）铸在器内底上。

这件铭文的书法与"齐侯鉴"铭文风格相近，应是东周时期齐国的代表书体之一，其线条婉转遒劲，特别是竖划直而劲挺，如"是"、"无"等字就是显例，因此颇具遒美之风范。

3.50 楚王子午鼎 a

楚王子午鼎

楚王子午鼎 b

3.51 王孙诰钟铭（钲部）

50．楚王子午鼎铭（前552）

　　1976年至1979年间，在河南省淅川县下寺发掘了春秋时代的楚墓25座，出土了7000余件文物，青铜器中的礼器就有160件，其中二号墓出土了7件一组的铜鼎，最大者通高69厘米，口径66厘米，最小者通高60厘米，口径59厘米，7个鼎均于腹内和鼎盖内铸有铭文，盖铭4字，腹铭84字，各鼎文字相同，都是作器者"午"（又称子庚）祭其祖先，祈求享有先祖余荫。这个"午"便是《左传·襄公十二年》所记"楚司马子庚聘于秦"，杜预注"子庚，庄王子午也"的那个"午"，因此，铭文中的"午"和"子庚"是同一个人。史书记载，"子庚"在楚康王七年（公元前552年）去世，故此墓的下葬年代也应在这一年。

　　铭文（图3.50）属于楚金文中特有的开鸟虫书先河的一种书体，其字形大小划一，线条纤细而流丽，结体瘦长而工整，有一种夸饰性的奇特趣味。（《文物》1980年10期）

3.52 叔姜簠盖铭

53 吴王光剑

51.王孙诰钟铭 (前552)

这也是河南省淅川县下寺春秋二号楚墓中出土的甬钟之一，同墓出土了二十六个甬钟，在鼓部和钲部都铸有铭文，这件铸在钲部的铭文（图3.51）与上列王子午鼎的铭文风格比较接近，具有当时楚系金文中纤秀流丽书风的典型特征，所不同的只是其点画和线条的装饰性没有那么夸张而已。（《淅川下寺春秋楚墓》）

52.叔姜簠盖铭

1990年湖北省郧县肖家河村春秋晚期墓出土，同出的青铜礼器共有八件，但有铭文的仅此一件而已。此器通高22厘米，口径30.4厘米，铭文（图3.52）铸在盖内和器底，文字相同。

铭文三行，行各六字，字形工整修长，线条弯曲有度，婀娜妩媚，与王子午鼎铭文有异曲同工之妙，是楚系文字中比较标准的代表作之一。（《考古》1998年4期）

53.吴王光剑铭 (前493)

1974年出土于安徽省庐江县。通体无锈而有光泽，剑身长54厘米，在靠近剑格的地方阴刻有铭文（图3.53）两行，行各八字。铭文中所称"攻吴王光"就是《左传·昭公二九年》所说"光，吴王诸樊之子"的那个人，此剑应是吴王光在位（公元前515－493年）时所制作。铭文刻得字体修长，线条纤细，书风工整而遒劲。（《文物》1982年5期）

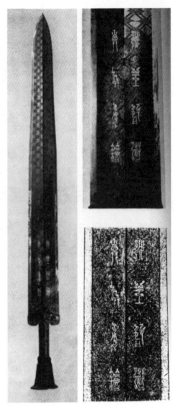

3.54 陈公子中庆簠铭

3.55 越王鸠浅剑铭

54. 陈公子中庆簠铭 （前479）

　　1979年出土于湖北省随县楚墓之中，同出的青铜器有11件，与此器相同的还有一件，通高19.3厘米，口缘长30厘米，宽23.5厘米，内底铸有铭文（图3.54）6行25字。铭文开头的"陈公子"的"陈"应是国名，据《史记·陈杞世家》记载，陈在楚惠王十年（公元前479年）时被楚国所灭，因此，此器的铸造年代也应在这一年之前。

　　此器为陈国之物，出土于楚墓之中，应该是楚没陈之后的战利品。铭文的风格或说有"中土系"的特征，但实际上它与后面讲到的"歌觚铭"的风格还是大不一样。应该说，其文字的构形还基本上是楚系文字的风尚，其线条婉转，结体长短相间而有变化，只是在布局上略嫌松散，个别字（如"年""眉"等）的笔画显得迟滞而乏力而已。（《文物》1980年1期）

55. 越王鸠浅剑铭 （前465）

　　1965年湖北省江陵县的望山一号楚墓出土。剑身55.7厘米，通体有菱形花纹，靠近剑格的地方铸有铭文（图3.55）两行，行各四字，均以金银错工艺制成，出土时金光灿灿，锋利异常，堪称精美绝伦。

　　铭文"鸠浅"即"勾践"，剑主即春秋时代最后的霸主勾践（公元前497－465年）。

　　剑铭是典型的鸟虫书，直承楚系文字的流美与华丽，将笔画装饰得很夸张，与此剑的豪华制作十分相称。（《文物》1973年6期）

56. 自铎钟铭 （前465）

　　2003年浙江省绍兴市区塔山某建筑工地出土。通高39.6厘米，钲边及篆部四周饰锥形乳钉纹，有枚，铭文分布在钟体正反两面的鼓部，最后一字因缺乏位置而补于反面钲间。铭文

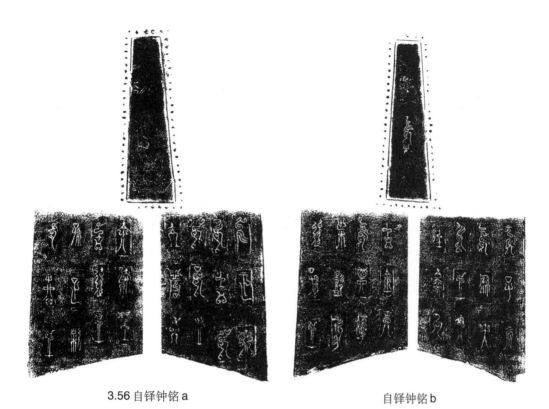

3.56 自铎钟铭 a   自铎钟铭 b

（图 3.56）为鸟虫书，共 50 个字，记载了"维正十月、吉日丁巳""徐王旨后之孙""自作其铎"，以期"世世鼓之，后世勿忘"等内容。铭文的字体秀丽优美，属典型的越国鸟虫书体，比较接近于宋代出土的越王者旨於睗钟，但铭文注明是徐国器，这可能是徐人流亡越地后所制作。因此，这件青铜甬钟的铸造地，当在越国故都绍兴，其具体年代约在越王勾践晚期或稍后。（《文物》2004 年 2 期）

3.57 欤瓶铭

57. 欤瓶铭

1978 年山东省海阳县嘴子前村春秋晚期墓出土，同出的青铜器有 50 余件，但有铭文的仅两件。此瓶通高 35.4 厘米，口径 30 厘米，铭文（图 3.57）铸在器腹内壁，共 4 行 17 字。从铭文可知这是陈国之器，其文字布局板滞而无生气，线条柔弱而带匠气，这可能也是陈国铸器太少的一种反映吧。（《考古》1996 年 9 期）

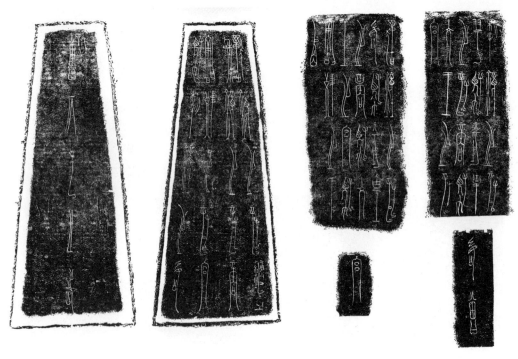

3.58a 曾侯乙编钟铭

3.58b 曾侯乙编钟

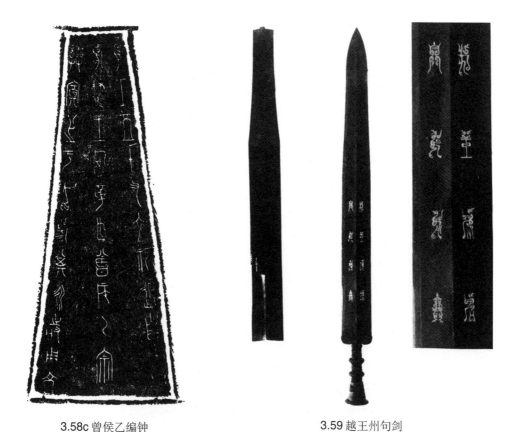

3.58c 曾侯乙编钟　　　　　　　　　　　　3.59 越王州句剑

58．曾侯乙墓编钟铭（战国）（前433）

　　1978年，湖北省随县擂鼓墩一号墓出土了青铜器、漆木器等文物7000多件，其中最著名的是悬挂在三层漆木架上的大小64个的一套编钟，即现在人们所熟知的曾侯乙墓编钟。这些钟最小者重8公斤，最大者重308公斤，全套编钟总音域跨度在五个八度以上。这是一个使乐器的历史必须重写的重大发现。据同墓出土的镈钟铭文记载，该镈钟是楚惠王熊章所作，并于56年（公元前433年）赠送给墓主曾侯乙的。因此，我们也可以了解此墓年代的上限。编钟的铭文（图六九）是当时官方的公用体，即南方楚系文字中常见的长脚体，带有很浓厚的装饰性。（《文物》1979年7期）

59．越王州句剑铭（前412）

　　1973年湖北省江陵县滕店一号战国楚墓出土，剑长56.2厘米，出土时完好无损，锋刃依然锐利。铭文（图3.59）靠近剑格处，二行，行各四字，鸟虫书，线条阴刻错金，字体颀长，笔画繁复，与楚系文字的风格一脉相承。

　　州句是句践后的第三代国君（公元前448－412年在位）。勾践以后越国历史不清楚的地方很多，从此剑和鸠浅剑都由楚墓出土来看，或许可以窥知当时楚、越间的友好关系。（《文物》1973年9期）

3.60 哀成叔鼎铭

60. 哀成叔鼎铭（前375）

1966年河南省洛阳市第439号战国墓出土。通高34厘米，口径28厘米，器内腹壁铸有铭文（图3.60）八行，共57字，其内容是记载很年轻的时候就从郑国出奔的哀成叔祭祀先君的文字，据研究，哀成叔是《史记》郑世家所见康公的后裔，那么，此鼎的铸造年代必然在郑国灭亡的公元前375年之后了（参见赵振华《哀成叔鼎的铭文和年代》，载《文物》1981年7期）。

铭文的后三行与前五行比较，字形逐渐变小，结构也变得稍稍拉长，竖划也有猛然收笔提起那种所谓"悬针篆"的特点，作为具有战国中期时代特征的书风，具有一定的代表性。（《文物》1981年7期）

61. 中山王鼎铭（前310）

1974－1978年间，河北省平山县城外一号战国墓出土，又名铁足大鼎，三足以铁制，器体青铜制，通高51.5厘米，口径65.8厘米，外腹部环刻有铭文（图3.61）77行，行6字，共469字，中山诸器中，以此器字数最多。铭文开首云："惟十四年，中山王䍐作鼎"，据《史记·赵世家》及其它有中山国纪事的古籍推定，这是公元前310年所铸造的器物。（《文物》1979年1期）

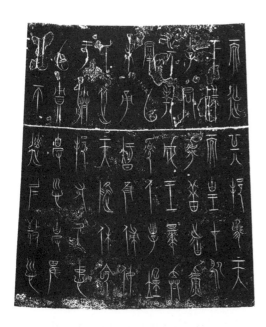 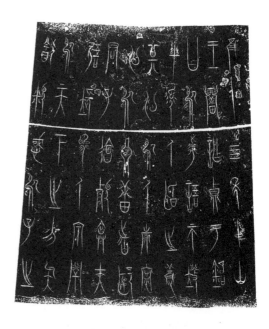

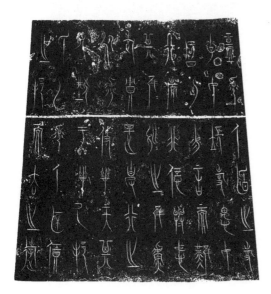 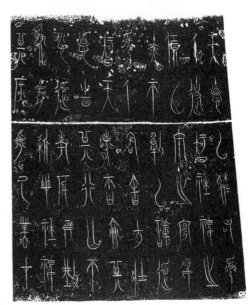

3.61a 中山王嚳鼎

中山王嚳鼎

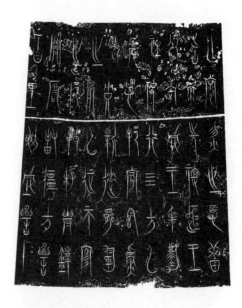

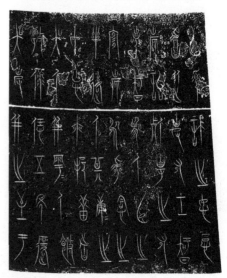

3.61b 中山王𨔶鼎

62. 中山王方壶铭 （前310）

　　此器与中山王鼎同墓出土，通高63厘米，直径35厘米，肩部四棱各附有一个铜夔龙，四面的器身两侧上部铸有铺首衔环，每面各有铭文（图七三）10行，共450字，内容记述了中山王国由文、武、桓、厝传承下来，贤良的相邦（宰相）婤助王伐燕，建立大功等等，这对研究中山国的历史有很高的史料价值。

　　中山王器的书体基本相同，所有的字距和行距都严格的平均分布，字形竖长，各字都极为齐整，造型取所谓"背势"，即两边的竖笔都往中间靠紧，竖划较长，起笔锋利，收笔也用悬针法迅速提笔拔起。这种流畅爽利的趣味，迄今为止尚未在其它地方见过。而且，字数如此之多，刻工却始终不懈，甚至轻松自如，确实很有功力，令人钦佩。（《文物》1979年1期）

3.61a 中山王方壶铭

中山王方壶

3.62b 中山王方壶

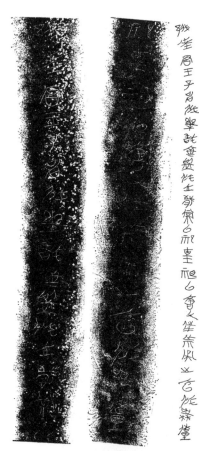

3.64 邴子盥盘铭

3.63 楚郏陵鉴君铭

63. 楚郏陵君鉴铭 (前306)

1973年江苏省无锡市出土，同出的还有两个豆，都刻有铭文。此鉴通高25厘米，口径54厘米，器外颈部一周刻有一行铭文（图3.63），共30个字，铭文中的陵君王子申是人名。无锡在战国时代是越国的属地，后来在楚怀王二十三年（公元前306）楚灭越后为楚所有。因此，此鉴的制作年代应是公元前306年以后。

刻铭的书体与楚帛书和楚简有共通之处，同时也与1932年安徽省寿县朱家集出土的"楚王酓忑"诸器的刻铭酷似，线条纤细，构形扁方，字体略向左倾，是金文刻铭中比较草率书风的代表之一。（《文物》1980年8期）

64. 邴子盥盘铭

1993年4月汨罗市高泉山水泥厂一号墓出土，同墓出土的青铜器还有鼎、簋、匜等，铜盘为平沿，弧壁，浅腹、平底，双附耳，三兽蹄足。口径37.5厘米，底径33.5厘米，腹深5.2厘米，通高8.2厘米，盘底有铭文四行共22字。

这件铭文（图3.64）为刻款，线条比较纤细，构形修长，布局爽朗，是常见的楚系青铜器铭文风格。（《中国历史文物》2004年5期）

金 文

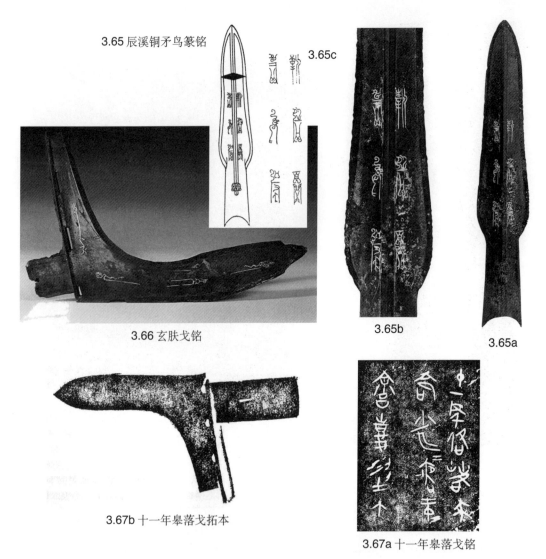

3.65 辰溪铜矛鸟篆铭

3.65c

3.66 玄肤戈铭

3.65b

3.65a

3.67b 十一年皋落戈拓本

3.67a 十一年皋落戈铭

65．辰溪铜矛鸟篆铭

该矛系20世纪90年代湖南省辰溪县文管所征集入藏，铜矛通体绿漆古，矛刃锋利，页面有槽，骹上有两个兽形纽，纽至銎口有三道细棱，叶长10.5厘米，骹长4.1厘米，通长14.6厘米，最宽处2.6厘米。銎口上凹，形状呈椭圆，长径1.9厘米，有铭文（图3.65）2行共6字，即"新造自司乍矛"，字体是比较典型的楚系文字中的鸟虫篆，但刻画线条纤细，"新"、"矛"二字已没有较常见的鸟虫造型，而是简化成了旋转的线条，构成一种美术图案化的书风。（《中国历史文物》2004年5期）

66．玄肤戈铭

1993年12月，湖南省湘乡县博物馆在抢救性清理发掘该县铝厂8号墓时，出土了一件精美的错金鸟篆铭文戈（图3.66）。

这件错金鸟篆铭文戈现存通长20.5厘米，胡有三穿，长12.5厘米，内稍残。错金鸟篆"玄

3.69b

3.68 十年洱阳戟张疋戟铭   3.69 秦兵马俑一号坑戟铭

肤之用"（图七八）四字，是迄今所知的第三件"玄肤之用"戈。

这件戈的铭文虽只有 4 个字，但从字体的构形和布局等方面考察，却颇有特点：

（1）．"肤"字的写法是第一次出现，它省略了该字的"肉"这个偏旁，将其简化为左右拉开的两竖笔，这与山西忻州所出的"玄肤之用"戈的"肤"字形成鲜明的对比。

（2）．"之"字的写法比较特殊，它虽然也是画的鸟嘴衔字，但整个鸟形却是倒挂的，这种倒鸟衔字的"之"字，是现在所见的鸟虫书的"之"字中唯一的特殊字例。

（3）．"用"字的写法也很罕见，其上部的鸟形已简化为弯曲伸展的线条，而"用"字的主要笔划则下拖至尾部，与前三字在重心上形成呼应。

这三个铭文构形的独特新颖之处，说明鸟虫书的构形是多样的，因此各自形成的风格也各不一样。（《楚文化研究论集》第五集）

67．十一年皋落戈铭（战国晚期）

1986 年河南省伊川县城关乡农民在挖土制砖时出土，通长 22 厘米，援宽 3 厘米，栏长 11.4 厘米，内长 8 厘米，宽 3.5 厘米。据研究，刻铭（图 3.67）中的"佫（皋）苔（落）"是韩国监造者的官职名，铭文中多通假字和异体字。由于是刻款，其文字线条短促而无变化，字形组合率意而松散。（《文物》1991 年 5 期）

68．十年洱阳令张疋戟铭

1981 年山东省莒县桃园村出土，属战国时期的齐国兵器。该戟通长 24 厘米，援长 15 厘米，内长 9 厘米，胡长 10.5 厘米，铭文（图 3.63）刻在内的正面。这件刻铭线条细劲，文字构形松散变形，是战国时期六国古文中齐系兵器铭文的代表风格。（《文物》1990 年 7 期）

"长沙元年"鼎

3.70 秦始皇廿四年斧铭

69. 秦兵马俑一号坑戟铭（秦代）

1974年－1984年间，在秦兵马俑一号坑的发掘中出土。这件铜戟是同坑出土的四件中的一件，戈的部位通长26.6厘米，援长16.6厘米，胡长12厘米，内长10厘米，刻铭（图3.69）在内的正面，二行共15个字，其中特别署明："七年，相邦吕不韦造"。刻铭的书风直承秦系金文的余绪，线条平直，浅刻轻划，结体虽欹侧方正不拘，但文字构形已可见秦篆之端倪。（《秦兵马俑坑——一号坑发掘报告》）

70. 秦始皇廿四年斧铭

1994年山东省沂南县任家庄村的阳都故城遗址出土。铜斧高20厘米，最宽处27厘米，刻铭（图3.70）在插柄的銎部右侧，共3行12个字，即"廿四年，莒傷（阳）丞寺、库齐、佐平、职"，像这样有铭的斧，迄今仍很少见。刻铭的书风与上列秦兵马俑一号坑戟铭同中有异，虽都是平直的线条，但结体比较方正，字距和行距的排列比较整齐，且带有秦隶的些许笔意，从中多少可以窥见西汉铜器刻铭的一些影子。（《文物》1998年12期）

71. "长沙元年"鼎铭（西汉）

1949年湖南省长沙市桂花园枫树坪出土，通高16厘米，口径18.2厘米，蹄足，腹部外凸，中饰凸棱一道，铭文共25字，沿凸棱刻制，内容是记载铜鼎的所属、体积、重量、制作年代和顺序，从铭文（图3.71）得知，这是一件"刺庙"用铜鼎，可容"斗五升"，"重十五斤六两"，是"长沙元年"所造的"第三"枚铜鼎。这里所说的"长沙

3.71 "长沙元年"鼎铭

新中国出土书迹

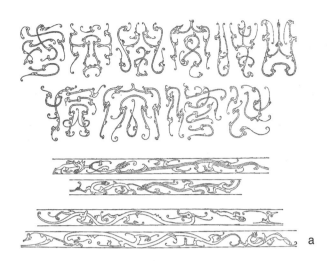

满城错金银鸟虫书壶

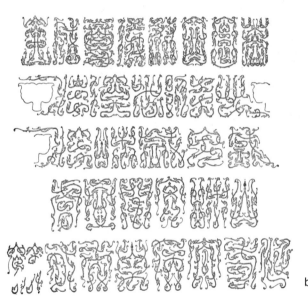

a

b

3.72 满城错金银鸟虫书壶铭（摹本）

满城错金银鸟虫书壶

元年"，应是指吴芮所建的长沙国的年号。铭文刻的是方正的篆体，类似于秦权量的铭文风格，线条细劲，构形方正，风格整饬规整，间有汉镜中才有的简化变形，如其中的"造"字就是典型，因此也可看到汉镜铜铸文字的一些影子。（《中国古代铭刻文物》）

72．满城错金银鸟虫书壶铭

1968年河北省满城县陵山一号汉墓出土，共有两件，均通体用金银丝在器盖及器身的颈部、肩部、腹部用楚系文字中常见的装饰性很强的鸟虫书体镶嵌出文字（图3.72），其线条的夸饰变形比楚系文字中的鸟虫书更加厉害，已具有很强的图案化因素，这在汉代金文中是很罕见的例子。（《考古》1972年1期）

3.73a 中山内府铜鋗铭

阳信家铜钟

3.74 阳信家铜钟铭

73．中山内府铜鋗铭

1968年河北省满城县陵山一号汉墓出土，同出还有铜钫、镂等容器，其铭文（图3.73）都是刻款，内容主要是器名、所有者、用途、容量、作器者、纪年等，书体是还带有篆书意味的隶书，其中还间有古隶的痕迹。如其中"斗"、"年"、"月"、"郎"等字都是较典型的代表。（《考古》1972年1期）

74．阳信家铜钟铭 (前144)

1981年陕西省兴平县茂陵一号墓出土，同出的错金银及鎏金的青铜器有23件，有铭文刻款的有16件，虽然该墓墓主是谁并不清楚，但从铭文中的"阳信家"来推测，这些东西可能是汉武帝的姐姐阳信公主府邸中的器物。

此件钟铭（图3.74）的是较为规矩的篆书，刻得也比较慎重而整齐，但其点画之间已颇带隶书的意味了。（《文物》1982年9期）

a

b

3.75 昆阳乘舆鼎

75. 昆阳乘舆鼎铭（前144－87）

1961年陕西省西安市西郊阿房宫遗址出土，其制作的时间被认为是武帝时代末叶，其铭文（图3.75）是刻写的隶书，字形多以浅而快捷的线条组成，其笔画细飘，结体扁方，具有秦隶的书法趣味。（《考古》1963年2期）

昆阳乘舆鼎

3.76a 上林铜鉴铭

3.77 阳朔四年钟铭

3.76b 上林铜鉴铭

76．上林铜鉴铭（前21）

与上列"昆阳乘舆鼎"同时出土，但制作时间略晚，是阳朔四年（公元前21年）所作。刻铭（图3.76）三、四行，字体方正工整，线条重起轻收，流畅有劲，比起下列"阳朔四年钟铭"来，要精致方正许多，因此，它是很难得的比较规矩的篆书刻款精品之一。（《考古》1963年2期）

77．阳朔四年钟铭（前21）

1986年甘肃省庆阳地区的农民在耕地时发现了青铜器六件，这件钟是其中之一，通高36.2厘米，口径15厘米，最大腹部21.6厘米，底部18.5厘米，刻铭（图3.77）在外腹部，铭文中的"汤官"是少府中的属官名，因此这件钟可能是皇室里的贵重器物。

这件刻铭的书法虽仍然是篆书的结构，但已间夹着秦汉之交所习见的古隶笔画，其点画的粗细变化非常鲜明，与秦汉之际的简帛书法中的古隶有异曲同工之处。（《考古与文物》1989年5期）

3.78 宝女墩铜鼎铭

3.79 嘉量版铭

78. 宝女墩铜鼎铭

1985年江苏省邗江县宝女墩新莽墓出土。同出有铜器55件，漆器36件，都是"广陵"王家的随葬品。这件铜鼎刻铭说明它是广陵王家随葬铜鼎中的第十件，铭文（图3.78）书体是隶书，特别是"陵"、"食"等字的构形，已具有比较鲜明的八分书体的笔势，这在汉代金文中是很难得的范例。（《文物》1991年10期）

79. 嘉量版铭（新莽）

1982年甘肃省合水县出土，原件为铜版，长25.6厘米，宽23.3厘米。嘉量，依据《汉书·律历志》，上为斛，下为斗，左耳为升，右耳为合和龠，是固定的容器。传世的嘉量有两件，一在台北故宫博物院，但器铭是长脚的小篆体，一在北京中国国家博物馆，器铭（图3.79）与此铜版的内容、书体一样，都很接近"泰山刻石"的书风。因此，这块铜版的出土，在书法史的研究中具有非常重要的价值和意义。（《全国出土文物珍品选》）

4.1 曾侯乙墓竹简

4.2 江陵藤店楚简

四、简牍

1．曾侯乙墓竹简（战国早期，前433）

　　1978年湖北省随县擂鼓墩曾侯乙墓出土，共240余枚竹简（图4.1），简长72－75厘米不等，宽1厘米左右，每简的字数27个上下，内容主要是记载葬仪用的车马与兵甲。书体为较为典型的战国早期的楚系文字，其用笔呈上拱右耸之势，笔力爽劲而锋利，线条优美而富有变化，如横画落笔沉稳，竖画笔立悬针，撇捺露锋而坚挺，字形纵长，笔致跳动而有节奏。尽管它至今仍是中国出土的最早的简牍墨迹，但其爽朗遒健的书法风格给人们留下了相当深刻的印象。（《文物》1979年7期）

2．江陵藤店楚简（战国早期，前412）

　　1973年湖北省江陵县藤店楚墓出土，仅存残损得很厉害的24片共42个字（图4.2），内容为遣策。书风则与望山一号墓出土的竹简相近，与楚帛书有相同的艺术趣味。（《文物》1973年9期）

4.3a 信阳长台关竹简

4.3b 局部放大

3．信阳长台关竹简（战国早期）

1957年河南省信阳县长台关西北小刘庄楚墓出土，共148枚竹简（图4.3），分为两种简，一类是遣策简，一类是文献简，其文献内容或以为是《墨子》的佚篇，或认为是《申徒狄》的古佚书。这批文献简的书写风格与曾侯乙墓简相比又有其明显的特征，其构形匀停而渐趋方整，横画粗重而向下弯曲，结体比较紧密而字距疏松，章法显得空灵而洒脱，初显战国楚系文字妩媚而恣肆的书风特点。（《战国楚竹简汇编》）

4．江陵望山一号墓楚简（战国早、中期）

1965年湖北省江陵县纪南城望山一号楚墓出土，共37枚简，内容均是遣策。这批简（图4.4）保存状况不佳，字迹有点不太清晰，从其文字构形分析，与包山简比较接近，应是战国早、中期楚国都城的作品。其线条呈横向上挑的笔势，圆转瘦动，粗细相间，构形散逸，字距较宽，布局比较匀停，显得圆秀而飘逸。（《望山楚简》）

4.5 江陵天星观楚简

4.4 江陵望山一号 楚墓竹简

5. 江陵天星观楚简（战国早、中期）

1978年湖北省江陵县天星观楚墓出土，虽有部分残损，但完好者仍有70余枚（图4.5），简长71－72厘米，宽0.5－0.8厘米，内容除遣策之外还涉及卜筮的内容，其墓葬年代被推定为公元前361－340年前后。这批简的书风比较圆秀工整，显得爽朗而清秀。（《考古学报》1982年1期）

包山楚墓

4.6.a   4.6.b   4.6.c   4.6.d

4.6e   4.6.f   4.6.g   3.6.h

6. 包山楚简（战国中期，前323）

  1987年在湖北省荆门市十里铺镇王场村包山楚墓出土，共488枚竹简，其中有文字的简278枚(空白简210枚)，总字数有12472个，内容主要是司法文书、卜筮祷文和遣策，简的尺寸不一，文书、卜筮类简长63－69厘米，简宽0.6－0.8厘米，遣策简长68－72.6厘米，宽0.75－1厘米，每简所抄字数不等，最多的92个字，最少的2个字，一般是50－60个字。由于这批简非一人所抄，据横田闲云在《包山楚简的文字和书风》(载《中国古代的文字与文化论集》) 一文中的分析，"书风最少有十人以上"。故所显示的书法风格各有千秋。如遣策简 (图九七) 的特点是用笔率意洒脱，富于提按变化，劲健多姿，笔势多重起尖收，字形多略显欹侧，特别是横画已颇具隶书蚕头凤尾的隶书笔意，风格秀逸而生动。其司法文书简中的"集箸"简（图九八）则完全是另一种风格，其构形内收外敛，其用笔多侧锋取势，其线条多精致圆劲，而其字距却极其疏松，显得布局空灵而疏朗，具有特殊的艺术效果。

此外，有关包山楚简的书风特点，考古报告中也作过综合归纳，即1．文书类大多是速写的行书字。2．卜筮类具有楚系文字的规范性。3．结构大致上圆转而少方折。4．点画大多是起笔重，收笔细而尖。5．撇、捺、挑之别不太明显。6．因拿在手中书写的原因，大部分的笔画都是向右倾斜。当然，这些归纳并不全面，如结构上亦有方折而庄重的书体之类，但可以肯定的是，包山楚简因其抄手的众多和毛笔的不同而具有书风的多样性，是研究战国楚系文字书法难得的珍贵资料。(《包山楚墓》)

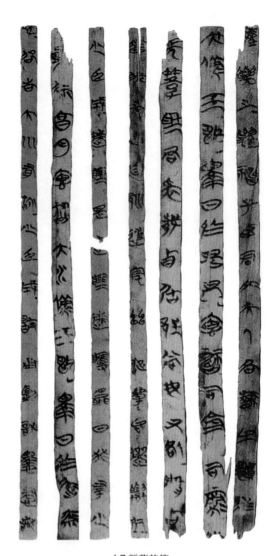

4.7 新蔡楚简

7．新蔡楚简 (战国中期)

1994年8月，在河南省新蔡县西北的葛陵楚墓中出土了大批竹简，考古工作者根据层位和分区编号，其中甲区编号者523枚，乙区编号者299枚，临摹时编号者749枚，总计1571枚。这批简出土时多有残损，原简长度不详，宽度在0.6至1.2厘米之间，内容大致可分为两类，一类是卜筮祭祷的记录，从内容和竹简本身来看，又可分为三种，第一种是墓主人平夜君成生前的占卜祭祷的记录，大多以求问病情为主。第二种是墓主自己祈祷的记录，这种简数量很少，但简较宽，字较大，比较特殊。第三种仅是与祭祷有关的记录，不见占卜。另一类是遣策，或称之为"赗书"，数量较少，只有20余枚。

这批简（图4.7）的风格大都与楚帛书比较接近，其字体多取扁平之势，线条富有张力，如其横画多先向右上扬，然后在收笔时向下弯曲，形成一种很有韵律感的弧线。竖画多方起尖收，且多先向右弯再拉下，有着一种起伏的变化，整体上显得秀媚多姿，清丽可人。(《新蔡葛陵楚墓》)

8．江陵九店楚简 (战国中、晚期)

1981－1989年间，在湖北江陵县九店的56号墓和621号墓出土，其中56号墓共出竹简205枚，有字简146枚，其中35枚比较完整，简长46.6－48.2厘米，简宽0.6－0.8厘米，每简所写字数不一，写得最多的一枚有57个字，内容克分为15类，除第一类是有关农作物的之外，其它都是日书的内容。621号墓共出竹简129片，都是残片，其中文字比较清楚的有34片，无字的有39片内容也都是日书。

这批简（图4.8）的保存状况不佳，从残存的文字来看，这批简显然不是一人所书，大体上线条多曲线而外拱，字形多扁平而略带欹侧，用笔多重起而快出，其书法风格总体上与新蔡楚简比较接近。（《九店楚简》）

9．郭店楚简 (前300前后)

1993年湖北省荆门市沙洋区郭店村1号墓出土，该墓是竖穴式土坑墓，一棺一椁，出土随葬品有礼器、兵器、车马具、生活用品等391件，出土竹简804枚，其中有文字的简730

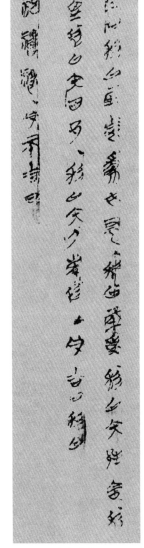

4.8 九店楚简a   4.8 九店楚简b

枚，总计有13000多字，内容可分为《老子》、《太一生水》等16种书籍。简的长度有三种，一种32.5厘米左右，一种是26.5－30.5厘米，另一种是15－17.5厘米。形制上分为两种，一种是上下齐平的，一种是上下两端削成坡形的。

墓葬的年代有不同的推断，现有前323年、前300年前后和前278年前后等几种说法，这里我们暂且取折中的一说，即公元前300年前后。

郭店简的16种古籍中，除标题为"五行"的一篇以外，都是以其内容或开头的语句来命名的，其中除《老子》甲、乙、丙三种和《太一生水》是道家文献外，其它都是儒家的典籍，且大部分是古佚书。

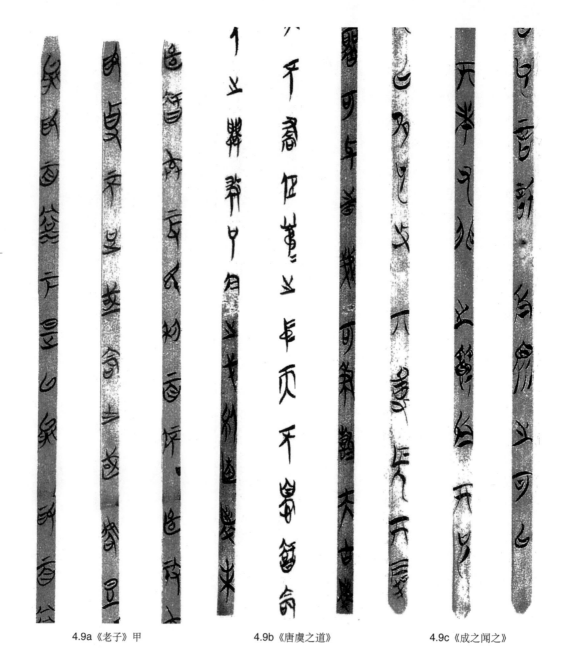

4.9a《老子》甲　　　　　　4.9b《唐虞之道》　　　　　4.9c《成之闻之》

　　郭店简由于脱水处理非常成功，故文字的点画起止都非常清晰。字体是典型的楚系文字，但由于抄手不同，其书风各有不同的特色，下面且择其一二作些介绍。

　　（1）.《老子》甲种（图4.9a）：这种字体的构形以曲线为主，向右斜出，形成一种张力，线条重按快提，方起尖收，犀利劲健，颇有雄强之势。

　　（2）.《唐虞之道》（图4.9b）：这是郭店楚简中字体最肥厚的一种，其字形采取竖长的结构，竖画的悬针部分写得比较粗，其转折处则运笔谨慎。

　　（3）.《成之闻之》（图4.9c）：这种字体多用曲线，线条富有粗细变化，笔锋的开合很有

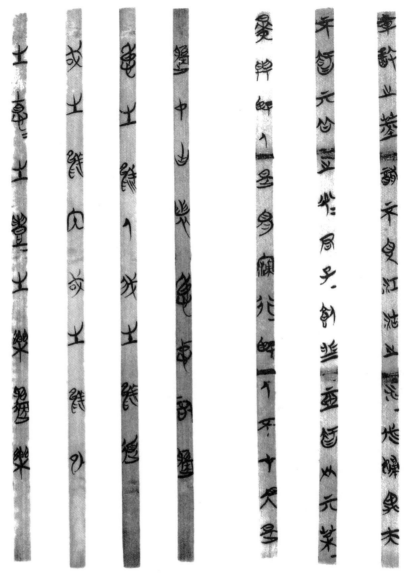

4.9d 《语丛》   4.9e 《语丛》

起伏，字形较大，有阔达之感。

　　（4）.《语丛》一（图4.9d）：这种字体结构修长，用笔尖起尖收，线条婉转流丽，显得刚柔相济，而字距宽敞，显得潇洒而优雅。

　　（5）.《语丛》二（图4.9e）：这种字体是郭店楚简中字体最小、字型最方正的一种，但其字体的书风也是字形向右斜耸，线条圆转遒丽，具有一种小巧而律动的艺术趣味。（《郭店楚墓竹简》）

4.10a《孔子诗论》　　　　　　　　　4.10b《缁衣》

10. 上博楚简

1994年，上海博物馆从香港古玩市场上收集到一大批战国楚简，共有1200余枚，经初步整理，大约有35000余字，内容涉及哲学、文学、历史、音乐等诸多方面，是继湖北荆门郭店楚简之后的又一次重大的楚简发现。

这批楚简尺寸最长的有57.2厘米，最短的有23.8厘米，简宽在0.6厘米左右，厚度为0.1－0.14厘米之间，多为三道编绳。现已整理发表的有《上海博物馆藏战国楚竹书》（一）、（二）、（三）、（四）、（五）卷，其内容有《孔子诗论》、《缁衣》、《性情论》、《民之父母》、《子羔》、《容成氏》、《周易》、《恒先》等，大部分都是久已失传的珍贵文献。

现在发表的四卷上博楚简都将每支简放大彩印，这确给书法爱好者和研究人员提供了观赏和临摹研究的极好范本，下面我们且择其一二作些介绍。

（1）.《孔子诗论》（图4.10a），这篇楚简共有29枚，其中完整者仅一枚，上下圆端，长55.5厘米，其它在50厘米以上的有5枚，40厘米以上的有8枚，余简残损较多，共1006个字。从书体上看，其线条刚健，用笔方起方收，多如硬豪排笔刷出，显得硬朗雄毅。其构形势取方正，字距较宽，一派匀净方整的气象充溢其间。

（2）.《缁衣》（图4.10b），这篇简共有24枚，其中完整的有8枚，长54.3厘米，宽0.7厘

4.10c《民之父母》   4.10d《容成氏》

米，其余均有不同程度的残损，现存有978字，其中重文10个，合文8个。其内容与郭店楚简中的《缁衣》的内容，包括章序、所引《诗》、《书》基本相同。但书写风格却明显不同，这篇简的抄手显然用的是比较软的毛笔抄写的，其线条多两端细，中间粗，间以少量的方收笔画，富有粗细变化的笔趣，构形则多取长条形，配上欹侧的笔势，显得舒展而遒美。

（3）.《民之父母》（图4.10c），这篇简共14枚，其中完简仅一枚，长46.2厘米，共有三道编绳，书写34个字，加上其它残简的文字，这篇文献共计397字，其中重文3个，合文6个。其内容主要记载了子夏向孔子请教的五个问题，散见于《礼记·孔子闲居》及《孔子家语·论礼》。在书写风格上又自成一体，其横画多尖起顿收，其竖画则重起尖收，且由粗到细呈弧线运笔，与横画形成有趣的交叉对比，字体构形以纵向取势，整体上是摇曳多姿，富有变化。

（4）.《容成氏》（图4.10d），这篇简共存完、残简53枚，简长约44.5厘米，每简约抄42到45字不等。内容主要是讲上古帝王传说，篇中多存古史佚说，是古史研究的珍贵资料。在书写风格上，其线条横笔顿收，竖笔尖收，弧笔两条尖细，中间厚重，结字以方形为主，由于笔道较粗，显得墨色集中，有一种厚重朴茂的笔趣。（《上海博物馆藏战国楚竹书》一、二、三、四、五卷）

局部放大

4.11 仰天湖楚简

11. 仰天湖楚简（战国中、晚期）

　　1953 年出土于湖南省长沙市南门外仰天湖楚墓，共 43 枚竹简，比较完整的有 19 枚，残去下部而未伤及正文的有 11 枚，上下皆残而伤及正文的有 12 枚，上下残而又缺去右半的 1 枚。比较完整的简长 20.6 至 23.1 厘米，宽 0.9 至 1.1 厘米，厚 0.2 厘米强。每支简的中部右侧有两道编连用的契口，契口之间的距离是 9.7 至 10.1 厘米之间。一共残存 320 余字，内容是遣策。

　　这批简（图 4.11）是新中国发现最早的一批比较完整的楚简之一，它的出土，使人们第一次比较完整清晰地看到了战国中期楚竹简文字的真实面目，因此倍受关注。从书法上看，其文字的结体长扁不一，造型自然而生动，用笔的线条提按分明，圆转遒劲，具有较强的流动感和节奏变化，在众多的楚简中，其书风可谓独具一格。（《战国楚竹简汇编》）

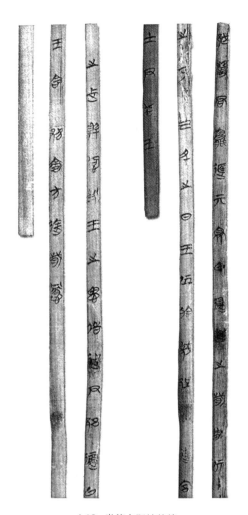

4.12a 常德夕阳坡楚简

12. 常德夕阳坡楚简

1983年冬，在湖南省常德市德山夕阳坡二号楚墓的发掘中，出土了两枚完整的竹简（图4.12），一枚简首稍残，长67.5厘米，墨书32字，一枚完整，长68厘米，墨书22字，简宽均为1.1厘米，简文前后连接，是一篇完整的记载楚王给臣下赏赐岁禄的诏书。

常德德山二号楚墓是一座保存比较完整的小型木椁墓，椁内分棺室、头箱、边箱三部分，同墓出土的随葬器物共有40余件，其中较有代表性的楚器有鼎、敦、壶、豆等陶器，有耳杯、镶铜漆奁盒、案几、剑鞘等漆器和竹筒等，从随葬器物和竹简的文字内容推定，该墓的下葬年代在战国中晚期。

这两支简的文字书写比较秀整，字形渐趋修长，其横画虽也略向上斜，但已没有明显的向下弯曲的弧线，竖画略带弧形，使其构形整肃而灵动，加之字距的宽松，整体上显得秀雅而端庄，有一种雍容大度的气象。（《古代中国的文字至宝》）

4.12b 常德夕阳坡楚简

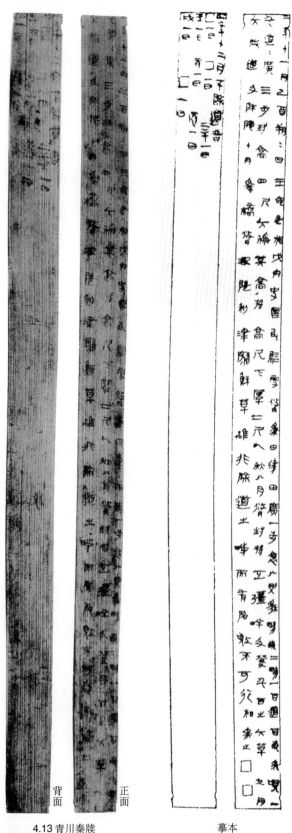

背面　正面

4.13 青川秦牍　　　　　　摹本

13. 青川秦牍（秦，前306）

1980年，在四川省青川县郝家坪第50号战国秦墓中出土了两块木牍，一件长46厘米，宽3.5厘米，由于残破得很厉害，文字无法辨识。另一件（图4.13）长46厘米，宽2.5厘米，正面书写3行共121个字，背面书写4行共33个字。内容是关于战国秦代四川地区的法律文书，具体是更改田律之后田地律令的具体执行办法。墓葬的年代被认为是秦昭王元年（公元前306年）前后，因此这是了解秦统一全国以前法律情况的珍贵史料。

从书法的演变传承来看，这块木牍是现今所知最早的秦系文字的写本，它比著名的湖北云梦《睡虎地秦简》的抄写下限要早80多年，其文字还具有很多所谓大篆的气息。其构形虽仍存篆书的构架，但省去了篆书的许多盘曲回绕，字形也一变篆书的狭长之形，趋向方正，其用笔则不仅有轻重徐疾之变化，且显得自然活泼，线条平直劲挺，已初具起伏变化的隶书笔意，开秦隶之先河。(《文物》1982年1期)

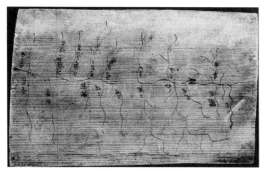

4.14c 木板地图

4.14d 毛笔和笔套

4.14a《日书》甲   4.14b《日书》乙

14. 天水放马滩秦简 （前239）

　　1986年，在甘肃省天水市北道区党川乡放马滩一号战国秦墓中出土了460枚秦简，该墓是长500、宽、深都是300厘米的土坑竖穴、棺椁式的墓葬，随葬品中还有笔套和整套的毛笔出土，只可惜出土后不久就破碎了。此外，该墓还出土了现今所知最早的"木板地图"四块，其中除一块以外，都是在两面描绘以"丘"地区为中心的主要河川、山脉，并有墨书的地名，其山川的描绘线条抑扬流畅，应是使用笔尖灵活的毛笔所绘，其地名的书写虽也是秦隶，但和竹简比较，其书风不同，有圆转的韵律，显然是不同的书手所写。

　　秦简（图4.14）保存得基本完整，其尺寸大都是长27.5厘米，宽0.7厘米，每支简上书写的字数25－43字不等，内容除了8枚所记是与晋代干宝《搜神记》所载相类似的"志怪故事"之外，其它都是"日书"简。这批"日书"简又分为甲种73枚，乙种371枚，但从书法上来考察，两种的风格基本相同，它虽是秦王政8年（公元前239年）左右所抄写，但很显然是同一系的秦隶，在用字、结构上有很多相近的地方，如字间紧促，结体宽博，用笔厚重，线条干练，字形结构上承金文余绪，下启分书之端倪，可谓路数完全相同，尤其是那横画的起笔强劲，快速拖拔掠出的用笔方法更是非常相似，由是也可以知道秦系文字的演变并不像其它战国古文那样自由而富有变化。（《文物》1989年2期）

4.16b 竹简

4.15.岳山秦牍　　　4.16a 木牍

15．岳山秦牍

1986年，在湖北省江陵县岳山村36号秦墓中出土木牍两块，同墓所出的随葬品共有29件，其中漆器居多。其墓葬的年代当在秦统一以前。

两块木牍中，一块残断太甚，一块保存较好，其长是23厘米，宽5.8厘米，两面都书写有文字，正面共9行257个字，背面也写有230个字，内容都是所谓"日书"。

这件木牍（图4.15）的图版虽不太清晰鲜明，但从书法的路数看，是与《睡虎地云梦秦简》同一趣味的"秦隶"。（《考古学报》2000年4期）

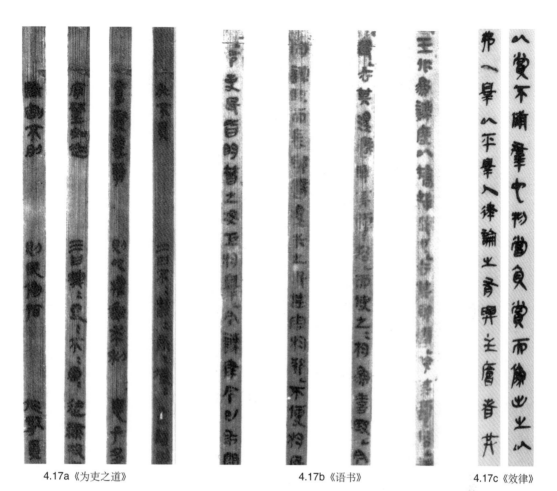

4.17a《为吏之道》	4.17b《语书》	4.17c《效律》

16．龙岗秦简

1989年至1991年，在湖北省云梦县南郊的龙岗村－和《睡虎地秦简》出土地相距约500米处－发掘了从战国到西汉早期的墓葬16座，其中的第六号墓中出土了木牍一块，竹简238枚。其中木牍保存较为完整，长36.5厘米，宽3.2厘米，两面都有文字，内容是所谓的"告地策"，也就是大庭修所说的"赴黄泉的护照"。竹简出土时大都已破碎，略为完整的简长28厘米，宽0.7厘米，有三道编绳，每简的文字在24个左右，内容大致可分为五类，大都是法律文书。其书写的年代，从文字的构形和用字来推断，应是比睡虎地秦简稍早一些。

木牍（图4.16a）和竹简（图4.16b）的书体都是所谓的"秦隶"，木牍的字体尚有篆意，构形平正，线条舒展，字距宽松，布局疏朗。竹简则似乎写得没这么从容，其用笔都是起笔用力下压，然后轻快地运行后迅速掠出，线条都向右下倾斜，使字体都呈现一种左高右低的形态，整体上显得匆促而欹侧，颇有隶书以趋快捷的意味。（《云梦龙岗秦简》）

17．睡虎地云梦秦简（前252年左右－前217年）

1975年，在湖北云梦县睡虎地，发掘了从战国末到秦代的墓葬12座。其中第7号墓的木制椁室门楣上刻有"五十一年，曲阳工五邦"九字，这被认为是秦昭襄王五十一年（公元前

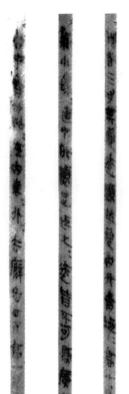  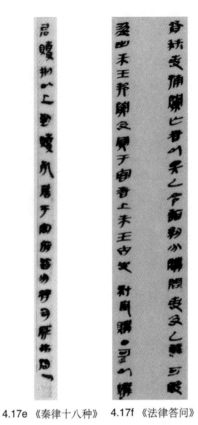 

4.17d 《封诊式》　　　　4.17e 《秦律十八种》　4.17f 《法律答问》　　4.17g 睡虎地云梦秦简《编年记》

256 年）的作品。从第四号墓中出土了两块木牍，完整的一件长 23.1 厘米，宽 3.4 厘米，两面共有墨书约 360 字，内容是书者自服役中寄给家人的信，其笔致与《龙岗秦简》有点相近，亦是一种向右下倾斜的态势，但用笔流畅奔放，自然生动，有较高的艺术水准。此外该墓还出土了石砚、研磨石、墨各一件，这些东西都是现在所知最早的同类遗物。

在 12 座墓葬中所出土的最重要的文物，是从 11 号墓的木棺内发现的竹简，总数约 1150 枚，这批竹简大部分完好，长 23 － 27.8 厘米，宽 0.5 － 0.6 厘米，内容以书籍为主，经整理，按其抄写的时代先后排列，大致可分为：《为吏之道》、《日书》甲、乙、《语书》、《秦律十八种》、《效律》、《秦律杂抄》、《封诊式》、《法律答问》、《编年记》、等，其中有关秦代的法律文书超过半数，作为研究秦代的法律、政治、社会的基础史料具有重要价值。

从《编年记》来看，墓主是一个名字叫"喜"的人，《编年记》可以说是一部杂记有关秦国大事的年谱，始于秦昭王元年（公元前 306 年），终于秦始皇三十年（公元前 217 年）。

竹简的书体是比较典型的"秦隶"。关于秦隶，在此之前已经有各种各样的意见发表，但由于云梦秦简的出土，可以确知在相当早的时候隶书就已经通行了，从书体演变史的角度来说，这算是划时代的发现。

由于《睡虎地秦简》的内容比较多，因此显然不是一人一时所抄写，我们从书写风格上粗略的考察，至少可以分出 7 － 8 种不同的书体。例如：

1．《为吏之道》简（图 4.17a）：这组简共 51 枚，简长才 23 － 27.8 厘米，但分五栏书写，内容是官吏的常用语词，可能是供学习作官的人使用的教材，其抄写时间可能在秦昭王末年。其构形还略带篆意，但许多偏旁已大量简化，笔画则中间略粗，收笔较细，线条短直，结体扁方，已基本上摆脱了篆书回环缭绕的构形特征，显示出秦隶的方劲风貌。

2．《语书》简（4.17b）：这是秦王政二十年（前227年）四月初二日南郡郡守腾颁布的官府文告，一共才14枚简，为史官"喜"所抄录。在书风上与《为吏之道》简有点接近，但其用笔较为遒劲有力，线条更加流美而方劲，横画已颇带隶书的波势，撇捺则左轻右重，字形方正整饬，显得方刚而峻爽。

3．《效律》简（图4.17c）：这是有关核验县和都官物资帐目的制度条文，共60支简，但由于抄手的不同，又可分两类：一类属于劲健一路，用笔多以侧锋取势，线条方劲，捺笔下按而粗重，字体拉长，字距较窄，颇有雄强之势。一类则属于疏朗一路，虽同时侧锋取势，但线条婉转流动，张弛有致而富有变化，字距较宽，因而显得舒展而浑厚。

4．《封诊式》简（图4.17d）：这类简都是治狱的案件记录和对官吏审理案件的要求，共有98枚简，亦有两种不同的书写风格，一类是线条多向右下斜刺，整个字形向右倾斜，与上述《龙岗秦简》有神似之处，但书风上更加犀利雄健，颇有一种肃杀之气。另一类则显得古拙平实，其线条平缓而稳健，字形平正而无霸气，字体结构也多篆法，是属于保留篆书意味比较多的一种书体。

5．《秦律十八种》简（图4.17e）：这类简内容比较广泛，包括诸如《田律》、《司空律》、《置吏律》等十八种秦代法律条文，一共有201枚简，基本上是同一抄手所写。这种书体在《睡虎地秦简》中应该是艺术趣味最浓的一种，它的构形长扁不拘，结体紧凑，用笔中锋、侧锋并使，笔势灵动而富有节奏，线条遒劲而富有轻重粗细的变化，如竖画末端左弧而出，颇有倜傥之姿，而转折处的圆转曲线，更有婀娜之态，因此，将之称为《睡虎地秦简》中的书中极品可能一点也不过分。

6．《法律答问》简（图4.17f）：这类简共有210枚，内容是对秦律一些条文、术语的明确解答。简中将"正"字改为"典"，避秦始皇名讳，应为秦始皇时的抄本。在书风上颇有刚毅之势，其结体多作方扁，用笔多方起方收，其线条显得方折而劲挺，特别是其横画平直而细，竖画短促而粗，转折处又以直线交接，有一种横细竖粗，直来直去的方劲之气洋溢于字里行间。

7．《编年记》简（图4.17g）：这类简共有53支，分上下两栏书写，上栏是秦昭王元年至五十三年，下栏是昭王五十四年至秦始皇三十年。其书体是比较古拙自然的古隶，有趣的是，其上栏的文字结体都向右下倾斜，而下栏的文字构形则都向右上斜耸，形成一种上下呼应的格局，由此可见当时的书写者谋篇布局的匠心。

还值得一提的是，该墓同时还出土了三支毛笔，保存得相当完整。竹制的笔管长21.5厘米，直径0.4厘米，笔毫长2.5厘米，装在竹制笔套之中。此外，还出土了削简牍用的铜削刀，这些东西在中国书写工具的历史上，都是非常贵重的史料。（《云梦睡虎地秦墓》）

4.18a 木牍

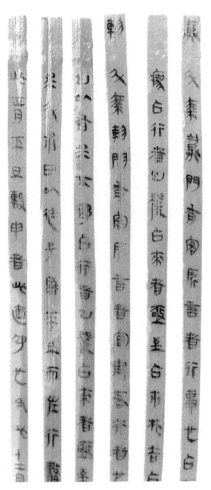

4.18b 竹简

18. 周家台秦简（前213 – 前209）

　　1993年湖北省荆州市关沮县周家台秦墓出土，该墓是土坑竖穴、一椁一棺的墓，随葬品除简牍之外，还有漆器、陶器、文房用具、木俑、车马模型等44件套，可惜的是，其文房用具的保存状况都比较差。

　　该墓出土木牍（图4.18a）一块，竹简（图4.18b）387枚，保存得比较完整。木牍长23厘米，宽4.4厘米，内容是秦二世元年的历谱。竹简出土时包在以细竹片编的竹席内，简的长度有两种，一种是长29.3 – 29.6厘米，宽0.5 – 0.7厘米的长简，放在外侧，主要抄写秦始皇三十四年（前213年）的历谱。一种是长21.7 – 23厘米。宽0.4 – 1厘米的相对比较短的简，裹在里面，主要是抄写医药类的书籍。

　　这批秦代简牍的书写风格与《睡虎地秦简》基本相同，除木牍的书写比较率意之外，竹简文字的抄写比《睡虎地秦简》更加整饬规矩，章法也更加整齐，字体的构形和笔画的安排都趋于固定，如"斗"、"有"、"也"之类的常用字都比较定型，由此也可看出秦隶发展到秦始皇末年已渐趋规范成熟的发展态势。（《文物》1999年6期）

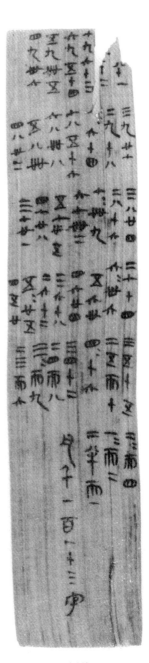

4.19a 湘西里耶秦简   4.19b

19．湘西里耶秦简

    2002 年 5 月至 6 月，湖南省文物考古研究所和湘西土家族苗族自治区文物处、龙山县文物管理所一起在龙山县里耶战国古城中的一号井内发掘清理出秦代简牍 36000 余枚，再一次刷新了出土秦简数量和内容的新记录。这批秦简多有明确的纪年，其时间跨度在秦始皇二十五年至秦二世二年之间，其内容主要是县一级的文书档案，据已经清洗的秦简内容可以大致分出如下数项：

1. 行政文书

2. 集簿、吏籍、兵器簿、乘法口诀等

3. 纪事简（或称为法律文书）

4. 邮程记录简

5. 封检等

这些秦简的文字都是较为典型的秦隶，即从小篆向隶书演变过程中的一种古隶体，其字体构造多保留篆书的结构，但用笔较方，笔道劲健，与秦权的书风一脉相承。

这批秦简中，最有代表性的是那块迄今所知我国最早的乘法口诀表木牍（图4.19b），这块木牍长22、宽4.5厘米，分六行纪录了乘法运算的口诀。比较有趣的是在这些口诀的最后，有"二半而一"的口诀，这是不见于后世通行的乘法口诀之一，这已引起学界的关注和讨论。

在行政文书方面，则涉及当时社会政治、经济、文化的各个层面，有通邮、军备、行政设置、职官、民族等。如在行政设置方面，已见到的地名有洞庭郡，迁陵、临沅、弋阳、酉阳、沅陵、阳陵等数十处。其中关于洞庭郡的设置，就是一个值得历

4.19c

史地理学界认为研究探讨的问题。在职官方面就有司空、司马丞、守丞、令守等，同时还有一些不见于典籍记载的特殊官职名称，如"司空守"、"少内守"、"田官守"、"都乡守"等，此外，一般在官职的后面多附有人名，如："迁陵守丞腾"、"阳陵守丞恬"、"洞庭守礼"等。在纪事方面，从秦二十五年到秦二世二年，一年都不缺，有些纪事简还详细到月、日，如："廿七年二月丙子朔庚寅"之类，是处可见。

这批秦简的发现和出土，有学者已指出其价值不亚于甲骨文对商史研究的复原和贡献，它确实为秦代历史的研究提供了崭新的第一手数据，其中特别是对秦代文书系统性，格式化的认识，对了解秦代地方行政区域内行政文书的概貌，对认识秦代职官体系的复杂和完备等都有不可估量的价值，因此，将其称为21世纪一个重大的考古发现，这一点也不过份。

由于这批秦简的尺寸较大，其宽度从1.4到5厘米不等，故其书写的空间比湖北睡虎地秦简要大得多，因此，其书法的意味也就大得多。例如有一块"卅四年"木笥牌（图4.19c），长有10厘米，宽则在6 - 7厘米之间，在这么宽的幅面上，就三行共14个字，且每行字数还不

4.19d   4.19e

拘多少，故书写起来可以任意挥洒。如第三行的"已事笥"三字，尽管仍是篆书的笔画和结构，但其收尾的长捺和长撇，则带有较典型的书法意味，这在湖北睡虎地秦简中是看不到的。

  当然，这种文字书写较舒展的笥牌并不多，大部分的文字字体较小，如一组木牍组成的司法文书（图4.19.d.e），其幅面并不宽，但规整而细密地书写了150余字，既形象地再现了

4.19f

秦时基层官吏书写文书的真实面目，又自然地反映出秦代书法艺术的一个侧面，这使我们清
楚地看到，秦人的书迹均以方笔为主，其用笔方起方收，笔画平正方直，显得刚劲有力。其
构形则以篆书为主，但已间夹了许多隶书的笔意，例如"庭"字的长捺，"尉"字收尾的长挑，
都是秦隶中的常见笔画。因此，这批秦简墨书，乃是秦篆向秦隶演变过程中最值得重视的珍
贵资料。（《文物》2003 年 1 期）

20．高台木牍（西汉）

1992 年湖北江陵县高台村 18 号西汉墓出土，共有 4 块，一块（图 4.20）是长 23.1 厘米，
宽 5.5 － 5.7 厘米，内容是遣策。第二块（图 4.20）长 23.2 厘米，宽 4.5 厘米，内容是"告地

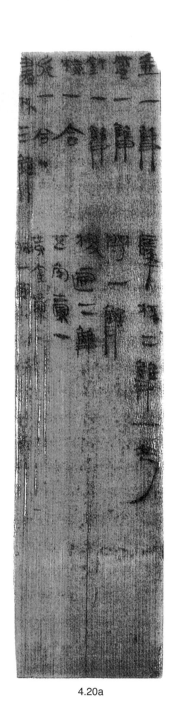

4.20a   4.20b   4.20c

策"（大庭修所谓的"赴黄泉的护照"），其中的"七年十月"即汉文帝七年（公元前173年）十月。第三块（图4.20）长23.3厘米，宽3.7厘米，内容是"告地策"的附件，即所带奴婢的清册。第四块长14.8厘米，宽3.15厘米，就书写"安都"和"江陵丞印"等字，类似于封检。

从书法角度来看，第一块显得比较古拙率意，字体大小不拘，布局前松后紧，章法不太讲究。第二、三块则不同，其笔势畅达，线条流丽，结体舒展自由，布局参差错落，张弛有致，是汉初古隶的代表作之一。（《荆州高台秦汉墓》）

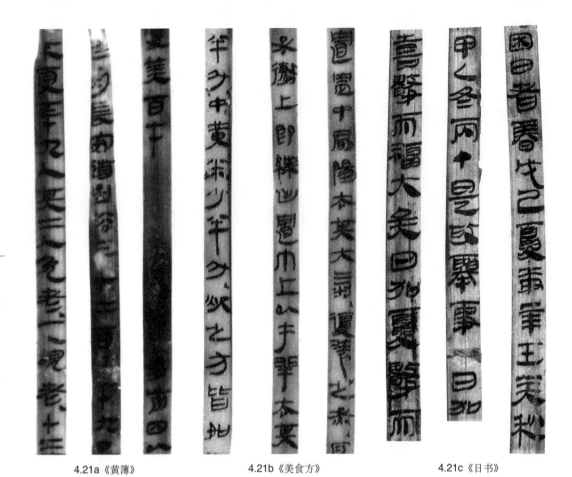

4.21a《黄簿》   4.21b《美食方》   4.21c《日书》

21. 沅陵虎溪山竹简

  1999年，湖南省文物考古研究所抢救性发掘清理了沅陵虎溪山汉墓，该墓墓口长17.5米，宽14.2米，深12.97米，墓底长9.5米、宽7.2米，墓中出有"吴阳"玉印，可知墓主是第一代沅陵侯吴阳，他系长沙王吴臣之子，高后元年（前187年）受封，死于文帝后元二年（前162），可见该墓的下葬应是前162年，比马王堆三号墓晚6年，距今已2162年。该墓最重要的发现是在头箱和北边箱中出土了千余支（片）竹简，约3万字。据报道，这批简的内容大致可分为黄簿、美食方、日书三大类。其中"黄簿"简（图4.21a）出土于头箱中，共计170余枚简，简长14，宽0.6，两道绳编切口，制作规整，书写规范，内容是详细记载沅陵侯国至当时的首都长安和长沙国的水陆距离、沅陵侯国的人口、乡邑、田土、赋税、船只、兵甲、经济林木以及对老人和残疾人的赋税减免情况。"美食方"简（图4.21b）则出土于北边箱，无一完整，其完整的简长当在40－50厘米，宽0.6厘米，三道绳编切口，每简书写60－70字，它记载了当时许多种植物或动物的加工制作方法，其中有关米饭的制作方式就有好几种，由此可见当时对"美食"的讲究和重视。"日书"简（图4.21c）也出土于北边箱，数量较多，编号有800余支，长27厘米，宽0.6厘米左右，两道绳编切口，其自有篇题为："阎氏五胜"且有"陈胜"、"公孙胜"等很熟悉的名字，内容显然与睡虎地秦墓竹简日书不同，是又一种崭新的日书资料。

　　这三种简的书体风格大致可分为两者，所谓"黄簿"简和"美食方"简的书风比较接近，其线条比较匀美流丽，构形比较修长，一派飘逸洒脱的气象。"日书"简则字趋扁平，字距较窄，以纤秀的横笔和粗重的捺笔交错成文，富有紧凑而凝重的艺术效果。（《文物》2003年1期）

22. 长沙马王堆竹简木牍

　　1972－1974年，在马王堆一、三号墓中共出土了921枚竹木简牍，其中一号墓出土了312枚竹简，都很完整，简长约27.6厘米，宽约0.7厘米，每简字数少则2字，多则达25字，内容都是随葬器物的清单，属于遣策一类的竹简。三号墓共出土了409枚遣策，其中除有7枚木牍外，全都是竹简，简长约27.5厘米，宽0.8－1厘米不等。

4.22a 马王堆一号墓《遣策》

4.22b 三号墓竹简

木牍则宽窄不一，宽的有6.3厘米，窄的只有2.3厘米，每件木牍上的字数也各不相同，少的只有25个字，多的则有92个字，内容也有差异，既有纪年的内容，也有总叙部分遣策的文字，还有注明随葬器物来源的记载。此外，三号墓还出土了200枚医简，除了被命名为《杂禁方》的11支木简外，其它均是竹简，共分为《十问》、《天下至道谈》、《合阴阳》三篇，其中《十问》共101支简，简长约23厘米，宽约0.7厘米。《天下至道谈》共56支简，简长约28.3厘米。《合阴阳》共32支简，简长约23厘米，简宽1厘米有余。《杂禁方》木简11支，简长约23厘米，宽1厘米左右。

　　这些竹木简牍的书风大致可分为六种形态，下面我们分别作些介绍：

　　（1）. 一号墓竹简（图4.22a），这种字体点画刚健有力，跌宕多姿，其横画多方起尖收，方起处有明显的顿挫的痕迹，竖画则呈上细下粗之态，俨然一种垂露体的姿态。字形多以纵向取势，以富有粗细变化的笔画相间成形，融内敛与舒展外拓的笔意为一体，显得郁拔纵横，纤劲遒丽。

简牍

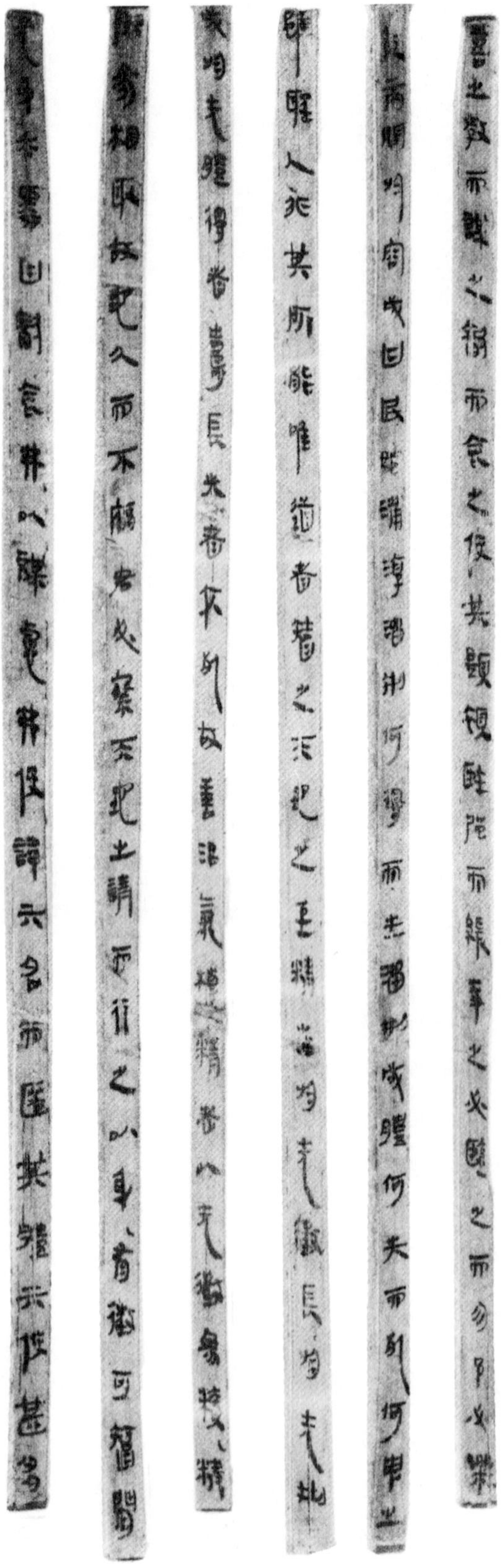

4.22c《十问》

（2）．三号墓竹简（图4.22b），这种字体风格是以软毫笔所抄写的一种较为圆转、浑厚的书风。其横画没有回锋顿挫的迹象，竖画也很少上下粗细的变化，转折处多是一笔弯下来，使字形多呈侧倾之势，其结体自然，用笔圆逸，布白疏朗，具有温婉淳厚的书法意味。

（3）．医简《十问》（图4.22c），这种书体以圆浑的笔道为主，极少刻意顿挫用力之处，完全是一派浑厚气象，其结体比较紧凑，字形较为方正，特别值得注意的是多见方笔收尾的笔痕，其收尾处整齐如画，俨然如排笔刷出，有一种很厚重的感觉，这与上博楚简中的常见的横画用笔的书风如同一辙，由此也可想见其书风上的渊源关系。

（4）．医简《天下至道谈》（图4.22d），这种字体由于宽度有限，故用笔时横向较为拘谨，纵向较为松动，使其横画比较细劲，而撇捺则比较粗重，特别引人注目的是，楷书中的钩画在此已多有表现，诸如"寺"、"死"、"见"等字，在其比较舒展的那一长笔的尾端，总是明显地向一侧钩挑，尽管这种钩法还不是楷书意味的钩笔，但我们说它已初现楷书钩画的端倪实不为过。

（5）．医简《合阴阳》（图4.22e），这种字体是马王堆汉墓简牍中书法艺术水准最高的一种。从笔画上看，书写者颇能自如地将刚柔不同的笔道糅合在一起。例如其横画，虽也如一号墓遣策一样，讲究方起尖收，但在方起处就往往兼有圆笔或点墨，并不太着意于棱角的分明与否。至于其折笔则方圆并用，或一笔弯下，显其圆转流畅，或分笔相连，呈其刚劲遒健。从

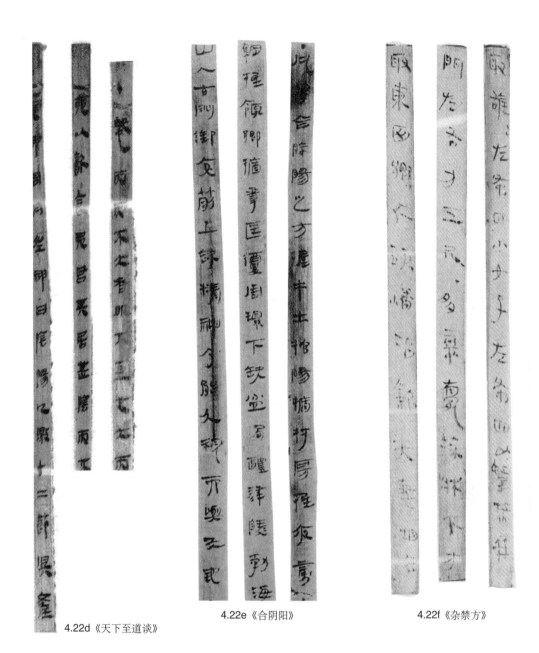

4.22d《天下至道谈》

4.22e《合阴阳》

4.22f《杂禁方》

文字构形上看，其中宫紧凑，四周舒展，左右避让，上下呼应。特别是波挑披拂之处，神采飞扬，极尽波磔俯仰之能事，有一种变化奇丽的特殊意蕴。再从整体布局上看，其黑白布局随意自然，疏朗有致，毫无匠气。因此，无论从哪方面看，这种书体都是汉简书艺中的上乘之作。

（6）．医简《杂禁方》（图4.22f），这种字体书写比较率意，布局比较疏朗，其构形略带篆意，用笔多作圆转。最典型的如一个"口"旁，多用一短横两圆笔构成，这显然是用隶书的笔法来书写篆书意味的结构。至于整简的文字布局则随意之所至，或居中，或偏左，或倚右，似乎没有特别的讲究，但看上去又是左右倚侧，互相照应，别有一番情趣，这或许可以说是古人不经意中所创作的一种自然而独特的艺术品味。（《书法丛刊》1997年1期）

4.23 长沙王后"渔阳"木楬

4.24a 张家山汉简《盖庐》

23. 长沙王后"渔阳"墓木楬

1993 年，长沙市文物考古研究所抢救性地发掘清理了长沙王后"渔阳"墓，该墓葬的规模很大，墓口长15、98米，宽13.1米，深10米，葬具是一整套只有天子或获天子恩赐的权贵才得以享用的黄肠题凑、梓宫、便房等，规格很高，特别是400余块长70余厘米的柏木枋在外椁四周垒筑七层，组成很壮观的黄肠题凑。该墓出土的2000余件文物中，有"长沙后府"的封泥和"渔阳"的刻款，故该墓被定名为"长沙王后渔阳墓"。墓中出土的木楬数十枚，文字上千，内容主要是随葬器物的名称，其中尤以衣物服饰名称居多。其中有一块还记载了"陛下"所赠的丧礼："陛下所以赠物，青璧三、绀缯十一匹，熏缯九匹"。这对当时丧葬的礼仪研究，极具研究价值。

这块"陛下"木牌（图4.23）的书风比较流丽，线条富有变化，如同是横画，就有不同的笔道，或方起尖收，或圆头雁尾，或向上勒，或向下弯曲，颇能随心所欲，所构成的文字形体自然而秀雅，加上字与字之间、字与标点之间自然而巧妙的布局安排，看上去俨然是一件没有半点做作的书法小品，很耐人玩味。（《古代中国的文字至宝》）

24．张家山汉简

  1983 底至 1984 年初，在湖北省江陵县张家山发掘了247、249、258号三座西汉墓，这次发掘最重要的发现是247 号墓中出土了1236 枚汉简（不含残片），据其中的《历谱》可知，墓主下葬当在西汉吕后二年（公元前186年）或其后不久。

  这批简的内容很丰富，可大致分为：《历谱》、《二年律令》、《奏谳书》、《脉书》、《引书》、《算术书》、《盖庐》、《日书》等，其中《二年律令》有526枚简，《奏谳书》有

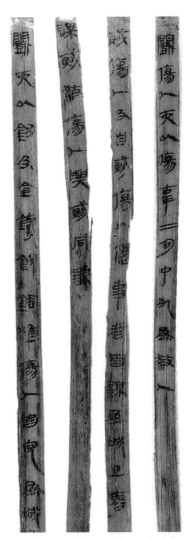

4.24b 张家山汉简　《二年律令》

228枚简，占总简数的百分之七十，这说明墓主人生前的身份一定与法律有关，此外，在内容上最引人注目的是《算术书》，它是一种数学问题集，它的发现将中国数学书的历史从传世的《九章算术》提前了很多，它是中国数学史上极重要的发现之一。

  这些竹简的书体整体上与《睡虎地秦简》是一个系统的隶书，既有篆书的余绪，也有草隶的笔法，特别是抄手的不同，使这批简有着许多各自不同的艺术风格，如《盖庐》简（图4.24a）的书写快捷有力，线条方劲凝重，构形修长，字距紧密，节奏感强烈，有一股阳刚之气。而《二年律令》简（图 4.24b）则用笔散逸，线条流畅，点画富有变化，字形略扁，字距疏朗，特别是挑法的笔意，可以说是初露了八分书的端倪。（《文物》1985 年 1 期）

简牍

4.25b

4.25.a

25. 凤凰山汉简（前164年）

1973年至1975年间，在湖北省江陵县凤凰山发掘了12座西汉墓，其中1973年发掘的第8、9、10号墓中出土了简牍约434枚，1975年发掘的第167、168号墓中出土了141枚。

8号墓出土竹简175枚，但残破得很厉害，内容大致是遣策。

9号墓出土竹简80枚，字迹也很模糊，已很难释读，但出土的三块木牍保存尚完整，都是长16.5厘米，宽则3.8－4.9厘米不等，其中一块上有文帝十六年（公元前164年）的纪年，内容是官府文书。这三块木牍（图4.25a）的书体是较自由舒展的隶书，但书写者所追求的，是很少有先例的显著的形式美，例如"守"、"受"、"中"、"长"等字，特别强调其长垂的笔画，而"上"、"之"等字的横画则使用了分书中最有代表性的波挑笔画，这是目前所知可以将公认的八分技法的发生追溯到如此之早的唯一的资料，在书体变迁史上具有极重要的价值。

10号墓出土竹简170枚，（图4.25b）它们与木尺、木骰、石砚等出土时都装在竹笥之中，这是出土竹简中唯一有竹笥盛放的例子，特别值得注意。竹简长23厘米，可0.7厘米，内容都是田地租收入、帐簿和买卖契约之类的文书，有一支简上记有景帝四年（公元前153年）的纪年。其书写风格大致有古隶风格和类似于章草的风格两种。同墓出土的木尺长22.8临考马宽1.5厘米，正面用隶书阴刻"市场户人孙婍"六字，这是现在所知最早的木尺之一。木骰

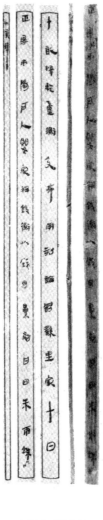

凤凰山汉简 168 号墓 笔 竹筒

凤凰山汉简 168 号墓 墨 砚

凤凰山汉简 168 号墓 玉印

4.25c

4.25d 天平衡杆

的直径5厘米，为18面球形，每面用篆体阴刻1－16的数字各一字，其余两面各刻"骄"、"□"两字。石砚是配有研墨石的圆砚。此外，棺内还发现了木质的两面印一方，印面1.5厘米见方，一面刻"张伯"，一面刻"张偃"，都是缪篆风格的白文，应是墓主的名章。

167号墓出土竹简（图一四三）74枚，简长23厘米，宽1－1.5厘米，内容为遣策，保存状况较好，字迹比较清楚。其书体为古隶，往往有写得很长的撇捺的笔画，线条流畅而雅丽。该墓的随葬品中还有漆器、纺织品、缝衣针等，可见墓主应是女性。此外，墓中还出土了一支长24.9厘米的毛笔。其墓葬的年代大致在文帝至景帝时期（公元前179－前141年）。

168号墓出土竹简66枚，竹牍（图4.25c）一枚，竹简长24－24.7厘米，宽0.7－0.9厘米，内容为遣策。竹牍长23.2厘米，宽4.1－4.4厘米，内容是"告地策"，也就是大庭修所说的"赴黄泉的护照"。简牍的书体属古隶，虽也有长垂笔画，但线条比较肥厚，故显得厚重而古雅。此墓的出土文物中，最引人注意的是一具保存完好的男性湿尸，它是比马王堆女尸还要早（文帝十三年，公元前167年左右）的人体标本。他的舌下还含有一颗高1.8厘米的方形玉印，印文是阴刻篆书"遂"字。还值得一提的是，随葬品中还有装在竹筒内的笔、墨、砚、木牍（无字）、削刀等全套文房用具，很显然，墓主生前应是文吏人员。此外，还有一件竹制的天平衡杆，（图4.25d）长29.2厘米，宽1厘米，三面各书一行墨书，共42字，书体虽说是隶书，但还带有篆意，与简牍的古隶书风相比较，另有一种别致的书法趣味。（《文物》1975年9期）

简牍

85

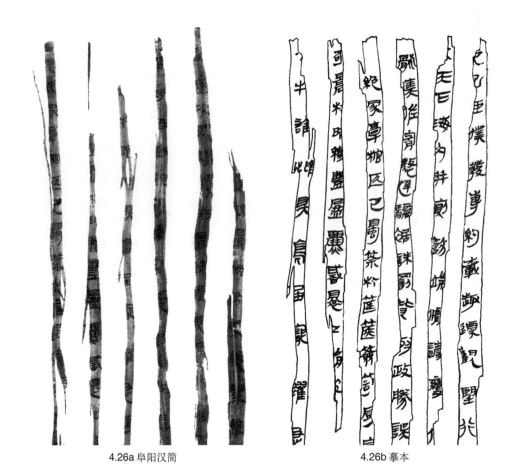

4.26a 阜阳汉简 4.26b 摹本

26．阜阳汉简

1977 年，在安徽省阜阳县双古堆一号汉墓中出土。同墓所出的漆器中有刻铭："十一年汝阴侯杯"，此外还有三个"汝阴家丞"封泥，据此可知墓主是死于文帝十五年（公元前 165 年）的第三代汝阴侯夏侯灶。简牍出土时残损得很厉害，经整理，其内容大致有"苍颉篇"、"诗经"、"周易"、"大事记"、"年表"、"杂方"、"作务员程"、"相狗经"、"辞赋"、"刑德"、"日书"、"行气"等，大都是古佚书，虽残缺得很，但也非常珍贵。

《苍颉篇》（4.26a、b）是秦推行文字统一政策时，传为李斯所作的字书，与赵高所作的《爰历篇》、胡毋敬所作的《博学篇》并称，虽然这次发现的仅是 541 字的残简，但确是现在所能见到的最接近秦代原本的重要文献，而且是可以与旧敦煌、居延汉简中的《苍颉篇》进行校勘的珍贵史料。从书法的角度来看，其书写工整规范，用笔稳健酣畅，强调横向走势，其长横的波势和左右开张的挑法显得跌宕舒展，郁拔纵横，其结体宽博方正，右肩略耸，波磔的笔意分明，颇有分书之态。

此墓所出的漆器中，"二十八宿圆盘"、"六壬式盘"、"太一九宫占盘"均有针刻文字，刻字的点画均填以朱色颜料，这与错金铭文有相似之处。从字体上看，同墓所出的漆盂上的针刻文字可能是民间所通行的古隶书体，而这几件漆盘上的文字则类似于官府中铸造铜器铭文的篆书体。（《文物》1983 年 2 期）

（图4.27），长38厘米，宽5.7厘米，首题"从器志"三字，两面共书371字，内容是遣策。

木牍的书体是秦隶，其书风与云梦秦简和马王堆帛书中篆意较浓的那种古隶有相似之处，由此也可推断该墓葬的年代当为西汉早期。（《文物》1978年9期）

27．贵县木牍

1976年广西省贵县罗泊湾一号西汉墓出土，同出的有10余件木简，均残损而不能属读。木牍一共有5块，但完整的只有一块

4.27 贵县木牍正、背

4.28a 走马楼汉简　　　　　　　　　　　　4.28b 走马楼汉简局部

28. 长沙走马楼汉简 (前125－120)

　　2003年11月，长沙市文物考古研究所的考古人员在编号为长沙走马楼8号古井内发现了大批汉代竹质简牍，经初步清理和释读，这是一批西汉武帝时期长沙国的郡县文书，其数量约三四千枚，这在已出土的汉代简牍中，又是一次惊人的发现。

　　这批竹简的形制可分为三种，一种是长46厘米，宽1.8－2.1厘米的两行文书。第二种是23厘米，宽1.8－2.1厘米的两行文书。第三种是长23厘米，宽0.8－0.9厘米的单行文书。此外，还有少量的封检。其内容现在所见皆为当时实用的官府文书（私文书仅一枚），包括下行、平行、上行等文书种类，内容大多涉及司法案例。反映了汉武帝时期长沙国的历史、职官、郡县、疆域、交通邮驿等诸多方面的内容，特别有意思的是，其中有多枚简是官府派员对传舍进行稽查的记录，如"案传舍二千石舍西南向，马庑二所，并袤丈五尺，广八尺。牡牝瓦各十九枚，竹马仰四。井辘车一具不见，磨坏败。"这完全可与湖北江陵张家山汉简中的二年律令《传舍律》等进行对比研究。

　　这批竹简的书体都是比较秀劲的隶书（图4.28），其隶书的波挑使用得非常娴熟，笔画粗细富有变化，较有特点的是长点代替捺笔，而且这长点还是尖起方收的笔道，颇有阳刚之气。（《出土文献研究》第七辑）

新中国出土书迹

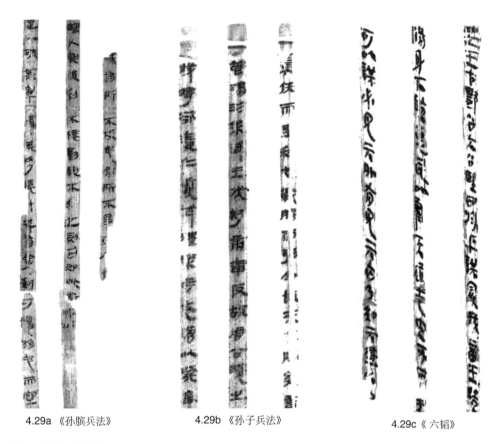

4.29a 《孙膑兵法》　　　　4.29b 《孙子兵法》　　　　4.29c 《六韬》

29. 银雀山竹简

1972年在山东省临沂县银雀山发掘了两座汉墓，随葬品除陶器、漆器等95件之外，最引人注目的是出土了4974枚竹简，其中一号墓出土4942枚，简长27.6厘米，宽0.5－0.9厘米不等。二号墓出土竹简32枚，简长69厘米，宽1厘米。

一号墓出土的竹简都是书籍，经整理，有《孙子兵法》、《孙膑兵法》、《六韬》、《尉缭子》、《管子》、《晏子春秋》、《墨子》、《相狗经》、《曹子阴阳书》、《风角占》、《灾异占》、《杂占》等十余种。其中最引人注意的是《孙膑兵法》，此书自古以来就传说与《孙子兵法》有关系，但对其存在与否历来持怀疑态度，现在终于发现了汉代的古本，证明确实有《孙膑兵法》一书。

墓葬的年代，据墓中出土的半两钱与五铢钱来看，推测是武帝时代的前期（公元前140至120左右）。但是，竹简的书写年代，根据《孙膑兵法》简书中对汉文帝之名避讳这一点，可以推定写于文帝继位以后。其余各篇根据书风来判断，大体上也是同一个时期抄写而成。

简书的字体与马王堆帛书《老子》甲本所书的古隶是同一系统。但由于抄手的不同，又各有其风格差异。其中《孙膑兵法》（图4.29a）稍显肥厚和阔达；《孙子兵法》（图4.29b）、《晏子春秋》则少许有变体意味，但比较整齐；《六韬》（图4.29c）、《管子》、《墨子》则造型右肩下垂并杂有章草风味的点画等。

二号墓的竹简长度相当于汉尺的三尺，内容是汉武帝元光元年（公元前134年）的历谱，这是中国隶书中最古的遗例之一。（《文物》1974年2期）

4.30a 名谒	4.30b 元延元年历谱	4.30c 集簿

30. 连云港简牍

连云港自 1962 年开始，就不断有汉代简牍出土，比较重要的有：

1962 年在连云港市近郊出土了两件木札，长 23 厘米，宽 6.7 厘米，内容为遣策。

1973 年在连云港市郊小礁山麓，出土了两件木方，长 23 厘米，宽 7.5 厘米，其中一件字迹已不能辨认，另一件书有 186 字，内容也是遣策。

1973 年在上述地点附近的西汉晚期墓中，还出土了 7 件木方和一个砚盒，7 件木方之中有墨书者仅一件，长 22 厘米，宽 6.5 厘米，两面共书有 100 多字，内容亦是遣策。砚盒为木制，其盖的内面有好几行墨书，从其中的几个大字"七"、"孙长"等看来，这是十分强调波磔的美丽的八分样式。

4.30d 东海郡吏员簿

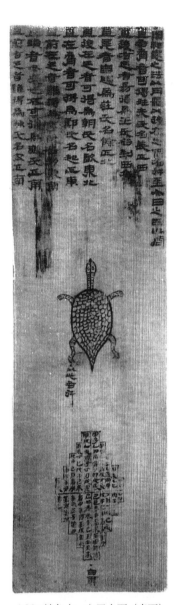

4.30e 神龟占·六甲占雨（表面）

4.30f 博局图（同左表面）

　　1978年，在连云港市郊花果山麓，发掘了两座西汉后期墓葬，出土了30件简牍。因为都很破碎，所以具体尺寸不明，其中13枚中有3枚是竹牍，所书内容，第1－6枚与云梦秦简的《封诊式》类似，第7、9枚则与云梦秦简的《日书》相同，其中第7枚为西汉元寿二—三年（公元前1－2年）的朔闰表。据发掘报告称，这13枚简牍中有11件的书体是成熟的汉隶，结体方正谨严，波磔的挑出也极显著，是年代稍晚的隶书风格。

　　1993年2月，在连云港下辖的东海县温泉镇尹湾村西南约两公里的尹湾汉墓群中，出土了大批简牍，其中2号墓中出土了1枚已残的木牍，长18厘米，宽7厘米，正反两面均有文字，内容是随葬衣物的名称和数量。6号墓中出土了木牍23枚，竹简133枚，竹简分宽、窄两种，其中宽简20枚，长23厘米，宽1厘米，墨书，内容为《神乌傅（赋）》。窄简113枚，

4.30g 赠钱名簿　　　　　　　4.30h 神乌傅　　　　　局部

简长在 22.5 – 23 厘米之间，宽 0.3 – 0.4 厘米，有结绳编次的痕迹。内容为日书。木牍长均在 23 厘米左右，宽则 6 – 7 厘米不等，均两面书写，内容有"集簿"、"东海郡吏员簿"、"君兄衣物疏"、"神龟占"、历谱、名谒等，从历谱中所记的"元延三年"可知，该墓的下葬年代即在西汉元延三年（公元前 10 年）。

这批木牍由于非一人所书写，故书写风格截然有别，其中有书写得很遒美的隶书，如"神龟占"（图 4.30e）木牍上的文字，也有写得很匀整漂亮的章草，如"集簿"中的"吏员簿"（图 4.30d）就是其代表。当然，从书法欣赏的角度来看，最具书法艺术趣味的还应属竹简中的 20 枚《神乌傅》（图 4.30h）的宽简，这组简不仅内容具有文学的丰富内涵，而且在书写艺术上也显示了当时章草艺术的相当水准。从书写的风格来分析，这 20 枚简可能并不是一个人所抄

新中国出土书迹

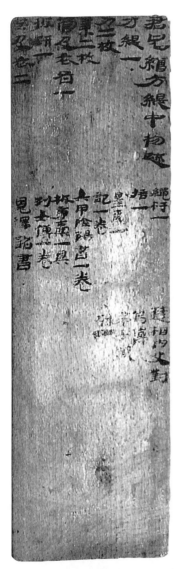

4.30i 遣策

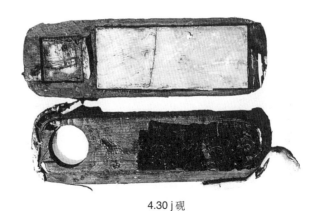

4.30 j 砚

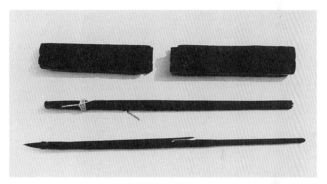

4.30k 笔·笔套

写（其第一枚简的起首的14字为一人所抄写，第一枚简的后半及第2—第6枚简为另一人所抄写，第7枚简以下又为另一人所抄写），但整体上都是很娴熟的章草书体，其线条富有粗细变化，点画之间，俯仰有致，特别是首尾横画的下压加重和收笔上提的笔致，具有很浓郁的章草韵味。此外，在构形和章法上，时有线条向右回旋，与下一字成笔断意连之势，虽尚未达连绵之体，然已具备后世命名为"今草"的草书之气象，这一点，应是最值得重视的。再从整体风格来看，将字的内腹部空间取大一点，把运笔的振幅扩大，间以波磔张扬的笔致，写得自由奔放，无所顾忌，具有胸襟阔达之气象。

　　此外，"君兄衣物疏"木牍所记的随葬器物中，令书法研究者感兴趣的是有关文具的记载，其中"刀二枚"是指两把削刀（书刀），"笔二支"是指两支竹竿毛笔，"管及衣各一"是指笔管和笔套各一，"板研一"是指有漆盒套的砚台一件。此外还有"墨囊一"，应是指装墨的袋子，但没有见到出土实物。（《尹湾汉墓简牍》）

4.31a 居延木简

31．居延木简

　　1972 年至 1973 年，在甘肃省额济纳河流域出土了 19637 枚简牍（图 4.31），这批简牍相对于 20 世纪 30 年代出土的居延汉简来说，又是一次惊人的发现，如果按其出土地点来分，大致可分为三大部分。

　　一．甲渠候官遗址，共 7865 件，内含未编号的 1000 件，同时出土的有"仓印"、木板画等。

　　二．甲渠塞第四燧遗址，共 195 件。

　　三．肩水金关遗址，共 10577 件，内含未编号的 1426 件，同出的还有"安世私印"、"仓印"、封泥、笔砚、麻纸以及木板画、张掖都尉启信等等。

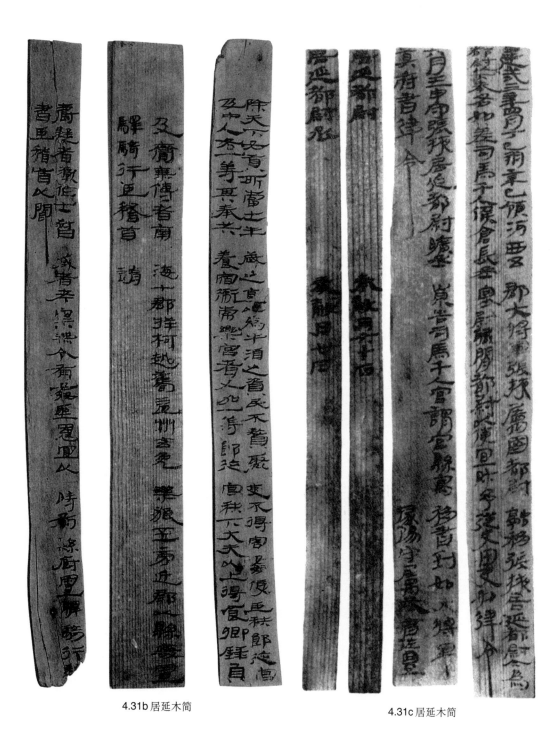

4.31b 居延木简 4.31c 居延木简

简
牍

　　这些简牍虽都是木简、木牍，但内容广泛，诏书、簿册、书信等等都有，形制上也包括牍、检、符、册、削衣等等，而且还有40多件册书。其中纪年简有1223件，所记年代上起元朔元年（公元前128年），下迄建武四年（公元28年）。从已发表的发掘报告图版来看，书体有古隶、八分、草隶、草书等，极为丰富多彩。(《文物》1978年1期)

95

4.32b 石砚

4.32c 毛笔

4.32a 敦煌简牍

32．敦煌简牍

　　1979年在甘肃省敦煌县西北95公里的马圈湾烽燧遗址中，在69处地点发掘出1217件简牍，在这附近一带，1901年至1944年间，英国的斯坦因两次发现了869枚汉简，中国西北科学考察团发现了48枚简，先后刊布在《流沙坠简》、《汉晋西陲木简》二书上，学界也将这些简牍称为《敦煌汉简》，现为以示区别，1979年发现的这些简牍，我们姑且称之为《敦煌汉简Ⅱ》。

　　这批敦煌汉简的内容包括诏书、律令、医药书籍等等，形制也有简、牍、检、符、觚、签、削衣等多种，从材质上看大部分是木简，但也有极少数的竹简。

　　有纪年的木简最早是宣帝本始三年（公元前71年），最晚为王莽地皇二年（公元21年），从已发表的图版（图4.32a）来考察，可以看出有八分、草隶、草书等多种书体。

　　此外，同时出土的文物还有石砚、毛笔、麻纸以及琥珀印等，都是与书法有关的器物，值得关注。（《文物》1981年10期）

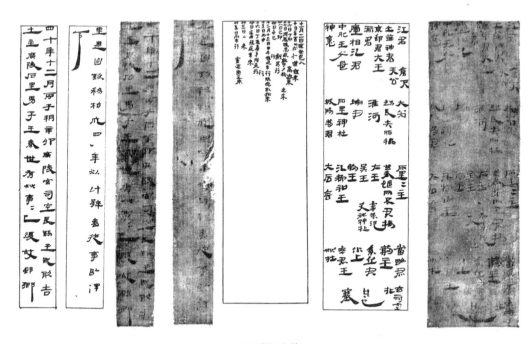

4.33 邗江木牍

33．邗江木牍

1979年至1980年，江苏省邗江县胡场发掘的西汉中晚期的五座墓葬中出土了26枚简牍，形制包括木牍、木楬、木检等，其中木牍13枚，木楬6枚、木检7枚。

木牍（图4.33）中有文字的只有6件，可以清晰辨认的5件，大小尺寸都是长23厘米，宽3.5至7厘米。其内容有：1、神灵名位2、日记3、文告4、丧祭物品等，其中文告木牍上有广陵王四十七年的记载，此年相当于汉宣帝本始三年（公元前71年），故其墓葬的年代当为此年的次年，即公元前70年。

这几枚木简的书体不一，大致可分为三类：1、隶书与章草混杂的一类。2、当时的通俗书体。3、强调波磔的八分书体。

6枚木楬均纵向书写"集台月笥"等一行字。7枚木检的上部有封泥槽，封泥上留有阳文"王"字，下部各书有"粱米囊"等一行字，其文字的书体都是波磔分明的八分书体。

在1979年发掘的4座墓中出土了69件漆器，其中漆案背面的漆书"千秋"二字，针刻"田君长"三字，都是草隶风格。还有漆耳杯背面以八分体漆书"大张"二字，好几件漆笥盖壁书有"肉一笥"等字样的八分隶书。（《文物》1981年11期）

97

4.34b 局部

4.34a 大通木简

34．大通木简

1978年，在青海省大通县孙家寨发掘的115号西汉晚期墓中出土了约400枚木简，其中完整的长约25厘米，每简书30至40字，内容大部分与军事有关，如汉代的公爵等级制度、军队的编制及其标识等等，此外还有《孙子》一书的部分内容。

从已发表的图片（图4.34）来看，书体以隶书为主，间有章草的书写风格。此外，此墓还出土有"马良私印"铜印一方和石砚、研墨石等书写工具。（《文物》1981年2期）

35．定县竹简

1973年河北省定县八角廊村40号西汉墓出土了大批竹简，但由于破碎和碳化的情况很严重，保存完整的简基本没有，经过整理，这批残简的内容非常重要，可以确定的大致有下列古籍：

1、论语，2、儒家者言，3、哀公问五义，4、保傅传，5、太公，6、文子，7、六安王朝五凤二年正月起居记，8、日书，9、占卜。

其中"起居记"中所书的"五凤二年"（公元前56年）即墓主死亡的年代，而此墓曾有

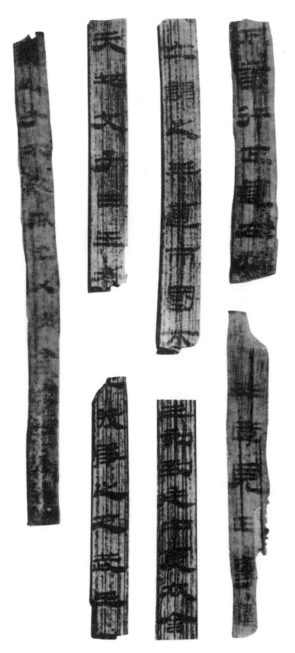

4.35 定县竹简

"金缕玉衣"的特殊礼遇,故墓主当是见于《汉书》记载的景十三王传的中山国王刘修。

这批竹简(图4.35)所书的文字书体都是八分隶书,但与后汉时代的著名碑刻史晨碑(169年)、熹平石经(183年)、曹全碑(185年)等那种整齐的后汉晚期书风有相同的趣味,时间相差200多年的作品,却表现出共同的样式来,这在研究书体变迁史的时候,无疑是很重要的史料。

此外,该墓也出土了石质砚台与研墨石,还有竹笥中的铁削与长方砚板三件等,这都是与书写有关的随葬文具。(《文物》1981年8期)

4.36a 仪征简牍　　　　　　　　4.36b 木牍　　　　　　　摹本

36．仪征简牍

　　1984年在江苏省仪征县胥浦县101号西汉晚期墓中出土了一批竹简，这批简中一种是长22.3厘米，宽1.2－1.9厘米，共16件，原是编缀在一起放入棺内的，出土已散乱，经整理，共272字，文中有"先令券书"字样，可以说是墓主之父朱凌的遗言书。另一种简长36.1厘米，宽0.9厘米，每简书写30字左右，此外还有木方、木牍、木觚各一件。其中木方长23.3厘米，宽7.5厘米，两面书写，记载馈赠的内容。木牍长23.6厘米，宽3厘米，内容为遣策。木觚长17.3厘米，宽3.5厘米，上部有封泥槽，其下方纵向书一行四字"赐钱五十"。

　　两种竹简均有西汉末平帝原始五年（公元5年）的纪年，这被认为是该墓葬的准确年代。

　　从书体来分析，竹简（图4.36a）"先令券书"与木方所书的文字为章草，木牍（图4.36b）和木觚上的文字为隶书。（《文物》1987年1期）

4.37 未央宫木简

37．未央宫木简（新莽）

对陕西省西安市北郊的西汉首都长安城的发掘调查，从1956年就已开始，可是一直到1980－1989年才挖到城内的未央宫遗址，就在这未央宫前殿A区的第三层，出土了材质为杉木的木简115片，但保存状况不佳，全部都有被烧过的痕迹，近乎炭化状态，所幸的是文字却以比较良好的状态残留着。

在115片残简中，最长的不过15.6厘米，短的只有2厘米左右，字数最多的简有15个字，最少的仅有1个字，内容大都是医药品、人名或各种记录和有关祈福的内容。

木简（图4.37）上所写的书体都是比较娴熟的章草，从书风来看，应是同一人的手笔，写得熟练而阔达。

需要说明的是，未央宫前殿A区的遗存，其上限被认为是西汉初期，但木简出土的第三层之年代没有被确定，不过将这些书风与其它地方出土的简牍相比较，可以将其初定在新莽前后。（《汉长安城未央宫》）

简牍

101

4.38a 武威旱滩坡木简

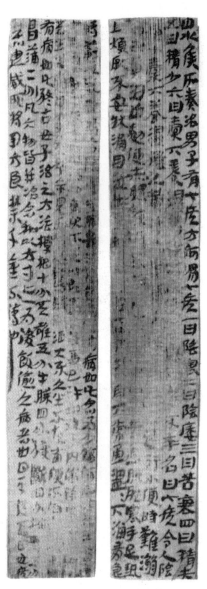

4.38b 武威旱滩坡木牍

38．武威旱滩坡简牍（东汉）

1972年，在甘肃省武威县旱滩坡的东汉早期墓中出土了一批简牍（图4.38a、b），这是继1959年在这个地方附近的磨嘴子六号墓中出土的469枚汉简之后的又一次重要发现。这批简被发现时捆在一起，装入遗骨头部附近放置的一个麻袋中，共92枚，一部分文字已经不能辨识。其中木简78枚，完整者长23厘米，仅一面书有文字。14枚木牍长22.7 − 23.9厘米，宽1.1 − 4厘米不等，除了两枚单面书写外，其余均两面书写，有一件仅书一行字，其它各书有二至六行字。

各简的内容都与医术有关，书体有八分、隶书、章草等多种，尤以章草风格的字体居多。（《文物》1973年12期）

4.39 武都汉简

39．武都汉简

据说2005年出土于甘肃武都琵琶乡赵坪村，共有12枚简（图4.39），除2枚比较完整外，其它的都是残简，简质均为木质，厚度在0.2厘米以下，长宽不等，比较完整的两枚长度大致在23厘米左右，宽度在0.8厘米左右，残简中最宽的是2厘米，两面都书写有文字，内容是官府文书。其书体有隶书，如"阳朔元年十一月"简就是其代表，亦有章草味很浓的简，如"年本受县官"简中的"受"和"县"就是比较典型的章草书。这12枚简由于出自不同的抄手，故部分反映了当时不同的书体风貌。

40．张家界古人堤木牍

1987年4月至8月，湖南省文物考古研究所和湘西土家族苗族自治州文物工作队、大庸市文物管理所联合对古人堤遗址进行了发掘，其中探方1出土了90片简牍，从同出的文化遗物和简牍内容判断当属东汉遗物。

这批简牍（图4.40）都是木质，可细分为木牍、木楬、木检等，但由于残破严重，大多变成了不规整的木片，其中木牍一般长22.2－23厘米，宽2.6－3厘米，厚0.3厘米，不见编联痕迹，文字的书写可分为单面书写、双面书写、双面倒错书写等形式，其中有东汉永元、永初等年号。经整理，简牍的内容大致可分为汉律、医方、官府文书、书信及礼物谒、历日表、九九表等六类，其中汉律木牍残存《贼律》的律文数条和部分汉律目录，其《贼律》律文如"贼律曰伪写皇帝信玺"、"贼律曰诈伪券书"等，多可与江陵张家山汉简可以相互对勘印证。（《中国历史文物》2003年1期）

4.40 张家界古人堤木牍

41．东汉建初四年"序宁"木简

"序宁简"（图4.41）中有"建初四年"即公元79年的记载，"建初"是东汉章帝的年号。众所周知，汉章帝曾或多或少与草书的形成有些关系。南朝人羊欣就有"高平郗愔晋司空，会稽内史，善章草"的说法，而所谓"章草"者，就有人认为是"因章帝好焉"⑤而成名者。当

4.41 东汉建初四年"序宁"木简

然，何谓章草，学界有不同的看法，但草书在东汉章帝之时已有成熟的发展，这在历史文献
中多有记载，唐代张怀瓘在《书断》一书中就有"章草之书，字字区别"的记录。而"序宁
简"的墨迹则告诉我们，尽管章帝之时草书已走向成熟，但隶书更是异彩纷呈，百花齐放。正
如有学者指出的那样，"汉简隶书书法，有属古拙浑厚者，亦有属纤细灵巧者，更有属奇纵天
真者。皆是以特有的波势强调书法的律动美，使笔势极端地向左右发展，造成隶书书法的艺
术性⑥，可以说"序宁简"正是这种"使笔势极端地向左右发展"具有强劲波势的"律动美"
的隶书代表。(《香港中文大学文物馆藏简牍》)

4.42 东汉河堤木简

42. 东汉河堤木简

　　这批内容比较罕见的"河堤"简牍共26枚，是香港中文大学博物馆的重要简牍收藏品，简的长短不一，所选的这枚简长（图4.42）19.8厘米，宽2.3厘米。是整个26枚"河堤简"中保存字迹最清楚，书法也最佳的一件。由于该简牍的幅宽有西汉简的两倍以上，故文字的排列组合也就成了可资品鉴的章法布局。

　　首先，在文字的构形上，其抄写者已非常讲究用笔的轻重缓急，如"南"字，其起笔的横笔和左侧的竖笔较粗重，而其它横笔则用笔较轻较细，最后又用较粗的竖笔收字，使整个字看上去轻重相间，张弛有度。又如"积"字，其"禾"旁起笔较重，用墨较浓，而"责"旁则用笔纤秀，最后才以带波势的重墨捺点煞尾来呼应"禾"旁的起笔，使其字形对角呼应，富有笔墨的粗细变化。

　　其次是在行与行的文字布局上，非常注意挪让避就，互相呼应成趣，例如第二行的"广"字右下角用墨较重，故下面的"步"字就向左长拉来平衡，"万"字的竖钩向左侧斜拉，"五"字的横笔就向右拉长来对称，假如我们将其单独列出，谁都觉得这"五"字不至于要这么构形，但我们放在该简中来欣赏，就不能不佩服古人对书写章法的讲究。（《香港中文大学文物馆藏简牍》）

4.43a 长沙东牌楼木简

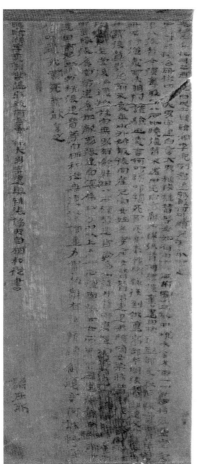

4.43b 长沙东牌楼木简

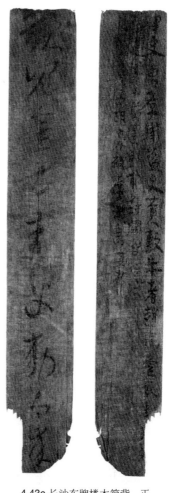

4.43c 长沙东牌楼木简背、正

43. 长沙东牌楼木简

2004年6月，长沙市文物考古研究所在距出土走马楼吴简不远的东牌楼编号为7号的古井中发现了426余枚东汉灵帝时期的简牍，其中有218枚写有文字。经清洗和初步整理，在形制上可分为木简、木牍、封检、名刺、签牌以及异形简等六类，其中封检和木牍较多。其内容大致是官府文书、邮驿签牌和私人信件，其中有"中平三年"和"光和元年"的明确纪年，这说明它是一批东汉灵帝时期的简牍文书。此外，这批简虽然数量不多，但内容很丰富，如在简牍的形制上就很有特点，其中一块较典型的"两行"木牍就非常引人注目，现经学者研究，将其定名为"荆南频遇军寇"文书（图4.43a）。此外，那件定名为"李建与精张诤田自相和从书"（图4.43b）的大型封泥匣也是第一次发现。最值得注意的更是有多枚草书书写的文书木牍，它又给我们提供了许多东汉时期较完整的草书简牍的实物，如1164号简背面所书"欲见金曹米史勑令来"字（图4.43c），就是大字草书，一行直下，笔画瘦劲；其中"欲见"两字结构宽展，"令来"两字中宫收束，各显姿态。"史"、"来"两字的末笔则都写作长点，并无章草那样的隶波，俨然是很熟练的今草书的风格了。很显然，这类草书简牍的出土，对中国书法发展史的研究具有重要价值。（《出土文献研究》第七期）

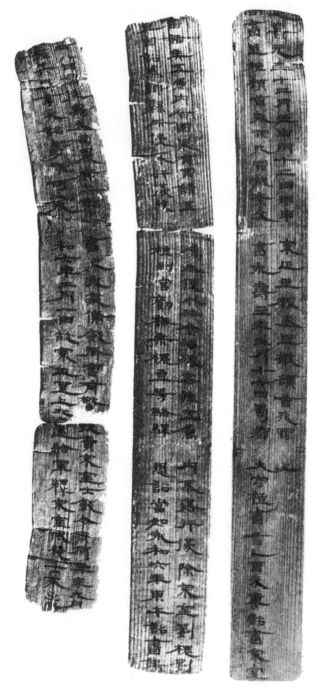

4.44 甘谷木简

44．甘谷木简

　　1971年在甘肃省甘谷县发掘的东汉晚期墓葬中出土了一批木简，共有23枚，其中有"永和六年"（公元141年）和"延熹元年"（公元158年）的纪年。

　　木简的书体都是八分书（图4.44），都具有美丽的程序化的波磔技法，其书法风格可与这一时期整齐规则的碑刻名作如《史晨碑》等的书风相比美。（《汉简的书法艺术》）

4.45a 佃田赋税券

4.45b 官府文书

4.45c 户籍簿

4.45d 举荐名制

45. 长沙走马楼三国吴简（三国）

　　1996年10月，长沙市文物考古工作者在市中心的平和堂商厦建设工地走马楼街50号之下距地表9米的一座古井中抢救清理出来的一大批三国时期具有吴国纪年的简牍，这批简牍目前已基本清洗完成。经过整理，1988年5月在《文物》杂志刊登了《长沙走马楼 J22 发掘简报》和《长沙走马楼简牍整理的新收获》等文，介绍了这批简的发现经过和整理情况，公布了一些资料。尔后，在1999年，文物出版社出版了《长沙走马楼三国吴简·嘉禾吏民田家莂》上下集，该书公布了包括走马楼第22号井的发掘报告和2141支木莂的释文和图版。随后，在2003年10月，文

4.45e 名片

4.45f 帐薄

4.45g 木签

4.45h 木签

物出版社又出版了《长沙走马楼三国吴简·竹简》(壹),公布了万余枚竹简的图版和释文。

长沙三国吴简(图4.45)大致可分为木简、木牍、竹简三大类,其性质属于簿、籍、书、刺、检、楬等类型的文书,其中的"莂"是很有特色的木牍,它单支而言叫莂,组合编联起来就成了簿籍帐册。这批简牍的内容大部分是各式帐本和名册,其它有少量与之相关的呈文、封检、司法文书等,据研究,这些帐本有收入帐、支出帐、核校帐及综合统计或会计报告等四种,名册则包括户口簿、师佐簿等,其中师佐簿当为手工业者的名册,如"国师临湘彭邓,年卅,见。""干锻师醴陵随,年卅六,见。""干锻佐罗刘巴,年廿一,见"之类,未见于其它地方出土的简牍中,极有研究价值。至于其它行政文书大多也与经济及户口的管理有关,如"州吏父兄人名年纪簿"就是以 的形式书写的一份具有法律效力的行政文书。此外,一些上行文书也大都涉及催促收债、审核考实、鞭杖处罚等等,至于这批简牍中所大量出现的人名、官名、地名等都对三国的历史研究大有助益。总之,长沙走马楼三国吴简的内容涉及东汉末至三国时期的政治、经济、军事、文化等许多领域,给三国史研究提供了众多的第一手崭新的资料,既给三国史的研究拓宽了视野,又给简牍学的研究注入了活力。

长沙走马楼三国吴简的书法价值,有两点是最值得称道的,其一是它大规模地提供了三国时期的楷书抄本。众所周知,东汉是隶书的全盛时期,特别是东汉末年的桓、灵之际,隶书名碑如《石门颂》、《乙瑛碑》、《礼器碑》、《华山碑》、《史晨碑》、《张迁碑》等,可谓是集一时之盛。但尽管在张怀瓘的《书断》中称"锺繇真书绝世",但现传所谓锺繇的真书代表作《墓田丙舍帖》、《力命表》都不是他的真迹,即使三国吴皇象的章草也无一真本,传世的只是一些隶书碑刻，如《孔羡碑》、《三体石经》等，因此，三国时期的楷书究竟发展到什么水平，一直是书法界关注的焦点之一。走马楼吴简的出土，应该说是彻底解决了这个疑案。

走马楼吴简中，大量的"吏民田家莂"木简（图），其文字都是完成隶变后的楷书，其字体虽还带有隶意，但其真书所需的所谓点、挑、横、竖、竖钩、撇、撇点、捺的"永字八法"无不具备，我们已看不到蚕头雁尾的痕迹，结体也由隶书的扁平趋于方正和平直，其笔道凝重，用墨厚实，向世人展示了三国时期楷书的真实面目。

其二是它有力地证明了这样一个事实，即盛行于两汉的隶书在三国时期已走向式微，代之而起的是楷、行、草书并行天下的大趋势。

走马楼简牍中除极少数名刺用隶书书写外，绝大部分是楷书书写，也有少量的行书和草书，行书如"私学长沙浏阳谢达三十一居临湘都乡立沂丘十一月十五日右郎中窦通举"名刺（图4.45d），分三行书写，其字与字之间行气相连，笔断而意不断，一气呵成，特别是第三行落压在左下角边沿之处，造成了整体书写的疏密对

4.46 湖北鄂城木刺

比，具有很强的艺术效果。至于三国吴简中比较少见的草书，也显然已是章草蜕变下的今草了。由此我们可以推论，东汉末张芝变章草为今草，在三国已普及到民间，到两晋才全面走向成熟。《长沙走马楼三国吴简·竹简》（壹）（贰）

46．湖北鄂城木刺

1981年在湖北省鄂城市发掘了四座三国时代吴国初期的墓葬，出土了随葬品金属器、陶瓷器、漆木器200余件，其中一号墓中出土了六枚木牍，其长度均为24－25厘米，宽3.3厘米，文字内容均是名刺，如"童子史绰再拜，问起居，广陵高邮字浇瑜"。由此我们可以知道，墓主就是这位广陵高邮的史绰，他是一位尚自称"童子"的年轻人。

这几枚木牍（图4.46）的书体虽然还保留有少许的隶意，但其基础却已经是楷书了。（《考古》1982年3期）

4.47a 木牍正　　　　　　　　　　　　　　　　4.47b 木牍背

47. 南昌高荣墓木刺、木牍

　　1979年，在江西南昌市发掘了一座吴中期的合葬墓，出土的随葬品有金属器、陶瓷器、漆器、竹木器等100余件，木制的名刺21件，木方2件。这批名刺长24.5厘米，宽3.5厘米，内容都是"弟子高荣再拜，问起居，沛国相字万绶"，（图4.47c）据此可知，墓主即是沛国（今江苏省徐州市）的高荣，字万绶。其书体也许可以说是行草书，但毕竟还是楷书为其基本构架。

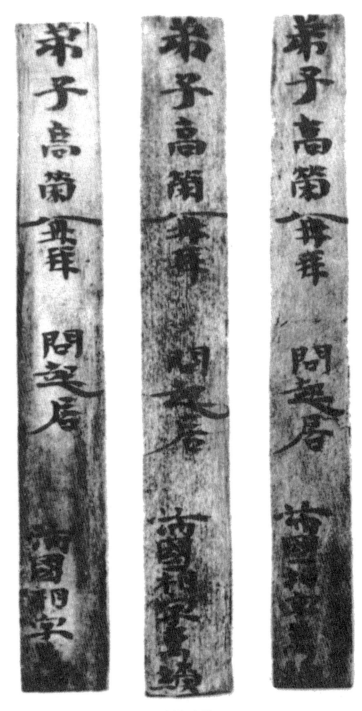

4.47c 木刺

　　两件木方（图4.47a、b）均长24.5厘米，宽9.5厘米，其中一件已经文字不清，从另一件可辨的文字可知其内容是遣策，书体是当时实用的通行体行书。

　　此外，该墓还出土了一方石砚和一支上部稍为收小的圆状墨，也是难得的文房实物。(《考古》1980 年 3 期)

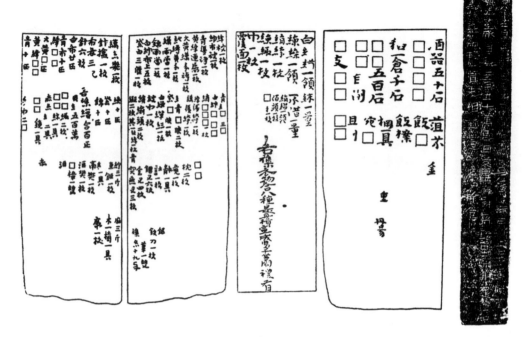

4.48 安徽南陵麻桥木牍

48．安徽南陵麻桥木牍

1978 年 11 月，在安徽南陵县麻桥的二、三号东吴墓葬中出土了三块木牍，其中编号为 M2：19 的木牍（图 4.48）为正反两面书写，正面是 31 行 116 字，反面是 33 行 156 字，内容为随葬器物的清单。另两块出自三号墓的木牍都是一面书写，编号为 M3：10 的木牍上共 15 行 45 字。编号为 M3：11 的木牍上共 12 行 56 字，都是记载部分随葬器物的遣册。这三块木牍的文字多数字迹残渐不清，据可识者可知，其字体主要以楷书为主，间有隶书的笔意，是楷化尚没完成之前的常见字体风格之一。（《考古》1984 年 11 期）

49．郴州苏仙桥 J4 三国吴简（公元 239 - 232）

2003 年 12 月，在湖南省郴州市苏仙桥的一处建设工地发现汉代至宋元时期的古井十一口，其中在 4 号井的底部清理出三国吴简 140 枚（含残片）。这口井为圆形土坑竖井，井口直径 1.25 米，深约 6 米，出土物除简牍外，还有一些陶瓷碎片。

发现的这批简牍多残断，整简长 23 - 25 厘米不等，宽 1.4 - 2.1 厘米，其中削衣碎片占近一半。也有书写于封泥和不规则木料上的文字，总的说来，这批简牍的制作加工不很规范，少数简还被火烧过。

这批简中的残简文字多残渐，比较清晰可辨的文字可大致分为簿籍、书信（文书）、记事（纪年）、习字等内容，其中簿籍类多为钱米及牲畜价值的记录。如 40 号简正面："男子黄孔米六百八十六斛八斗六升为钱七百九十六万。"书信简多为"李君"的私人信件，如 4 号简正

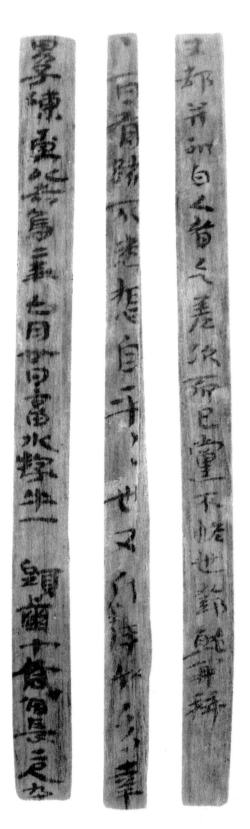

4.49 郴州苏仙桥 J4 三国吴简

面："李君昨室得送楥□知念不以（巳）幸复乞少槩得用刺府曹"。

纪年简如32号简："赤乌五年十二月"等。通过这些断简残篇大致可以推断，这批简是大约是三国吴孙权赤乌二年至赤乌六年期间"李君"的私人文件，其内容从一个侧面反映了当时政府徭赋沉重，物价飞腾，民生潦苦的社会现实。

这批简牍的书风显示并非一人所写，其中的习字简多草率，且多涂改，没有多少价值，但书信简中有些则写得很有水准，如4号简（图4.49）就颇具书法的艺术趣味，其构形以楷书为体，间以章草的笔意，线条处理得富有变化，点线的结合一如行草的风格，显得俊秀而高雅，已开晋帖风范之先河。（《出土文献研究》第七辑）

50. 安徽马鞍山朱然木牍 吴·嘉禾年间

1984年，在安徽省马鞍山市发掘了吴国名将朱然（公元182－249年）的墓，出土随葬品有金属器、陶瓷器、漆器等140余件，其中包括木质的谒三件，刺14件。

木谒（图）长24.8厘米，宽3.4厘米，厚0.6厘米，谒的上部中央书"谒"字，偏右侧以小字书"持节右军师左大师马当阳侯朱然再拜"等官爵、姓名，均为墨书。刺的内容有三种，1、"故鄣朱然再拜，问起居。字义封"。2、"丹阳朱然再拜，问起居。故鄣字义封。"3、"弟子朱然再拜，问起居。字义封。"丹阳、故鄣是其原籍，义封为朱然的字，"问起居"则是古时的问候之语。

在此墓发现之前，学术界的一般定论是刺与谒同义异名，前汉称谒，后汉称刺。但根据此墓出土实物观察，则二者形制与

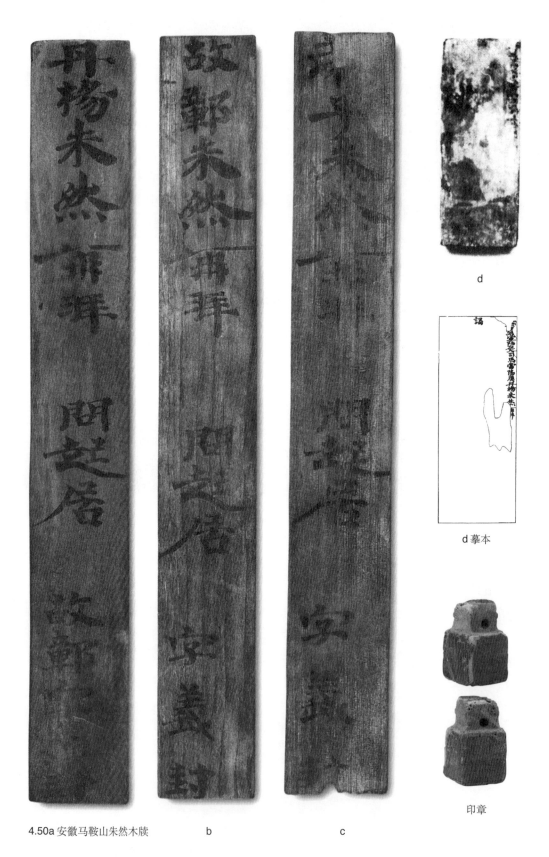

d

d摹本

印章

4.50a 安徽马鞍山朱然木牍　　　　　　b　　　　　　　　c

新中国出土书迹

4.51a 南昌吴应墓木牍

用途都有区别。刺主要是对地位低于自己者使用，与此相反，谒的幅面宽大厚重，而且还在显眼的地方鲜明的写上官衔，因之是对地位高于自己的人使用的东西，这些问题，结合文献记载还可以进一步明确。

木牍的书体是楷书。关于楷书的起源，尽管还有各种各样的问题，但此墓出土的谒与刺的书法，都已具备了三过折的笔法。例如，在由横画向竖画过度的转折处，突然将笔直立再向下写出的换锋技法，如"朱然"、"故"等字撇法的用笔，"居"字等完全是楷书的造型结体等等。

此墓出土的随葬品中漆器的精品很多，在书法史上特别值得一提的是上面画有被称之为"宫闱宴乐图"的漆案，此案画有 55 个人物，各有漆书的榜题。此外，还有一个原来一直认为是起源于唐宋时代的漆砂砚。（《文物》1986 年 3 期）

51．南昌吴应墓木牍

1974 年，在江西省南昌市发掘了两座西晋初期的墓葬，其中一号墓出土了金属器、瓷器、

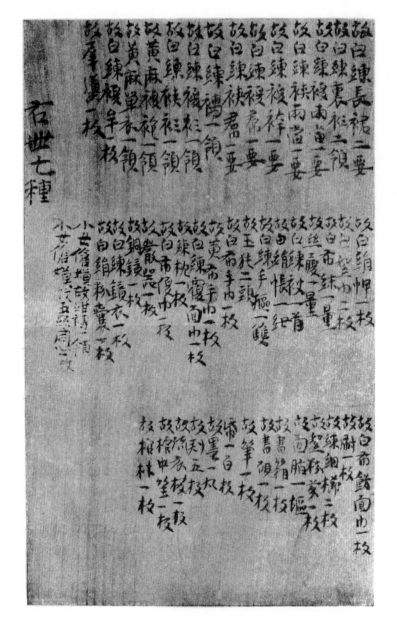

4.51 六面铜印

4.51b 南昌吴应墓木牍

漆器、竹木器等约30件，包括木质的名刺5件，木方一件。

木刺（图4.51a）均长25.3厘米，宽3厘米，内容有三种：1、"弟子吴应再拜，问起居。南昌字子远"。2、"予章吴应再拜，问起居。"3、中郎予章南昌都乡吉田里吴应年七十三子远"。据此，可知墓主为七十三岁时死去的予章郡南昌县的吴应，字子远，曾任过中郎将的官职。这些名刺的书写格式与朱然墓等出土的名刺基本相同，但据最后一种记有墓主卒年来推断，这些墓中的刺、谒，都是为了墓主在阴间使用的目的而制作的。

木方（图4.51b）长26.2厘米，宽15.1厘米，内容还是遣策之类，有一面书有三段文字，书体为行书，虽然根据的是当时的通行体，但书写熟练而流畅。另外，同墓出土的漆樏上还

4.52 泰始九年简

有朱漆书"吴氏楄"三字，同时还出土了一方石砚、一支墨。二号墓中还出土了一颗六面铜印。（《考古》1974年6期）

52．泰始九年简 （公元273）

1966年至69年，在新疆吐鲁番阿斯塔那进行了四次考古调查，从发现的西晋至盛唐时代的105座墓葬中，出土了1020件文物，这支木简（图4.52）是有纪年的木简，也是残简中年代最早的一件，长24.5厘米，宽2.4厘米，正面墨书一行，背面墨书二行，内容是以练易棺的交易证书。

书体为行书，与楼兰出土的简，例如泰始四年简、泰始五年简等有相同的书法趣味。此简中"旁"、"知"等字残留有草隶结体的写法，这或许是这一地域当时通行体的特征之一，但确是有相当水准和趣味的书法佳作。（《文物》1972年1期）

53．东晋 "松人" 解除木牍 （340）

香港中文大学博物馆所藏的"松人"解除木牍（图4.53）上有"建兴二十八年"的记录，据考证，"建兴"应是晋愍帝的年号。晋愍帝是西晋最后一位帝王，他在位仅四年就失掉了君位，这里所记的"二十八年"，当是因地处西北僻远之地，不如改朝所致。依历谱推算，所谓"建兴二十八年"应是东晋成帝咸康六年，即公元340年。

众所周知，在中国书法史上，书以晋人为最工，也以晋人为最盛，其时上接汉魏，诸体悉备，篆隶行楷各领风骚，具为典范。但由于"晋人书绩皆存诸缣纸，寿难等于金石，频经兵燹，复多遗失。"⑦故晋人墨迹存世极少，这块"松人"木牍，无疑给书法界提供了一件绝好的晋人楷书的研究范本。（《香港中文大学文物馆藏简牍》）

54．沮渠封戴木表 高昌·承平十三年 （455）

1972年发现于阿斯塔那177号墓中，现藏新疆自治区博物馆。这块木表高24.2厘米，宽11.7厘米，上有墨书文字7行，行内字数不定，全文共111字（图4.54）。

木表（图）的内容是官至冠军将军、都郎中、高昌太守在沮渠封戴死后，以吏部尚书的名义，在其旧有官职之外再加赠敦煌太守，当然这种追赠完全是一种辞令形式。文中有"协辅余躬，熙继绝之美，允厘庶绩，隆一变之祚"等语句，颂扬封戴辅佐安周的功绩，由此可以窥知封戴在沮渠氏一族中确是实力人物，书写有这样内容的木板保存下来的极为稀少，这

4.53 东晋"松人"解除木牍

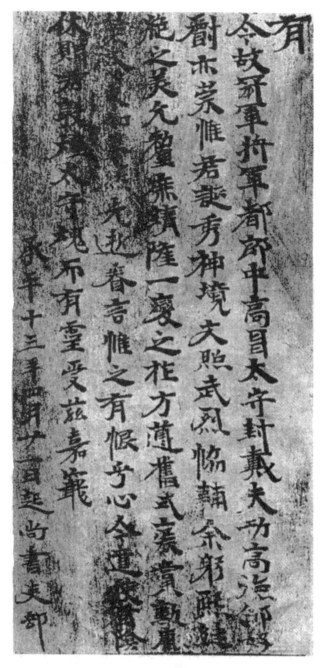

4.54 沮渠封戴木表

为了解当时的官制与辞令的格式方面是极重要的史料。

书体以楷书为其基调，用北魏体快速书写而成，与当时当地写经的书风有不少相同之处，例如，和这件木板墨书有相同趣味的《佛说菩萨藏经》（公元457年），另外，这件作品虽是随手写成的很随便的结体，却已经具备了遒劲书风的一切要素，具有很强的艺术魅力。附带提一下，该墓出土文物中还有漆耳杯和漆杓，但这一地区出土的漆器极为稀少，由此可以窥知当时与丝绸之路贸易关系的一斑。（《新疆出土文物》）

简牍

121

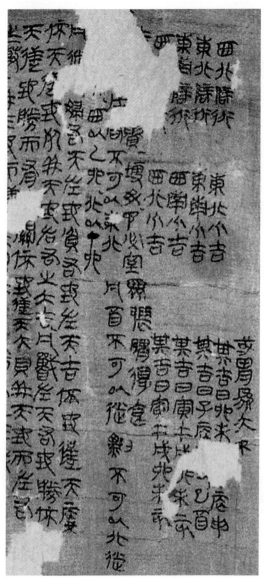

5.1a《阴阳五行》甲篇　　　　　　　5.1b《五十二病方》

五、帛书

1．马王堆帛书

1973年在湖南省长沙市马王堆三号汉墓出土。其大部分为书籍。由于书写年代的上限为前186年，下限为前177年前后，因此做为前汉初期的书籍是跨时代的发现。

a．《阴阳五行》甲篇（秦始皇二十五年前后）

《阴阳五行》甲篇（图5.1a）（或称《式法》）现存原件残损得比较厉害，已被揭分成了30余块残片，缀合相当困难。据当时参加整理的先生记叙，这个本子"长3.5米，书写时除了部分地方为整幅帛外，其余部分则分为上下两个半幅书成，除了文字外，还有图表，可分为23个单元，并互相穿插"（周世荣《略谈马王推出土的帛书竹简》，载《长沙马王堆医书研究专刊》）。《文物》2000年第7期发表了这篇文献中的7个部分的释文和部分图版，这7个部分分别是"天一"、"徙"、"天地"、"上朔"、"祭"、"式图"、"刑日"。可见帛书内容都是关于干支、二十八宿、天一运行的记录和有关月令、方位等堪舆方面的占验语辞。例如："天一之徙以十一月、十二月戊辰，八月……"，就是记叙"天一"运行规律者。又如："西南，西北辟道，东北小吉"等则是占测方位吉凶者。再如："壬斗、癸须女、壬癸，癸危荧室。""甲角、乙至（室）、甲乙斗、乙心尾"等则是有关干支时辰和二十八宿的对应关系示意表格。特别值得注意的是在一块残帛上，有一段关于楚国官名的记载："乙当莫嚣，丙当连嚣，丁当司马，戊当左右司马，已当官□"，其中"莫嚣、连嚣"是楚国所特有的官名，这也就有力地说明，这个抄本肯定是楚人的著作之一。

这件帛书还保留了较多的古文异体字，乃是研究战国文字向秦汉隶书转变阶段的极好材料。这件帛书的书体保留了较多的篆书形体结构，但从整体上看，它已不是很规范的篆书，而是一种由篆向隶演变初期的字体，首先是其形体已由长变扁，已没有篆书那种纵长取势的气象。其次是其字形结构也篆隶并存，最典型是"水"这个偏旁部首已直书为隶书中的三点水了。第三是隶书的点画用笔已很明显，如隶书中常见的波、挑、捺等笔画都已使用的很普遍。因此，我们将其称为"篆隶体"，这是马王堆帛书中抄写时代较早，保留篆书结构比较多，在隶变过程中出于较早阶段的一种特殊的字体，既有很高的书法鉴赏价值，又有很重要的书史研究，特别是隶变研究的价值和意义。（《马王堆帛书艺术》）

b.《五十二病方》

这是一部迄今所知我国最古的医学方书。出土时和上述四种医书同抄在一幅帛上，原无书名，因卷前有目录，而目录之末有"凡五十二"的记载，故帛书整理小组将其命名为"五十二病方"。

这件帛书（图5.1b）共计有462行，帛宽约24厘米，每行文字多少不等，按每行开首用"一"表示的条目计算，全书现存291条，基本上是每条一方，个别有2方者，分别记载了49类疾病，其中包括内、外、妇、儿、五官等各科疾病103种，保存医方283个，用药达247种之多。在各科疾病的记载中，最多的是外科疾病，诸如外伤，动物咬伤，痈疽、溃烂、肿瘤、皮肤病、痔病等等，而妇科疾病则仅有婴儿索痉一个病名。

帛书所记的医方中，均以用药为主，包括外用、内服等法，此外还有灸、砭、熨、熏等多种外治法及若干祝由方，比较真实的反映了西汉初期以前的临床医学和方药学发展的水平。

例如在记载"令金伤毋痛方"等治疗创伤、损伤的医方中，就记有解痛消肿、止血、防治伤口感染及预防伤口愈合后瘢痕的疗法记载，而其中对解痛消肿的治法就有八种方法，其所用药物则有麻醉止痛药、辛窜活血药、清热利湿消肿药等等。关于止血的方法和所用药物，如鸡毛灰、人发灰、羊屎灰、蒲席灰、百草末及酒等，现在民间亦多有应用，而且确有疗效。

特别值得注意的是，帛书中还有使用外科手术来治病的记载，这说明外科手术并不是西医的专利，中医亦有使用的时候。如帛书中所记"牡痔"一方中就说，凡病人直肠内长了痔疮或瘤子，就用狗的膀胱套在竹筒上，插入病人肛门中，吹胀后将直肠下端患部引出，然后用刀割去其病灶，敷上黄芩，再将直肠退回进肛门中。很显然，这已是一种完整的外科手术了。这说明早在西汉初期，我国的中医外科已有一定的发展历史了。此外，帛书中有关使用水银软膏制剂治疗臃肿和皮肤病的记载，也比西方医学史上的记载早一千多年，这也足以说明我国中医学的发达和先进水平。

帛书《五十二病方》末尾还附有几条古医方的佚文，而且字体亦有所区别，整理者曾认为这是在全书抄录后，另经他人续增的，故称其为《五十二病方》卷末佚文。这部分佚文由于多残缺不全，故很难句读，这种缀续佚文的现象有待进一步的研究以揭示其真正的原因。

这件帛书的字体也是一种隶变初期的篆隶体，其特征是字形长扁不限，用笔方圆并举，隶书特有的笔意随处可见，如"之"、"如"、"以"等字，都是较典型的篆书形体，隶书笔意构成的字，具有很生动的书法趣味。(《马王堆帛书艺术》)

5.1c《养生方》

c.《养生方》

这是一部迄今所知我国最古的医学方书。出土时和上述四种医书同抄在一幅帛上，原无书名，因卷前有目录，而目录之末有"凡五十二"的记载，故帛书整理小组将其命名为"五十二病方"。

这件帛书（图5.1c）共计有462行，帛宽约24厘米，每行文字多少不等，按每行开首用"一"表示的条目计算，全书现存291条，基本上是每条一方，个别有2方者，分别记载了49类疾病，其中包括内、外、妇、儿、五官等各科疾病103种，保存医方283个，用药达247种之多。在各科疾病的记载中，最多的是外科疾病，诸如外伤，动物咬伤，痈疽、溃烂、肿瘤、皮肤病、痔病等等，而妇科疾病则仅有婴儿索痉一个病名。

帛书所记的医方中，均以用药为主，包括外用、内服等法，此外还有灸、砭、熨、熏等多种外治法及若干祝由方，比较真实的反映了西汉初期以前的临床医学和方药学发展的水平。

这卷帛书在抄写的整体布局方面比较讲究，其行距较宽，字距较松，丝毫没有促迫之感，而是字空相间，相得益彰。在用笔上，行画多方起尖收，竖画多微带垂笔，其字形结构颇具隶书形态，篆书的意味已比较淡化，是比《五十二病方》更隶书化的一种篆隶书体。（《马王堆帛书艺术》）

d.《足臂十一脉灸经》

这卷帛书是迄今为止我国发现最早的一部经脉学著作。出土时，与《阴阳十一脉灸经》甲本、《脉法》、《阴阳脉死候》、《五十二病方》同抄在一幅长帛上。全文共34行，用篆意较浓的古隶抄写，没有标题，但文中有"足"、"臂"二字高出正文一格书写，可知此篇可分为"足"脉和"臂"脉两部分。其中"足"脉包括足太阳脉、足少阳脉、足阳明脉、足少阴脉、足太阴脉、足厥阴脉及死与不死候一节。"臂"脉则包括臂太阳脉、臂少阴脉、臂太阳脉、臂少阳脉、臂阳明脉五节，每一节中均较简要而完整地记载了其脉的名称、循行径路、生理病态和灸法疗法。其特点是，这十一脉的循行方向全是由下而上，向心循行的，而其治疗方法则全是灸法，并都只说灸其脉，而没有穴位名称，也没有针治记载。至于病候的描述也简单而原始，没有多少理论和治则上的讨论，这反映了帛书所记经脉理论的原始性，将其与后来的《灵枢·经脉》

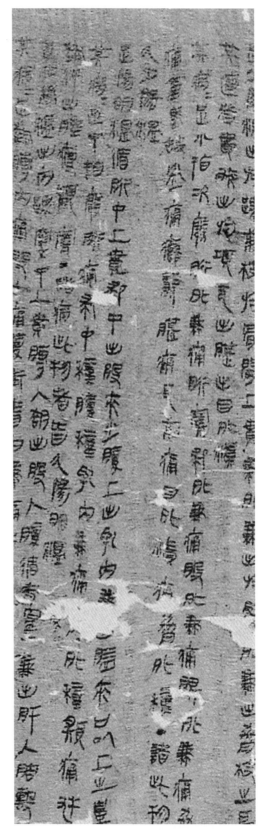

5.1d《足臂十一脉灸经》

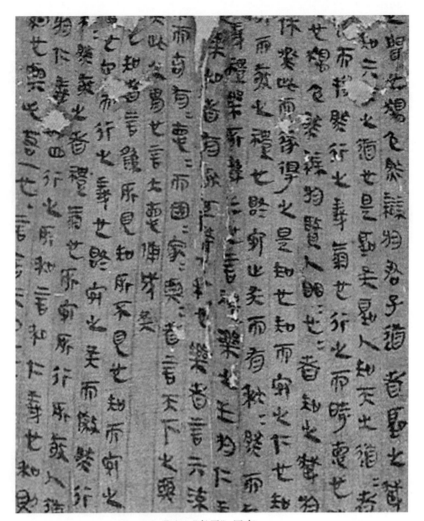

5.1e《老子》甲车

作对比，更鲜明地反映了这个特点。

这件帛书（图5.1d）在书风上与《五十二病方》比较接近，其字体结构同样保留了篆书的一些特征，但在取势上已纵横并用，既有篆书的窄长结构，也有隶书的扁平形态。其用笔则方圆并举，显得张弛有致，刚柔相济，自然生动。（《马王堆帛书艺术》）

e. 《老子》甲本（前195前后）

《老子》甲本（图5.1e）用半幅帛抄成，全文共69行，不分章节，篇末不记字数，字体是古隶，文中不避汉高祖刘邦讳，其抄写年代约在公元前200年前后。

这件帛书的书体是间于篆隶之间的古隶体，在字形的取势方面，纵向取势的字形大幅度减少，而多趋于方正，在笔画上，则点、横、波、磔等隶书的基本笔画已成为构形的基本要素，其笔道也粗细相间、方圆并用，章法上则欹斜正侧，参差错落挥洒自如，具有随意可人的姿态和朴拙高古的神韵。（《马王堆帛书艺术》）

f.《春秋事语》

帛书《春秋事语》(图5.1f) 所记皆春秋时代史实和相关的议论，全篇现存16章，抄写在幅宽约23厘米、长约74厘米的半幅绢帛上，上有直界乌丝栏，墨书古隶，共约97行。由于这卷帛书出土时是卷在一块约3厘米宽的木片上，加之棺液的浸泡，出土时帛质腐朽，已分裂成大小不等的200多片碎片，经整理，卷首残破，无法知道到底缺几行，后面比较完整，尚有余帛没有写字，好像是一件没有抄完的帛书。

帛书《春秋事语》通篇不避汉高祖刘邦的讳，其字体是由篆变隶过程中的古隶，抄写年代大致在秦末汉初，楚汉交争时期（公元前200年左右）。帛书每章都提行另起，每章多用墨点作为分章符号，但没有篇题。每章所记之事，彼此不相连贯，既不分国别，也不分年代先后，所记史实最早的是鲁隐公被杀，最晚的是韩、赵、魏三家灭智伯，其记事年代略与《左传》相近。每章所记，凡记事都比较简略，但记言论则比较多，可见此书重点不在记事而在记言，是春秋时期书籍中一种比较常见的"语"式体裁，因此，马王堆帛书整理小组将其定名为《春秋事语》。

这卷帛书的字体风格与《老子》甲本基本相同，但其用笔较为厚重，线条没有明显的粗细变化，横平而不带挑势，波而不倾，显得雍容大度，一派古朴气象。(《马王堆帛书艺术》)

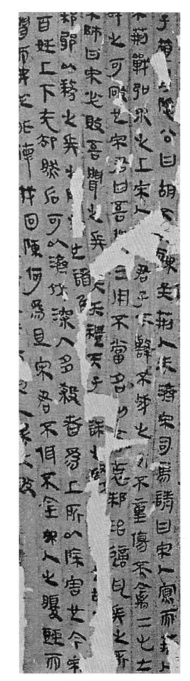

5.1f《春秋事语》

g.《战国纵横家书》

《战国纵横家书》(图5.1g) 是用半幅绢帛抄成，帛长1.92米，帛宽24厘米，共325行，11000余字。全书共分为27章，其中除11章分别与《战国策》、《史记》的记载可以印证外，有16章是很珍贵的古佚书。这27章根据其内容大致可分为3个部分，第一部分是前面14章，都是新发现的文献资料，内容主要按国别分类编排了苏秦的游说活动，其中第1到第7章，是苏秦给燕昭王的信和游说辞。从第8章到第14章则是苏秦等人给齐愍王的信和游说辞。第二

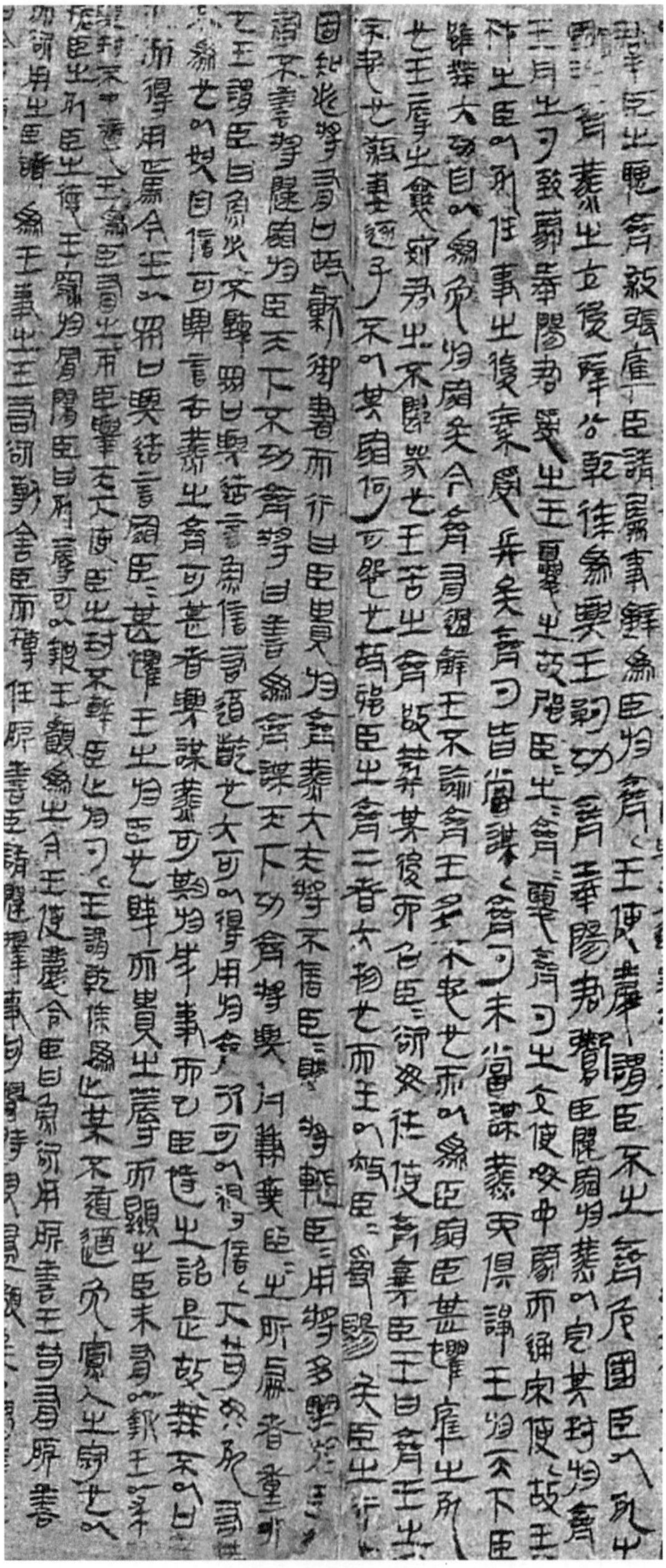

5.1g《战国纵横家书》

部分是第15至第19章，这几章虽在每章末尾都有字数统计，但在第19章末尾有这几章字数的总计，所以自应为一个整体。其内容主要是战国游说故事的记录，除第17章外，都见于《战国策》或《史记》。第三部分是最后8章，根据其中有关苏氏游说的资料和前14章有关苏秦的资料编在一起来判断，这应该是另一种辑录战国游说故事和纵横家游说言论的本子。该书用方劲俊秀的古隶抄写，书中避刘邦讳而不避刘盈讳，可见这是汉惠帝时的抄本。

帛书《战国纵横家书》的出土，为我们提供了许多有关苏秦活动的原始新材料，极大地充实了战国史研究的内容。也正因为这批新材料的问世，人们才发现：原来《史记》中关于苏秦与张仪是同学的记载是靠不住的。据帛书所知：公元前312年，当苏秦在楚游说陈轸门下的时候，还是初露头角的年轻人，而此时的张仪已是"烈士暮年"的长者了，可见《史记》乃至《战国策》中的记载，至少把苏秦的卒年提前了30年。

这卷帛书的书体风格大体上是以方笔为主，方圆并

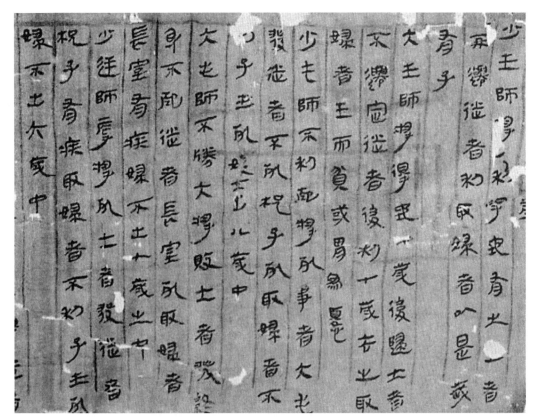

5.1h《阴阳五行》乙篇

用，字形修长舒展，显得雄健俊逸。从整体上看，但见笔道纵横，一片流丽豪放之气象。从局部分析，则横如剑出，竖似枪收，散点透秀媚之气，横折显雄毅之态，波则内敛蓄势，磔则外张奔放，结体谨严，章法茂密，用笔沉着，兼有篆隶书法之妙，是马王堆帛书古隶书体中书法艺术价值较高的一种。（《马王堆帛书艺术》）

h.《阴阳五行》乙篇

　　帛书《阴阳五行》乙篇（图5.1h）或称《隶书阴阳五行》，长约1.23米，图文并排，大致可分为十余个单元，其内容既可与《阴阳五行》甲篇（或称《式法》）互校互补，也可与帛书《刑德》甲、乙、丙篇比勘互补，主要是以干支、月令、五行、五音、四时、二十八宿等占验出行、嫁娶、祭祀、攻战等方面的数术内容。

　　这卷帛书由于图文并排，许多文字穿插于各种图表之中，故许多具有书法意味的谋篇布局在不经意中显示出来，具有很强的艺术趣味。如（图）就是两字一行的横排帛片，其文字大小错落，逶迤雁行，将其单独裁出，俨然一幅意匠经营的书法嘉构。

　　这卷帛书的文字用笔较为秀逸，特别是横画的波磔形态非常鲜明，竖画和捺笔都比较细劲，它没有《老子》甲本那样点画之间粗细相映，也没有《战国纵横家书》那样雄毅奔放，而是以劲秀妩媚的笔道，均衡地刻画出自成一格的书体。（《马王堆帛书艺术》）

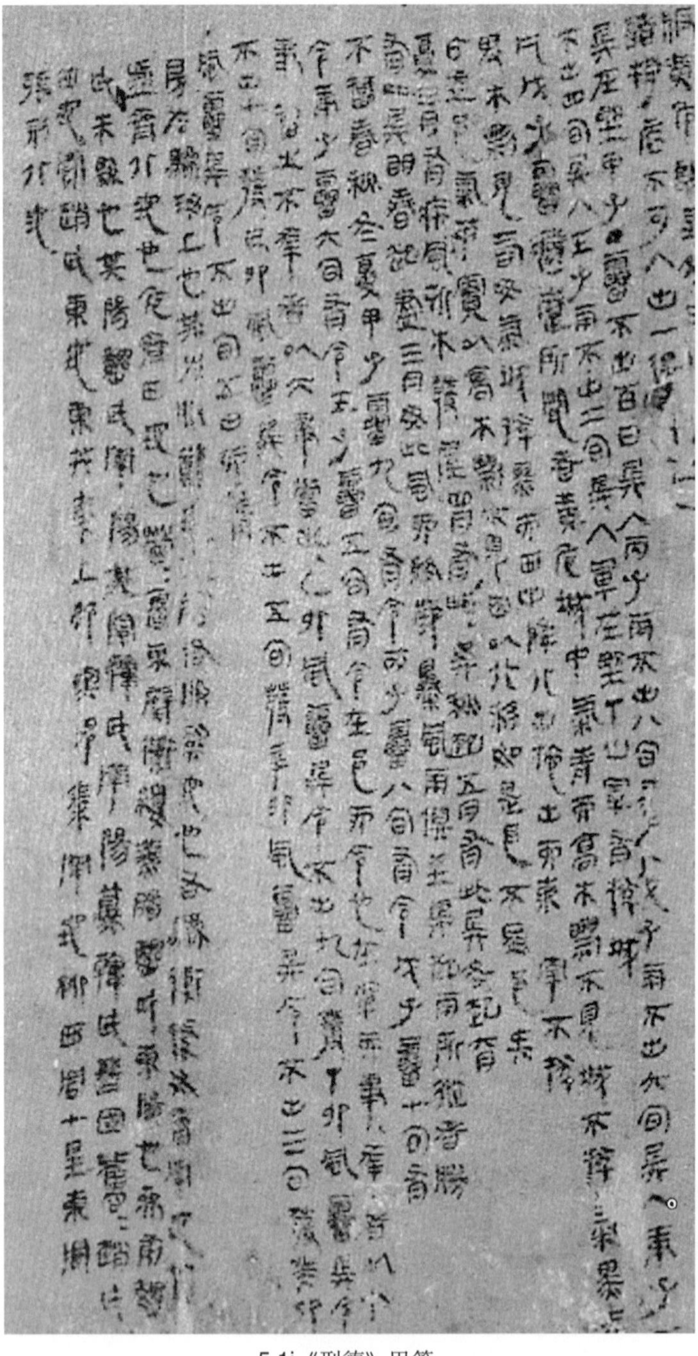

5.1i 《刑德》甲篇

i. 《刑德》甲篇（前196）

　　帛书《刑德》有两个本子，这篇与同名的《刑德》乙篇的内容基本相同，都由"刑德九宫图"、"刑德运行干支表"和关于刑德运行规律及星占、气占等兵阴阳的文献3个部分组成，所不同的是，甲篇的"刑德九宫图"绘在帛书的左上角，排在干支表的后边，而乙篇的"刑德九宫图"则绘在开篇的右上部，列在干支表的前边，此外，甲篇的抄写字体（图5.1i）是

比较放逸的古隶，行与行之间没有乌丝栏界格。乙篇的字体则是比较规范的汉隶，间有很规整的乌丝栏，看上去比甲篇要精工得多。特别有意义的是，甲篇的"刑德运行干支表"内有"乙巳，今皇帝十一"的记载，由是可知甲篇乃是汉高祖十一年以后，即公元前196年以后的抄本。而乙篇的"刑德运行干支表"内则有"丁未，孝惠元"的记载，可见乙本肯定是孝惠元年以后，即公元前194年以后的抄本，这也就为我们判断马王堆帛书中字体相同的其它篇章的抄写年代提供了相当准确而可信的依据和标尺。

这卷帛书的字体是属于篆隶之间的古隶，其构形、用笔和书写风格都与《老子》甲本基本相似，不同的只是肥笔较少，显得比较清秀疏朗而已。(《马王堆帛书艺术》)

5.1j《刑德》丙篇

j.《刑德》丙篇

《刑德》丙篇（图5.1j）残破太甚，很难拼合和句读，现存原物共揭裱为18块残片，从残存的片断文字看，其内容与甲、乙两篇的内容并不太相同，倒与《阴阳五行》乙篇的很多内容可以对应，而且该篇全部用朱文书写，间有很粗重的墨线边框，这种较为奇特的形式是否别有含义也颇值得研究，因此，这篇文献是否该定名为《刑德》还尚待讨论。这里为叙述方便，暂且沿用原来的定名，还是称其为帛书《刑德》丙篇。

这件帛书全部用朱砂书写，间以粗重的墨色边框，具有很奇特的外观效果。字体也是间于篆隶之间的古隶，其书写风格与《刑德》甲篇比较接近，因此也可判断其抄写年代大致在汉高祖十一年（公元前196年）左右。(《马王堆帛书艺术》)

5.1k《相易经》

k.《相马经》

帛书《相马经》（图5.1k）是一篇谈相马的辞赋体古佚书。全文共77行，用很规范工整的汉隶抄写在宽48厘米的整幅帛上，约5200字。除略有残损外，大部分字迹清晰。原帛书整理小组曾经指出："帛书《相马经》的文字和传世的本子，不论在内容和文体上都出入很大。从它的文体类似于赋和提到南山、汉水、江水等迹象来看，有可能是战国时代楚人的著作"（《文物》1977年第8期）。

帛书全文可分为3个部分，第一部分（从第1行至22行）是"经"，即《相马经》本文。第二部分是"传"，（从第23行至44行的"处之，多气"）它是对"经"的大意、精要进行综合归纳，寻绎发挥的文字。第三部分则是"故训"，（从第44行至77行）也就是对经文的训解。因此，准确一点地说，这件帛书可称之为《相马经·大光破章故训传》。这里为了方便理解，仍旧沿用原帛书整理小组的定名，简称为《相马经》。

这卷帛书的字体是比较规范和成熟的汉隶，这种汉隶与古隶又有许多新的变化：

（1）、字形大都趋于扁平，构形已比较规范，用笔已很有规律。

（2）、横画切锋重入，呈方笔体势，撇、捺左波右磔相当成熟而固定。

（3）、线条以方折为主，已完全没有篆书线条圆转的态势。

因此，完全可以说，这已是比较成熟的隶书，将它与西汉中期的碑隶相比，可谓各占胜场。（《马王堆帛书艺术》）

5.11《周易》

I.《周易》

　　帛书《周易》（图5.11）原无篇题，或称之为帛书《六十四卦》。抄写在一幅宽48厘米，长约85厘米的丝帛上，共93行，字数约4900余。每卦均有卦图，帛上有朱丝栏界格，卦名多用通假字，字体是比较规范的汉隶。与通行本相比，帛书本最大的差异是卦序不同。通行本分上、下经，上经三十卦，始于干，终于离；下经三十四卦，始于咸，终于未济。帛书本则不分上、下经，始于键（干），终于益，其排列顺序有规律可寻，即将八卦按照阴阳关系，排成键（乾）川（坤），根（艮）夺（兑）、赣（坎）罗（离）、辰（震）筭（巽），然后以键、根、赣、辰、川、夺、赣、罗、辰、筭为下卦，再以上卦的每一卦分别与下卦的八卦组合而形成六十四卦。这种排列方法与汉石经、通行本完全不同，因此，帛书本《周易》显然是比较原始，或者说是别一系统的传本。

　　这卷帛书用很有规律的汉隶抄成，其中虽偶或残存着篆书的结构，但其隶书的点、横、波、磔已相当成熟和规范，笔画之间的肥瘦相间，张敛避让，各得其宜，整幅看去，章法有序，隽秀规整，实在令人叹服。（《马王堆帛书艺术》）

5.1m 《老子》乙本

m. 《老子》乙本

《老子》乙本（图5.1m）用48厘米宽的整幅帛抄成，共31行，不分章节，但在"德经"末尾记有"德三千四十一"，在"道经"末尾记有"道二千四百廿六"，合计是5467字。乙本字体为汉隶，文中两个"邦"字改成了"国"字，可见是避刘邦讳的，但文中不避汉惠帝刘盈讳，由此可推断其抄写年代比甲本略晚，大约在公元前194年到公元前180年之间，即汉惠帝和吕后执政期间。

《老子》乙本的内容虽与《老子》甲本基本相同，但文字上多有歧异，尤其是抄写字体大异其趣，其字形略扁，笔道方劲，左波右磔，伸敛自如，横平雁尾，竖直尖收，隶法谨严。章法上则行距渐紧，字距拉开，整齐匀称，完全是一种已经基本成熟的汉隶书体风格。（《马王堆帛书艺术》）

n. 《黄帝书》

帛书《黄帝书》（图5.1n）或称《黄帝四经》，它是抄写在帛书《老子》乙本卷前的四篇有关黄老思想的古佚书，是久已失传的汉初黄老思想的重要文献。

这卷帛书的抄写比帛书《周易》更为讲究，其字的排布规矩、均匀，绝大部分的字呈正方或扁方形，笔画略向左敧，横画方入尖收或蚕头雁尾并用，左波右磔对比强烈，无论是用笔结体还是章法布局，都显示出很成熟的隶书意味。（《马王堆帛书艺术》）

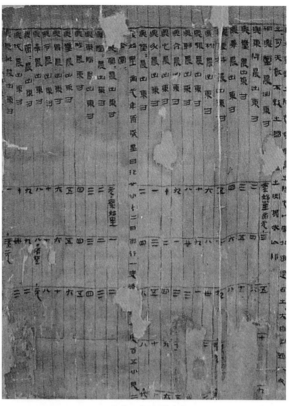

5.1o《五星占》

5.1n《黄帝书》

帛
书

o.《五星占》

　　这件帛书（图5.1o）的内容共9章，可划分为
"五星占"和"五星行度"两大部分，全书共145
行，约8000字，较详细地记载了秦始皇元年（公
元前246年）到汉文帝三年（公元前177年）七十
年间木星、土星、金星的位置和会合周期，是世界
上现存最早的天文学著作之一，也是秦汉之际流
行的星占古佚书之一。

　　这件帛书通篇用很规范的汉隶抄写在幅宽48
厘米的整幅帛上，其中有"孝惠元"、"高皇后元"
的明确记载，据此可知这件帛书的抄写年代不会
早于汉文帝初年。其书写风格主要以方整见长。在
布局上，行距较紧，字距较宽。其用笔则方折为主，
横平竖直，左波右磔，棱角分明，其中如"晨、东、
西、四"等字，反复出现，均呈扁平方正之态，可
见汉隶的结体、用笔、章法等基本格局，在此已大
致定型。（《马王堆帛书艺术》）

135

5.1p《太一将行图》　　　　　　　　左边题记部分

p.《太一将行图》

《太一将行图》是一件具有神秘色彩和艺术价值的帛画，这件帛画自问世以来，研究者们已给它取了好几个不同的名称，最早是称为"社神图"，后来改称为"神祇图"，近年来，又有考其为"辟兵图"和"太一避兵图"者，但从帛画的题记文字本身着眼，采用青铜器定名中常见的以铭文定器名的方法，直接从题记文字中取名，还是应定名为《"太一将行"图》较好(详见陈松长《马王堆汉墓帛画"神祇图"辨正》，载《江汉考古》1993年第1期)因此，这里径称其为《太一将行图》。

该图彩绘，虽有残破和互相因折叠浸染的印痕，但图像和题记文字（图5.1p）基本清楚。现存原物幅长43.5厘米、宽45厘米。图像正中上部彩绘一位主神，他头戴鹿角，双眼圆睁，巨口大开，舌头前吐，双手下垂，上身着红装，下着齐膝青色短裤，赤足，两腿分开，双膝外曲，作骑马欲行之势。他的右侧腋下单独墨书一个"社"字，而头部左侧则有题记两行：

"太一将行，何（荷）日，神从之，以……"

"以"字以下残，因不知到底缺几字，故且用省略号表示。由题记文字可知，这位主神就是楚汉人心目中极有权威的太一神。

"太一"神的左右两上侧残得比较厉害，但仍存有两个依稀可辨的图像和一些题记文字，其中右上侧是以墨线勾勒的云气和一个半边的侧面人像，该像的左边墨书题记文字四行：

"雨师光风雨雷，从者死，当[者有咎]，左弇其，右□□。"

"太一"神的左上侧则以朱色为主，绘有一些云气和一个正侧面的头像，它双目浑圆，怒视前方，它的右侧亦有题记，现仅存一个"雷"字，由这题记我们知道，这两个图像乃是雨师和雷公。

在"太一"神的两臂之下，左右两侧共排有神人四个，按照"东行为顺"的次序，右起第一个共戴青色三山冠，身着青色短袖衣，红色短裙，右手下垂，左手高举，似举一利器，但因帛画已残，已不知为何物了。他双目圆鼓，巨口大开，长舌前吐，髭须斜飘，脸色赤红，一幅神武而狰狞的面孔。右边有一行题记：

"武弟子，百刃毋敢起，独行莫[理]。"

右起第二位亦头戴三山冠，修眉大眼，张口伸舌，左手举一剑状物，右手下垂，身着红色短衣，下穿红墨相间的条纹短裙，赤足。其右侧亦有一行题记：

"我□百兵，毋童（动），□禁。"

右起第三位，即"太一"神左侧的第一位则头作侧面，头上有角状形冠，左手上扬，手掌作兽爪状，右手下垂，圆眼鸟喙，身着红装，上加半截墨色短袖衣，其左臂下侧墨书题记一行：

"我虎裘，弓矢毋敢来。"

最后一位则头顶中间下凹，两端异骨突起，上顶双重鹿角，黄脸上怪眼斜睨，双口圆张，两须分扬如剑戟，脖子细长，肩部耸一怪骨，双手侧握一殳，遗憾的是其题记文字已残。

在"太一"神的胯下，绘有一条头顶圆圈的黄身青龙，在这条黄首青龙的下边，左右还各绘一龙，其右边之龙朱首黄身，前持一红色瓶状物，龙头下题有"黄龙持炉"四字。而左边之龙则黄首青身，与黄龙成对峙状，前亦捧一青色瓶状物，龙首下亦题有"青龙奉容"四个字。所谓"炉"、"容"，乃是火器和水器的一种专称，"黄龙持炉"、"青龙奉容"也许正是龙主天下水旱的形象图示。

在帛画的右侧，还有一段总题记，都是太一出行时的祝语，文字不长，仅存44个字，但其中反复出现了"先行"、"径行毋顾"、"某今日且[行]"等语词，可见这幅帛画确是以"太一"出行为主旨的一幅作品，其性质也就是也就是祈求"太一"尊神能在墓主人死后，保佑其魂灵在冥冥世界中能免风雨、水旱之苦，能辟兵革、饥馑、疾疫之磨难。

全图的题记文字都是用古隶体书写，虽为题记，但其细腻周密的笔致和舒展的书风，具有很强的艺术性。（《马王堆汉墓文物》）

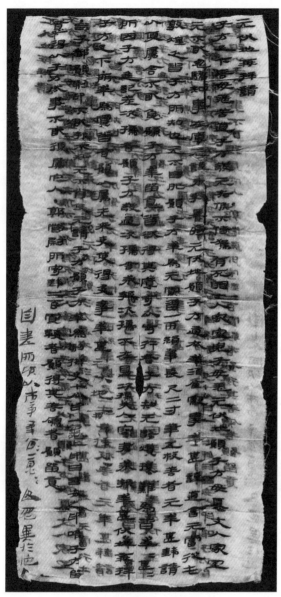

5.2a   5.2b

2. 悬泉置帛质书信

"悬泉置"约在甘肃省安西和敦煌之间，位于敦煌以东64公里，三危山支脉的火焰山山麓－北纬40度20分，东经95度20分－的地方。"置"在汉代与"亭"、"邮"的意思相近，相当于后世所说的驿站。

1987年开始，发现这里有大量的文化遗存，从1990年至1992年正式进行发掘，调查面积达22500平方公尺，发现了大量的汉代以至魏晋的文化遗存，其主要有1、坞院、2、小马棚、3、房屋以及附属建筑、4、灰坑。在灰坑的各层文化遗存中，出土了毛笔、砚、印章以及各种生活用品的碎片等共计60000件以上，最重要的是出土了汉代简牍35000余枚，其中有字的简就多达 23000 余枚。

最值得注意的是共有 10 件帛质书信的出土，它们大都是折好后，再揉成一团的状态出土的，展开来大约是长34.5厘米，宽10厘米，内容是首尾基本完整的书信，由于长期浸染的结果，可看见淡淡的反面字的印痕。

这封书信 (5.2a) 分十行书写，最后一行下部以章草写着"自书所愿……毋见异于他人"，可认为是本人的亲笔，但前面九行所写是比较成熟的八分体，这或许是当地的书佐代笔书写所致。

另一件 (图5.2b) 左边缺失，下边也有缺损，残存长 19 厘米，宽 5

5.3 张掖都尉启信

厘米。开头题写"建伏地请中公夫人足下"，可知这封信是一位名叫"建"的人给中公夫人的私人信件。信的书写是以古隶为基础，交叉使用章草，甚至强调波磔的字也有。由这种书风推断，这封书信的书写时间应该比上面例举的那封信要早一些。（《文物》2000 年 5 期）

3. 张掖都尉启信

1973 年出土于甘肃省居延肩水金关遗址。长 21 厘米，宽 16 厘米，在红色的织布上墨书文字 6 个，即"张掖都尉启信"（图5.3）。

所谓"启信"，既是《说文解字》"綮"字下的解说"一曰徽帜信也"那种东西，这名称还见于《后汉书》窦武传等史书，另外也称为幡信。根据《古今注》所说，这是标识官名以为信用的对象，具体用途是作为一种通行证，大概是像小旗那样用手举着走的信物。

书体方面，《说文》叙中有所谓新"六书"中的"鸟虫书"是"所以书幡信"的东西，但这里的书写基本没有鸟虫书的意思，而是比较规矩的篆书，观其舒展而流畅线条，最多可以看作是新"六书"中的"署书"而已。（《武威汉简》）

<table>
</table>

5.4a 武威出土柩铭   5.4b

4．武威出土柩铭

1959 年出土于甘肃省武威县磨嘴子汉墓，共有三种：

其一（长 230 厘米，宽 37 厘米，是一块覆盖于棺上的深褐色织布，墨书"姑臧渠门里张□□之匡（柩）"十字，每字约大 15 厘米。

其二（图 5.4a）长 115 厘米，宽 38 厘米，淡黄色麻布，这也是摊放在棺上的东西，上部左右各画有一个直径约 15 厘米的圆形，左边圆内用黑色画一乌，右边画一朱龙。用篆书书写"平陵敬事里张伯□之柩"等文字。

其三（图 5.4b）长 206 厘米，宽 45 厘米，质地为红色麻布，亦用篆书题写"姑臧西乡□□里壹子□之[柩]"。

三件柩铭均因书手不同而有书风上的差异，但大体上都是用篆书题写的"署书"体。（《武威汉简》）

6.1 西汉残纸

6.2 魏晋残纸

六、纸文书

1. 西汉残纸

在1990年到1992年的甘肃悬泉置遗址的发掘中，出土了有文字的麻纸10张，其中二张曾经在日本展出过。图经实际观察，质地紧密且平滑，是一块尺寸3.5×7厘米的碎片，文字解读为"□持书来□□□致啬夫□"，（图6.1）其书写字体在隶书和章草之间，时代被认为在西汉晚期。因所存的几个字类似于书信的用语，可知这是用于书写目的而用纸的第一例。（《文物》2000年5期）

2. 魏晋残纸

这片残纸（图6.2）也出土于甘肃悬泉置遗址之中，尺寸约7.4×14厘米，最后一行残存"恐惶恐白"四字，这是书信所常用的惯用语，可见这也是一件书信的残片，其书写字体显示出楷书的意味很足，从书风推断，应该是魏晋时代的作品。（《文物》2000年5期）

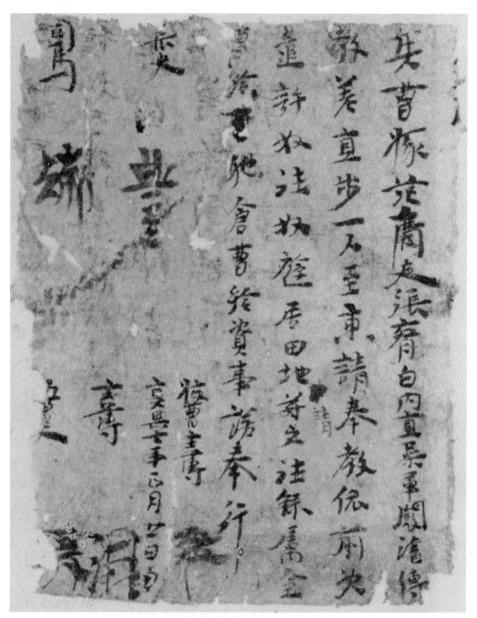

6.3兵曹差直许奴文书

3．兵曹差直步许奴文书　夏·真兴七年（425）

　　1979年出土于新疆吐鲁番阿斯塔那382号墓中，一共出土了8件古文书，都是原称为"绢面纸鞋"的一部分，那是用绢缝制的鞋子，内侧作为内里粘贴着各种剪成鞋状的古文书。8件文书中，有四件是两面墨书，内容关涉到狱讼、水利、税收、官制等等，有纪年的文书有6件，时间在夏的真兴六年（公元424年）至北凉的缘禾十年（公元441年）之间。这件纸本（图6.3）宽20厘米，高25厘米，内容是由郡主发给"直步"（兵士的等级名称）许奴的命令书。

　　书体为行楷，其点、撇的笔画已使用得很熟练，捺笔不带拖尾，多用长点代替，这也正是用当时当地所通用书体的特征之一。（《文物》1983年1期）

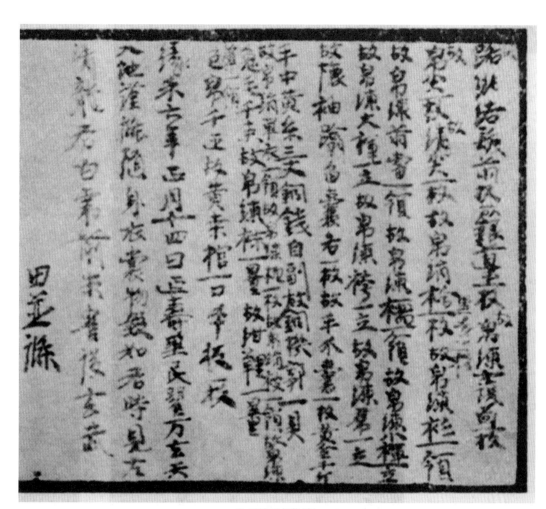

6.4 翟万衣物疏

4．翟万衣物疏　北凉·缘禾六年（436）

　　1963年出土于新疆阿斯塔那二号墓，原纸高40厘米，宽35.5厘米。所记大都以衣装为主，都应是送给墓主的下葬衣物，但在第五行末尾有"黄金千金"四个字，其数量太大，据此可知他们都可能不是实际数目，可能都仅仅是个名目而已。还有，此疏援引四神"时见"（作证人之意），也暗示了这件衣物疏仅仅是致阴间的一件文书而已。

　　这件纸书（图6.4）的书体为行楷，它反映了西晋以来民间通行实用书体与书风的真实情况。（《文物》1973年10期）

纸
文
书

143

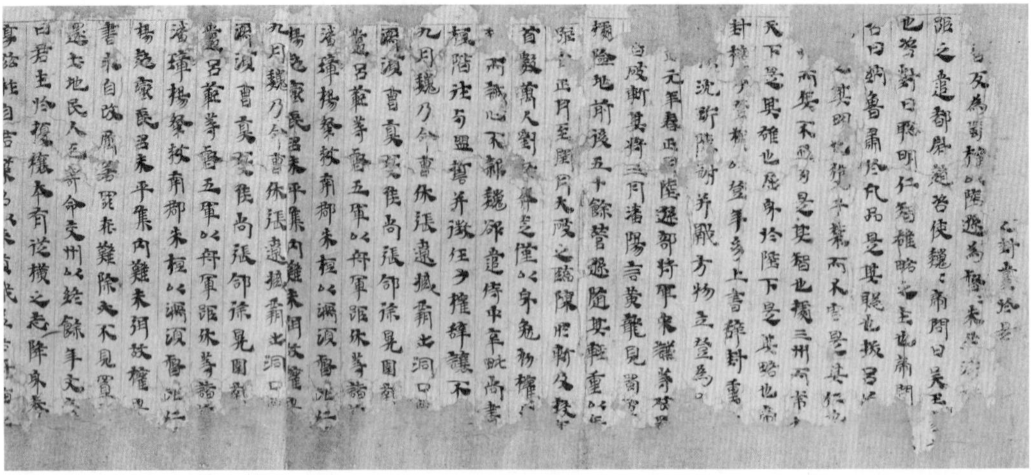

6.5a 三国志

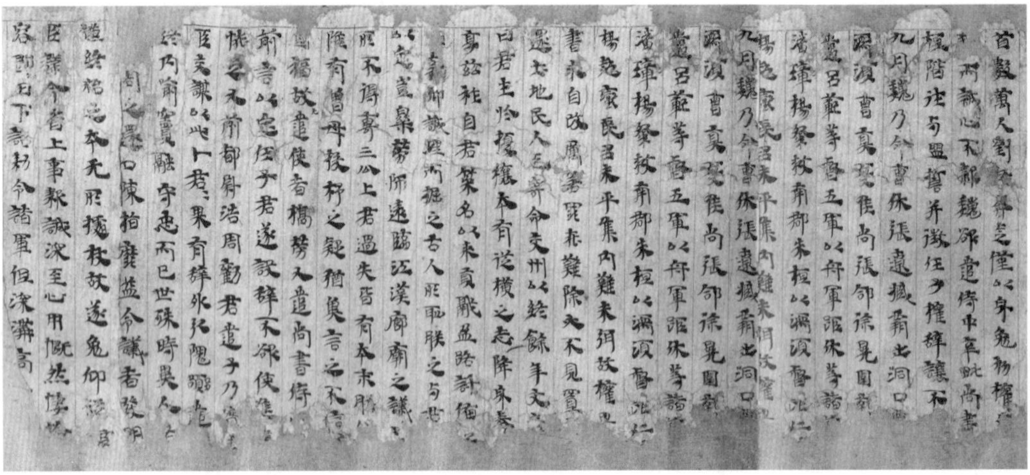

6.5b 三国志

5. 《三国志・吴书・孙权传》残卷

这是在1965年,从新疆吐鲁番的英沙古城古代佛塔遗址中发现的装在陶瓮中的古写经文书类的一种(图6.5)。发现时已经残损,高23厘米,长72.6厘米,存40行,全文570余字,相当于孙权传的建安二十五年（公元220年）的后半段与黄武元年（公元222年）的前三分之二的部分。

书体是行书。但是,这种行书与泰始九年简的行书体不同。这是在抄写经文或书籍时使用的更为严肃规整的样式,其特征是起笔处下笔很轻,收笔较重,长横画取覆势,另一个明显的特点是肥厚而重。另外值得一提的是,一九二四年在鄯善县还出土过一件写本,内容是《吴书・虞翻传》,存残卷80行,1900余字,现藏日本。(《文物》1972年8期)

7.1b

7.1a

七．碑铭刻石

1．秦瓦文

1979至1980年，在陕西省临潼县秦始皇帝陵西侧的赵背户村，发掘了100余座秦墓。这些墓除了墓主据推测为小孩者之外，一般是在长110至176厘米，宽50至76厘米的土坑中无棺裸埋，随葬品也几乎没有。但是，出土了刻有文字的板瓦残片共18件。

这些瓦文都是"兰陵居赀,便里, 不更, 牙"（图7.1a）、"东武东间居, 不更,"（图7.1b）、"□民居, 公士富"之类，仅仅记有死者的籍贯与姓名。全部18件共有文字112字，按其内容，可分为下列四类：一，记地名、人名者6件。二，记地名、爵名、人名者2件。三，记地名、刑名、人名者1件。四，记地名、刑名、爵名、人名者8件。其中半数是"居"。"居"即秦法律中的"居赎债"，是指在不能纳税的情况下，作为代偿而服劳役。由《史记》等记载来看，秦时为了营造始皇帝寿陵，从全国范围内动用了70余万人参加工作，这些秦墓，也许就是当时被强迫参加的劳动者的墓葬的一部份。在内容上，可以作为后世墓志的祖形来看待，也是值得注意的史科。

虽然书体看起来似乎可以算是小篆但显得很稚拙。因为大约是用金属钉一类的东西在烧成以后的坚固材质上刻划而成的字，所以点画细而尖锐，而且显得很硬。在18件瓦文中，可以区别出二、三种书风，其中有些字与云梦秦简有相通之处，由此可以见到与秦代简牍书法异趣的当时通行书体之一斑。（《文物》1982年3期）

7.2b "刘注"银印

7.2c 铜方牌

龟山二号墓博物馆

7.2a 龟山（刘注）陵塞石刻字

2．龟山（刘注）陵塞石题记　汉·元朔元年（前128）

在江苏省徐州市西北约7公里的弧山村。那里因海拔73.5米的石头山呈乌龟形状，故被叫做"龟山（或小龟山）"。有1982年的发掘报告（《考古学报》85-1）。1985年又再发掘调查，1992年结束。

在1985年的发掘中，从该墓墓室内发现一枚通高1.7厘米，印面2.1见方的龟纽银印，印文是白文"刘注"二字，经考证，这是墓主的名印，他就是汉初楚国的第六代襄王·刘注（前175—前128）。

该墓是和夫人的合葬墓。墓圹是竖穴式，向下按挖深7米，长15米。从那里向东有约50米的甬道。墓主和夫人的甬道是各走各的，且南北离15米，甬道深处的构造复杂，有十数室的墓室和耳室，而南北的主室在后方连在一起。盗挖者在早期打坏北方的甬道进入，陪葬品

d

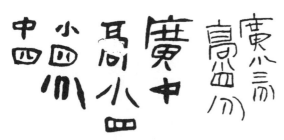

e 朱书模本

f 朱绘模本

只存陶俑以及残破的数十件而已。

南侧，也就是墓主刘注的甬道，有长 165—248（大多是 230）厘米、宽 100、高 90 厘米，重达 617 顿的加工过的巨石，进入直到深度 30 米处，迭成上下两段，合计 26 石，好好地堵塞着，即所谓的"塞石"。

南侧甬道入口塞石上的题记（图 7.2a），右端写着"第百上右"，相距约二行的位置又刻写有九行文字。各行的字数不一，共计 44 个字。其内容为"不布瓦鼎、盛器。今群臣已葬去服，毋令有金玉器"等，可见是记述其先王夷王刘郢的"薄葬遗训"。其文字布局不但各行字数不一，而且字的大小也不相同，可能是没有草稿，书丹后直接刻上去的，因此显得草率而零乱，究其字体，则是以篆书的结构为主，兼有隶书的笔道，与马王堆帛书中的篆隶体书风有相似之处。（《考古》1997 年 2 期）

7.3 塞石刻字原件

7.3b

7.3a

7.3c

3. 梁国保安山二号墓塞石刻字 (前118)

从 1992 至 1994 年，在河南省永城县芒砀山的南北 72、东西 60 公里，总面积约 1950 平方公里的梁国陵园进行了挖掘调查。所谓梁国乃是汉高祖五年(前 202 年的封国，之后到平帝元始五年（5 年），被王莽篡夺时止，保持 200 多年的命脉。

这个陵园，分成保安山陵区、僖山陵区、夫子山陵区，而各有寝园和墓葬。其中最大型的是孝王刘武的保安山二号墓。

这座墓葬，一般认为是从景帝中元四年到武帝的元符五年(前 144—前 118 年)之间的某段时期营造的。

7.3d 陶器刻字

广：	广	广	广	广	广
厚：	厚	厚	厚	厚	
袤：	食	食	食	食	
寸：	寸	寸	寸	才	
旁：	旁	旁	旁		

7.3f 异体字

7.3g

7.3h

7.3e 朱书摹本

墓圹是将保安山北侧的岩盘凿挖，东西210.5、南北最宽处有72.6，最深处有17米，是总面积1600平方米的巨大空间，布置墓道、甬道、前庭、主室、回廊、隧道，并附设三四间墓室的地下宫殿。可是至少遭遇过4次的盗挖，有价值的陪葬品几乎已经不存在。地下建筑群中，墓道、甬道、前室、耳室的入口，都用石材堆积起来堵塞着。这是为了防备盗挖的所谓"封门石"，又叫"塞石"。

塞石上或刻字或朱书（图7.3），可能都是石工或监工书写刻划上去的，因此都比较随意。因为是数人书写，书风也各不相同，结体也有差异，从书法艺术来品评，都比较缺乏艺术技巧，整体上显得浑朴雄强而已。（《永城西汉梁国王陵与寝园》）

7.4 九龙山封门塞石刻字

7.5a 金乡残出土残石（前石）

4．九龙山封门塞石刻字 （西汉中晚期）

1970年出土于山东省曲阜县九龙山，现藏曲阜碑林。原石是用以填塞在山腰上开凿的崖墓（横穴式）墓道入口的巨石。被发现的5座墓中的三号墓，全长72米，最大宽度21.3米，最高处18.4米，封门石共19块，每一层用四、五块共四层堆积起来封住墓道，其中17块有刻字。这块（图7.4）是其中之一，长120厘米，宽93厘米，厚50厘米，另一面刻有"二尺"二字，现在陈列于曲阜孔庙的东廊下。其它石上还刻有"得于文"、"胡纪国"等人名及"二尺九寸"、"二尺九寸半"等尺寸记录，尚未发表。

书体是以篆书为基调，但又夹杂有隶体的写法，笔道雄强而刚劲。

此外，根据三号墓中出土有银缕玉衣残片及"王未央"、"□王"的印章等情况分析，此墓可能是封于此地的鲁王一族中哪一位的墓葬。（《文物》1972年5期）

5．金乡县出土残石 （西汉末年）

这块残石曾断裂为两块，一块（图7.5a、b）是在1980年济宁地区的文物普查时，村民在采石中发现的，其大小为35.5 × 41、厚23厘米。

另一块残石是1990年再次进行文物普查时征集入藏的，最长部分为37 × 50厘米、厚10厘米。这一块的厚度只有开头那一块的一半，可能是因为太重搬运不方便，特将北面削掉的结果所致的。

这两块残石本是一块的理由是一个叫郭俊庸的村民，在这块原石出土时，把全文抄写下来的抄写本还存在为依据。郭氏当时看到的应该还是完整的，但当他与发现者的石工洽商收

150

7.5b（后段石）

购事宜，谈妥后开车去取货时，该石已遭破坏变成断石了。

这块刻石应是墓门上的楣石，其原文的全文应是 27 行，每行 4-6 个字，共有 135 字。现在残存的这两块残石应是该石的开头和结尾两部分，第一块残石是开头部分的六行，第二块是后段部分的八行，两块残石共有 59 字，另外有半字 10 多个。

可是，最初发表（《书法》88—5）的宫衍兴氏认为全文的主要含意为诅咒盗挖人的，故命名为"禳盗刻石"。因开头写"盗掘冢丘或带来不祥之辈，将绝后嗣"。又，在后段的残石第五行以下写"身体发肤，父母所生，慎勿毁损。天利之分"，郭氏所写的末句以"天居高视下，莫不谨者"结束，因而以为与其说只针对盗挖者，不如说是道家之流的所谓"镇墓文"。

这块残石没有纪年。又经 1990 年的再调查，似乎也没有得到能比定时代的陪葬品。我们只有借助相同风格的刻石来确定它的大致年代。

这块残石阴刻外框，再刻各行间的格栏。和这块形状同样的石刻，另有《居摄坟坛刻石》（7 年）、《莱子侯刻石》（17 年），都是在山东省出土的。前者是为祭祀孔子之灵的，所以使用庄严的标准体，即小篆。但后者则是依据当时的通行体古隶刻书的。与此残石有相同之处。从文字的构形来看，残石开头的"丘"、"绝"，后段的"利"、"思"、"率"、"众"、"为"、"之"、"身"等字，都是略带篆书意味的文字构形，古朴而少修饰。故其时代当在《莱子侯刻石》之前，也先于同样在山东出土的《麃孝禹刻石》（前 26 年）。（《考古》1995 年 5 期）

7.6a　连岛苏马湾界域刻石

7.6b 刻石现状

6. 连岛苏马湾界域刻石　新莽·始建国四年(12)

　　1999年春天，在江苏省连云港市港湾东北六七公里处的连岛内，一个叫苏马湾的地方，在开发海水浴场的娱乐设施时，发现这块刻石。它在涨潮时位于离海约10米的地方。巨岩留存状态非常好，刻面为85×215厘米。

　　刻文（图7.6）有一二行，每行5字，其内容是"东海郡朐兴琅琊郡柜为界。因诸山以下南属朐，水以北属柜。西直况其柜兴朐分高□陌(□桓、□伯)为界。东各承无极。始建国四年四月朔乙卯，以使者徐州牧治所书造。"共60个字。

　　这件刻石的书风是比较方正的古隶，字有大小，小字8×10、大字17×24厘米。线条细长而流畅，文字构型特别，其腹部广阔而宽绰，有跟《开通褒斜道刻石》相通的书风。在为数不多的新莽时期的刻石中，这种大字的古隶，是极为贵重的遗例。(《文物》2001年8期)

7.7c〈南阁室门楣题记〉

7.7a〈大门石柱题〉　　7.7b〈中大门题记〉　　　　　　　　7.7d

碑铭刻石

7. 郁平大尹冯君孺久墓题记　新莽·始建国天凤五年（18）

　　1978年出土于河南省唐河县，现拆迁于南阳市博物馆内空地上复原。此墓为砖石并用的画像石墓。在石材上，除刻有基于道家思想的画像之外，还刻有题记。这些题记，在数量很少的前汉石刻中，无论从其字数之多还是其有明确纪年的铭刻等等上看，都显得极为重要。墓穴由大门、前室、两个耳室、中大门、中室、两个主室、三个阁室共计11个单位组成，刻有题记的部位共9处，全文字数84字。

　　题记中出现于5个地方的"郁平大尹冯君孺久"是指郁平郡太守冯孺久。题记中最重要的是"始建国天凤五年（公元18年）十月十柰（七）日"（图7.7a），这被认为是墓葬的确切年代。其文末尾的"千岁不发"是表示希望墓葬不被挖掘开，属于一种吉祥语。此外，所刻的部位，相当于地上建筑物悬挂匾额的位置，这种书体也暗示了它的特殊地位。

　　书体以篆书为基调，但也杂有古隶体的写法，甚至一字之中篆隶混用，还带有装饰的笔法，例如郁、君、孺、门、始、葬、岁、发、臧等字，这是至此为止还未见先例的结体。

　　总之，这些文字的样式，是一种混乱的缪篆体，而且还有一种很强烈的异样感觉。这些样式，应是《说文解字》叙中所谓"秦书八体"中的"署书"，署书体是"题署之用"的书体，这里的刻辞是其遗例。（《考古学报》1980年2期）

153

7.8 姚孝经贾地券

8. 姚孝经买地券　东汉·永平十六年（73）

这是 1990 年，在河南省偃师县城关镇北村出土的。墓室为十字形，从墓门到后室，长 555 厘米，前室的宽有 754 厘米。其东侧的南北放有二棺，西侧的北边放有一棺。陪葬品除了已经完全腐朽了的漆器类物品之外，只有陶制品 44 件，五铢钱币 1 枚，以及这块买地券。

这块买地券是现在所知最早的具有墓表性质的买地券之一，它平放在前室东侧靠南的木棺前面。是砖头做的，尺寸是 40 × 40 厘米，厚 5 厘米。内容是："永平十六年四月廿二日，姚孝经买桥伟冢地，约亩出，他有名者，以卷（券）书从事。中弟□周文切"（图 7.8）。重点在说明姚孝经买那块墓地的时间、地点和大小等内容。

从字体那瘦硬的线条来看，文字应该是刻在烧好的干砖块上的。另外，从前三行和后三行之文字的大小以及结构上的差异看来，好像是没有用朱墨书丹而直接刻上去的。

附带提一下，只有第 4 行的第 2 个字"有"，不知何故，笔画较粗，很有抑扬，好像是书写人（或是刻字的人）也有善写八分样式的功力。这个我们也可以从第四行第五个字"以"的最后一画是以"双钩刻"来结束，强调它的波磔这一点看出来。不管怎么说，虽是一件草率的作品，笔迹的风格却很明快、流畅。（《考古》1992 年 3 期）

7.9a 张文思画像石

7.9c 局部

9. 张文思画像石题记　　东汉·建初八年（83）

　　1957 年出土于山东省肥城县。原石宽 70 厘米，高 152 厘米，画像分为三部份，上层为车骑狩猎图，中层为乐舞与升仙图，下层为拜谒图，题记（图 7.9b）在下层画面中右阙的阙身上，内容大略记载了张文思为亡父建造画像石墓的事。

　　书体为八分书，其风格为前汉晚期以来典型的八分书的传统，相同的书法在木简上也可以见到。还有，其波磔部份以双钩刻成，用以强调波势，作法引人注目，全部题记虽仅仅 26 个字，但却是了解书法传统的重要史料。（《文物参考资料》1958 年 4 期）

7.9b 题记

7.10b

7.10a 铜山东沿画像石题记

10. 铜山东沿画像石题记　东汉·元和三年(86)

　　1986年，在江苏省徐州市铜山东沿村，发现一座画像石墓，该墓曾被盗挖过，出土物仅有石灰岩制的画像石两件和砂岩制画像石八件而已。这十块画像石中，除了一石，其它的连侧面也雕刻有画像，但此例并不多。石灰岩制的画像石中有的加刻了"主簿"、"乐老君"等题榜文字。

　　在砂岩制的一石中，有4行22个字的题记（图7.10），可是因缺损字多，文章无法句读。另外的砂岩石的尺寸是69×71，厚20厘米，在其平面的一边有画像，题记的部位是50×20厘米，刻着"元和三年二月七日，三十示大子侯、世子豪、行三年如礼。治冢石室、直□万五千"，意谓：墓主的后嗣侯、豪服完三年丧期后营造陵墓。这件题记的文字刻得很深，也许是未经书丹而直接刻写的缘故，因此在书风上显得是很草率的隶书。（《文物》1990年9期）

7.11a 辽东太守书像题记　　　　　　　　　　7.11b

11. 辽东太守画像题记　东汉·永元二年 (90)

这是1983年在陕西省绥德县黄家塔挖掘一二座汉墓时，从其中六号墓、七号墓出土的画像石题记 (图7.11)。它们相当于前室西耳室的楣石(门上的梁)的两端，可是没有大小尺寸的报告，也没有墓葬的设计或随葬器物的有关报道。在楣石的左部，阳刻"永元二年大岁在作造"等字，报告书解释"大"是"天"、"作"为"位"，不太可信。其左边的小框内还阳刻着"北□□子孙□作"等小字，楣石的右边部位，阳刻着"辽东太守左官"六个字。

在墓道的土堆中还发现有一石，因其状态太差，没有照片资料发表，但仍可辨识出有阴刻的"辽东太守右府"等文字。"左官"和"右府"可以说是对句，又分别为阴阳雕刻，可以推想都应前室东耳室的楣石。

至于这些楣石题记文字的书体，报告书说"简略的鸟虫篆"。诚然，如"永元"的"永"字之第四、五画，的确有鸟虫书的点画特征。但它可能并不是所谓"鸟虫篆"而应是所谓"署书"体的一种变体，即是以隶书为底，而强调装饰性的一种特殊书体样式。(《陕北汉代书像石》)

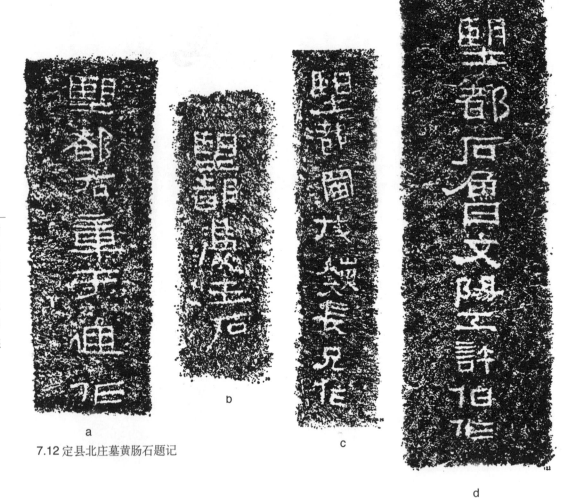

a

b

c

d

7.12 定县北庄墓黄肠石题记

12. 定县北庄墓黄肠石题记　*东汉·永元四年（92）*

　　1959年，在河北省定县发掘了一座规模宏伟的石椁墓，其墓室长宽均达20米，高8.4米。据考证，墓主为中山王刘焉，墓葬年代为永元四年（公元92年）。此墓曾遭盗掘，出土的陶、铜、玉器共345件。其中的文字资料，有刻有39字隶书铭文的"建武卅二年"弩机、扇形砖上的篆文戳记与朱书，再加上5169片玉匣片中有一片上的隶书墨书"承诺名承"四字。但是，除这些之外，数量很多的建造石椁的石材上，却刻有不少题记。这些建造墓椁所用的石材每石长宽大约都是1米，厚25厘米，共用了约四千块左右，其中刻有题字的174块。所有的题字都没有纪年，字形的大小根据石材大小略有不同，字数从二个字到十数字的短文不等，内容大都是工人的姓名及其籍贯里居。

　　书体如（图7.12）那样的所谓古隶占了大部份，但书风却是多种多样的。其中有的八分体波磔部份以双钩法刻成（图），但总地说来，这些书法都具有大方的运笔与自由阔达的气象。（《文物》1964年11期）

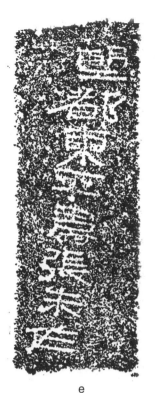

e   d   g

定县北庄墓出土弩机

墓弩机铭文

13．乐君画像石题记　东汉·永元五年(94)

该石是1974年，在绥德县四十铺征收的，至于出土情形等均不详。原石为 121 × 17 厘米，题记（图7.13）部分有 111 × 8.5 厘米。从其大小尺寸和形制推测，该是应该是墓门或者过洞的石柱！

这些字的字体，虽将"徐无令乐君"写得有点像篆书，其实基本为隶书，只是略加装饰而已。附带说一下，这是只有绥德和近邻米脂地方的画像石题记才有的一种特殊的书体，在其它地方还看不到这种用艺术字书写的阳刻样式。（《陕北汉代画像石》）

7.13 乐君画像石题记　　　　　7.14a 杨孟元画像石　　　　　7.14b 杨孟元
画像石题记

14．杨孟元画像石题记　东汉·永元八年（96）

1982年出土于陕西省绥德县。有题记的原石在墓穴的前后室之间的过洞中央石柱上，高136厘米、宽18厘米，题记刻于石柱正中，一行，共27字。每字大小约4到7厘米，属于比较大的字（图7.14b）。此外，墓室西门的坎（穴）左角上有阴刻"阳遂"二字，但刻得比较粗糙。

书体是八分书，波势被抑制，虽说多少有点程序化，但还是有畅达的趣味。（《文物》1983年5期）

7.15a 任城王陵黄肠石题字

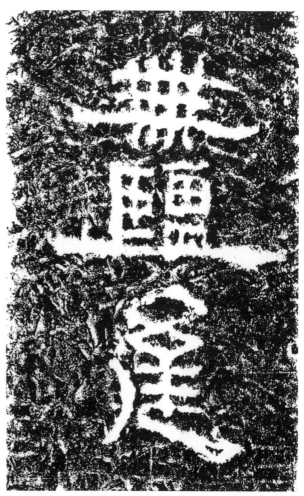

7.15b

15. 任城王陵黄肠石题记 *东汉·永元十三年*（101）

1992年，在山东省济宁市北郊约3公里的萧王村的某家医院的用地内，调查一座汉墓。这一带有早期的坟丘9座，但至1977年变成4座。到了1990年那4座遭了大规模的盗挖破坏，因此才开始调查。

其中的一号墓，在早期就遭盗挖，因此陪葬的玉、铜、石、漆制品等200多件，几乎都成碎片了。可是有"银缕玉衣"片杂在里面。墓葬的墓道剩余长度有21米，甬道的深度有6.5，前室为10.93，后室为5×5.7米。又，西耳室为4.8×2.9，东耳室为2.95×2.4米，只是室内面积就约700平方米，可见其墓葬规模之大。

作为前、后室的挡土墙的所谓"黄肠石"高约有8米，壁面长490.9米。此外在顶棚、封门、棺床等也都用石材，这些石块中的800多块有刻字（图7.15）。这些黄肠石大多是长约1米，而刻字从一个字到十多个字没有一定。但总字数约4000个字。又在刻书里面填朱的也不少。朱书的也有。

7.15e

7.15c   7.15d   7.15f

　　从陪葬品的特征看来，这也跟有刻字的黄肠石出土很多的河北省定县北庄汉墓约在同一时期营造的。该墓的被葬者，认为是后汉第一代的光武帝之孙，封为任城国的考王刘尚（在位84—101年）。

　　刻石虽800余种，但都是刻着采石地、捐纳者的地名、人名、石工名，及在墓内排放的部位或数字等。地名有25个地方，主要的有梁、鲁、蕃、东平、富城、无盐、须昌、驺祭、睢阳、宁陵、金乡、任城等。至于石工等的人名（图7.15）也有一百多。

　　这些文字，是由数人书写的。故字体风格各异，书体遍及八分、古隶等，有的竟以"双钩刻"强调波磔的字。由石工或监工者写的，大半是当时的通行体，是很用心书写的。

　　书风多古拙、疏放，但也有谨严的。总而言之，具有明朗开达的气象。

　　附带说一下：在石工名当中有"鲁柏仲"的。在前述的北庄汉墓黄肠石中，也有这个名字的刻石，由此推测在北庄墓营造的工匠，似乎也从事任城王陵的营造工程，这是很有趣的情况。(《汉任城王陵》)

7.16 王圣序画像石题记

16. 王圣序画像石题记　东汉·永元十六年（104）

　　1984年，在绥德县黄家塔，挖掘调查12座的汉墓时，从六号墓出土了这件画像石。同时出土的还有两面印的牙章。这件原石应墓内是过洞的石柱。尺寸大小虽在报告中没有介绍，其高大概是120厘米左右。

　　这件题记（图7.16）文字的书体，是以隶书为基础，但体态故意构成扁平，和"乐君画像石题记"文字相比，是另有一种风味的装饰书法。(《考古与文物》1988年5·6合订本)

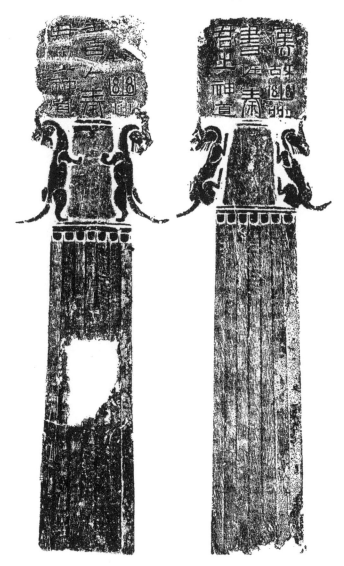

7.17a 幽州书佐秦君神道石柱

17. 幽州书佐秦君神道石柱　东汉·元兴元年（105）

　　这是在1964年，北京市西郊上庄村开采石头时发现的石柱、石柱础、石阙等17件中的一部分石柱。

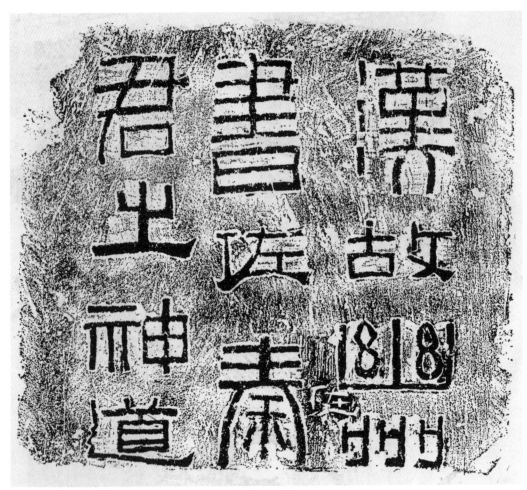

7.17b 幽州书佐秦君神道石柱 001

　　石柱有5件，其中两件圆柱，高225厘米，上端周长一为108厘米，一为111厘米，其上部有一平面的额题，宽48厘米，高43厘米，刻隶书3行11字（图7.17b），额的左右均有虎形浮雕。其中有一件已被磨损5字，两刻均为隶书阳文，书体有伊秉绶隶书的趣味。

　　其余3件方形石柱的雕刻却有各种大的不同处。其中一石刻武士、朱雀、苍龙等等画像。另一石正面刻4字、侧面刻3字，但均已漫漶不可读。第三石（图7.17c、d）长188厘米、宽40厘米，厚23厘米。正面刻隶书一行24字，记建造年月及石工姓名。侧面上部竖书一行"鸟还哺母"四字，其下部约五分之三的范围内刻字七行，每行字数不定，共142字。最后一行逸出界下八字之多，估计当时是在毫无计划的情况下就开始书丹的。

　　书体是古隶。因为磨损得厉害，很难看清楚，只是因其字体大小不同而使人感到一种飘逸味，但其书格却说不上高。由于这一地区汉碑出土很少，所以，在了解书风的传播方面这也是值得注意的史料。（《文物》1964年11期）

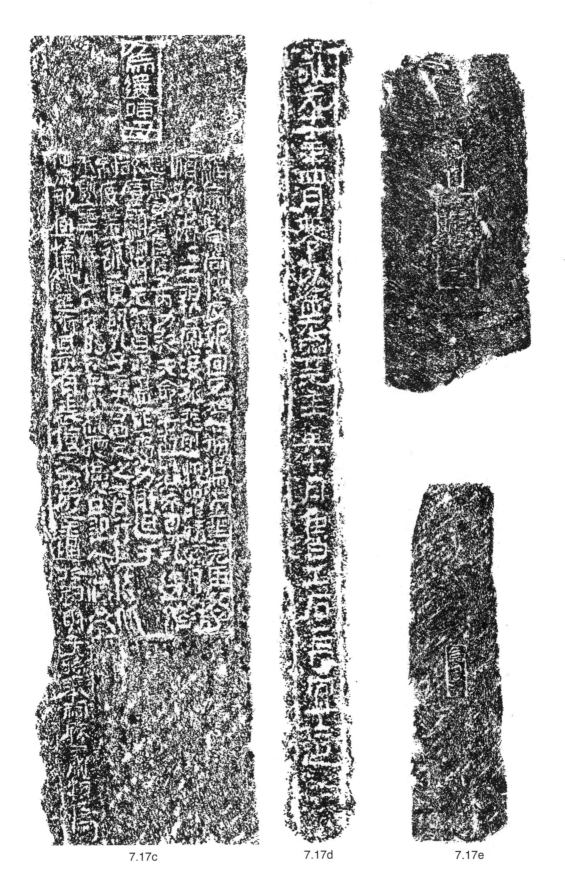

碑铭刻石

7.17c　　　　　　　7.17d　　　　　　　7.17e

165

7.18 延平元年刻石

18. 延平元年刻石　东汉·延平元年（106）

　　1993 年在江苏省徐州市附近出土，现藏在徐州画像石博物馆。

　　原石为 60×105 厘米。文字在该石的近中央处浅刻着"七/上卿"，在其右边刻着"延平元年二月一日□□事/任掾书时有六十八高/最小故作此书自疏"、左边刻着"延平元年二月更旦/日□瓦都卩可作/任仲高书/最第一"。（图7.18）可能是有关掾一级地方属官"任仲高"的作品，但其用途和文意都不明了。

　　这件书法，没把字的大小弄整齐。例如第一行的"平"字是 4×4、第三行的"书"字是 14×8 厘米。大概是由熟练八分样式的人，草率书写雕刻而成。（《书法丛刊》1998 年 3 期）

19. 田文成画像石题记　东汉·延平元年（106）

　　1980 年在绥德县四十上铺出土。原石为 134×15 厘米，据说是过洞的石柱。题记（图 7.19）的部位为 107×7 厘米。《陕西汉代画像石》一书中没有解读文末的一个字。但这个字是"葬"的别字，在《任元升墓门题记》见西林昭一著《书法的文化史(上)》163 页），或在北魏的墓志上往往可以看到。

　　这件书体，"西河太守"为篆体，以下为隶体。后面的"延平元年十月十七日"的点画较细，且写成八分样式，似乎没有一贯性，但换个角度看，则富有变化的趣味。（《陕西汉代画像石》）

7.19 田文成画像石题记

20．茅村蔡邱画像石题记

东汉

1997 年发现于徐州市铜山县茅村乡蔡邱村，具体发现经过没有介绍。该石（图7.20）是上半部缺损的碎石。拓本最长部位49×13厘米。由它例推测，这可能是甬道柱石的一部分。在门吏的上边刻入"宰殒夜下大堂因/□/作石室碏用世/□/律令"。内容应该是说明营造画像石墓的经过，但在文末有在汉代以后买地券中可看到的"□如律令"字样，又有点像汉代常见的镇墓文的体例。从书法上看，所刻文字的线条纤细，显得比较率意，但最后那个"令"字的最后一笔向下拉得很长，这又是汉代简牍文书中常见的笔法之一。（《书法丛刊》1998 年 3 期）

21．王孝渊碑题记 东汉·永建三年（128）

1966 年，在四川省郫县发掘了5座砖室墓，从其中一座墓中，出土了此碑与后面将要讲到的犀浦簿书残碑。但是这些墓葬的年代，被考证为三国蜀至西晋时代（参见张勋燎、刘盘石《四川郫县东汉残碑的性质与年代》《文物》1980 年 4 期），因此，此

7.20茅村蔡邱画像石题记

7.21a 王孝渊题记

7.21b 局部

碑是被转运来作为建造墓室的筑壁石材使用的。

碑石高 255 厘米、上部宽 91 厘米，下部宽 96 厘米，厚 23 厘米，正面、背面及两侧均施以雕刻（图 7.21）。下面上半部刻朱雀、男女立像、女人跪坐像，下半刻碑文。背面上半刻伏羲、女娲、蟾蜍各一，下部刻朱雀、玄武、牛首、鹿、圭、璧、璜各一，两侧分别刻龙虎各一。画像的刻法为减地浅浮雕。

正面下剖刻碑文 13 行，每行字数不定。因为磨损的地方很多，字数不明内容也弄不清楚。但第一行开头有"永初二年（公元 108 年）七月四日丁巳，故县功曹郡掾□王孝渊卒"等字（图），可以明白墓主王孝渊死亡年代，还有最后一行"永建三年六月始旬丁未，造成此石碑，羊（祥）吉万岁，子孙自贵。工人张伯严□"（图），这是此碑建立的年代。据此我们知道，在墓主死去二十年后，此碑才建立。

书体属于古隶，是波势抑制的书风，与稍晚一些的校官碑（公元 181 年）的意趣有一脉相通之处。

另外，此碑值得注意的地方有以下两点，首先是碑文中出现了"石碑"这个词，其次是记碑工的姓名，这两点与在碑文四周刻有画像这种刻碑制度，都是现在所能知道的最古的遗例。（《文物》74 年 4 期）

22. 四川崖墓题记

东汉·阳嘉二年
(133)

四川省内，有个在其它省份不能看到的，独特的墓葬形式，叫崖墓。这种墓葬是在山腹的绝壁凿横穴，在其内部造墓室，安置棺椁并纳入陪葬品。当然，这类崖墓也有大小之差别，内部的构造也没有同样的，题记通常在墓的入口处，在墓室的入口或室内壁面上，刻墓主的名字或造墓的年月等。

7.22a 四川崖墓题记

7.22b

7.22c

以 1990 年发现的乐山市西南五公里处的大田村泥沟嘴之崖墓（《文物》1993 年 1 期）为例，其概略如下。

墓门在 1950 年代修复国道时被毁，现在只留下长 22.16 厘米。有前室、甬道、主室、以及主室东西的耳室各一、棺室各一。棺室里面放置画像石棺。遭过盗挖，陪葬品只剩东耳室的石俑、动物、仓及陶制俑等 30 多件。石制亦相当大，造型很优美。该崖墓的题字（图 7.22）刻在甬道入口左侧，在 51×59 厘米的部位以字径 37 厘米刻着。又在左侧 51×60 厘米的部位，分成二行，以字径 26 厘米刻着。

四川崖墓的题字，在《中国书法全集》（中国·荣宝斋出版社）卷七·八刊载 31 种。有纪年的，最早期的是永平元年(58)，最晚的是建安十五年(210)。

一半以上是无纪年的。至于前汉或三国以后的崖墓未发现。

在此刊载的题记之发现年、地名、尺寸及释文如左：

a：1986 年，乐山市萧坝。64×80 厘米公分。"黄颖神、盆州出。一五年二□"。

b：1941 年前后，彭山县寨子山。拓本是 41×38 厘米。"蓝田今·杨子兴，所处穴"。

c：1987 年、江津县水浒村。尺寸不详。"延熹二年二月廿七日。谢王西"。

7.22d

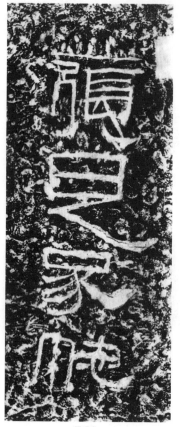

7.22e

7.22f

7.22g

d：1986年，乐山市萧坝。29×138厘米。"果。永和一年三月一日、陈买德物故。作此。□三男□丞□左右穴□□想"。

e：1935年，新津县。65×26厘米。"张是冢？"。

f：如前述。

g：1987年，南川县沙河村。46×88厘米。"阳嘉二年王师作。直(值)四万"(《四川文物》89年3期)

这些隶书，由于书手不同，所显示的书风很不一样。总而言之，虽是粗野，但换个角度看，是无拘无束的书风。其中b是写得最好的。可是"田·子兴"是属于"署书体"的书风。这在崖墓的题记文字中，应该说是性质不同的作品。(《四川历代碑刻》·《四川彭山汉代崖墓》)

7.23a 盖县出土砖铭

23. 盖县出土砖铭　东汉·永和五年（140）

　　1972 年出土于辽宁省盖县九垅村发掘的后汉墓群中的一座墓中，现藏辽宁省博物馆。该墓为有四个小型耳室的夫妇合葬墓，用八种花纹砖及二种文字砖筑成。用预先作好的模型，把动物、植物等等纹样押印在砖坯上再烧造而成称为画像砖，此外还有押印着文字的砖。文字砖从其完成的形态上观察，可以大致区分为字体为阳文（凸出）的模制品和字体为阴文（凹入）的刻字砖两大类。

　　此墓发现的文字砖，两种都是阳文砖（图），均长 36、5 厘米、宽 32 厘米、厚 8、5 厘米。其中一种在其横侧面上，有上下两排方格，每格一字，纵书，右行（从左边向右读）内容是"永和五年造作，竭力无馀，用庸数千，士夫莫不谈助，生死之义备矣"。（图 7.23a）另一种的内容是"叹曰，死者魂归棺椁，无妄飞扬，行无忧，万岁之后乃复会"，（图 7.23b）纵书二行。前者所记为坟墓建造的年代及事件，后者是一种哀诔。范砖（用模型造的砖）上的文字记这种内容，到此还未见有先例。

　　书体是篆书，但是字体点划经过了繁简的处理，多有别字。然而这种由图案化的动机而产生出来的别字，也许可以算作是篆书的别体吧。（《文物》1977 年 9 期）

7.23b 盖县出土砖铭

碑铭刻石

171

24．郭君夫人画像石题记　东汉

　　该画像石题记（图7.24）据说是1980年在绥德县出土的。原石为150×19厘米。题记部位有84.5×5厘米。从这个高度和文意推测，可以说是画像石墓的墓门石柱。

　　这件书体，以篆体为基础，但在"平、夫人、室宅"等字上混有"署书"体的点画，整个看起来有强烈的装饰性要素。

　　附带说一下，女性为墓主的画像石题记，非常少见，因此尤其珍贵。

25．苍山画像石题记

东汉・元嘉元年（151）

　　1973年出土于山东省苍山县城东村西晋前后墓葬。原石为同时出土的10块刻石中之一，原发掘报告（《考古》75年2期）最初认定此石题记为刘宋元嘉元年（公元424年），实际上是后来西晋墓修筑时转用了原来汉代墓圹中的画像石。

　　题记刻于支撑楣石的左右石柱之上（图7.25）。右侧一石长48厘米，宽21厘米。左侧长46厘米，宽16厘米。界格施于正面，二石共计15行，全文327字。二石的文字内容连续，除画像石题记的常用套语之外，对于墓室内嵌装的的各

7.25 郭君夫人画像石题记　　　　7.25b 苍山画像石题记

7.25c

画像石的主要内容的说明占去了大部份。画像的题记是对画像石主题的解说的例子，还有后面就要讲到的宋山石祠堂画像石题记，但以此石为详细。还有，作为对于画像主题内容说明的题记，这是最初出土的一种，神话描写不能确指的神兽之名，以及与画像相互关联的一些问题也开始弄明白了，这在研究画像石方面是重要的史料。

书体是隶书。书丹之际，似乎没有进行过版面设计，行内字数不定，每行在20至28字之间，字体大小也不划一。第一石自第五行之后字体稍稍变小，直到将空白全部写完。第二石所有各行均低于第一石二字，全部

7.25a 苍山画像石题记

字形都较大一些，字距行距也较为宽松，大约是因为当时写的时候就没有很好计划，粗略估计着就写的结果。全部的字无论结构、用笔都流露出非常率意的样子，字形大小参差也表现出各种各样的特性，效果非常好。其刻字的刀意也赋与了字体的动感。

另一个特征是别字与假借字非常多，别字中有虎、度、驰、执、冥等，还有些字在此之前未见过。另外一些不算别字，但与通行字点画繁简有不同，也有一些没有见到过的字形结体。（《考古》1975年2期，《山东汉画像石研究》）

碑铭刻石

173

7.26 许安国祠堂画像石题记　　　　　　　　局部

26．许安国祠堂画像石题记　东汉・永寿三年（157）

　　1980年出土于山东省嘉祥县宋山村。原石是从二座墓室中发现的三十一块画像石中之一。但这两座墓墓室的内壁涂满了石灰浆，当把这些石灰剥掉的时候，便发现了这些画像石，因为墓葬的年代据推测在后汉末至三国这一段时间内，所以这些画像石估计是修墓的时候转用的前代墓葬的建筑材料。

　　画像石有很多种，有题记的仅有二石，其一长109厘米，宽68厘米，右边刻一行漂亮的八分书"阳遂宣贵，此中人马皆食太仓，饮其江海"。另一件（图7.26）长107厘米、宽68厘米。右边四分之三的地方刻八叶纹，纹外的空隙处点缀双鱼纹及着冠有翼人首蛇身像。其左方约四分之一部位刻字10行，行字不定，共463字，其右边也刻有一行28字。

　　文字的内容是说为了因病死去的安国，其兄弟建造了石祠堂，另外就是有关画像主题的说明了。

　　书体以隶书为基调，但不时可以见到草书的点划，各行内字均写满，但字体大小并不划一，别字与假借字也很多。书风与山东出土的"芗他君祠堂画像石题记"书风有不少共通之点。（《文物》1982年5期）

7.27a 延熹三年画像石题记

7.27b 画像石柱

27. 延熹三年画像石题记 (160)

1970 年，在河南省浚县七子乡姚厂村，和邻接的郑厂村各发现一座墓葬，而于1973年挖掘调查。两墓都在早些时期被盗挖过，加上放置了三年，再遭破坏，因此不但墓葬形式不明，连陪葬品也几乎不见，两墓合算只剩一二块画像石而已。

1992 年参观时本来在"浚县博物馆"的被移到1999 年开馆的河南省博物院保管。因报告书的图版不鲜明，题记部份完全无法判读。又，在近年来的出版物，也没有其拓本，所以本书就利用在河南省博物院所摄影的照片刊载。

原石（图7.27b）为120 × 48，厚42厘米的四角柱，将题记部分下面分成四格，在上面二格，有一枝横杆的中央处把粗大的璧玉做成带状悬挂。其下为朱雀，最下格为铺首衔环图。

题记部分（图7.27a），看来约15 × 35厘米。阴刻12行分的细格栏，各行的字数没有一定，全文共68字。释文在报告书里有刊载，不过把第四行末解读为"亡亲"，其实应该是"乙辛"二字。

书体虽属古隶，可能是未经书丹就直接刻上去的原因，到了最后挤得很满，终格还写成了两行。实地亲察感觉刻得很浅，因而有些点画不够清楚，书格较低，可是书风很流畅。

附带说一下，一般说黄河以北的地方是很少有画像石的，可是因该两座墓的发现，证明其存在，这在史料上具有很高的价值。(《中原文物》1986 年 1 期)

7.28a 阳

28. 鲜于璜碑　东汉·延熹八年 (165)

　　1973年出土于河北省武清县西北约三十公里的兰城村，现藏天津博物馆。

　　这块碑的出土地一带，汉代的墓葬很多。鲜于璜墓从墓道到后室全长共14米，是砖室墓。此墓曾遭盗掘，遗物基本上都没有了，这块碑石，埋于距墓室约六米远的土中，从其附近还出土有方砖的残块及石盒等等，据此推测，原来此碑是安置在建于墓前的享堂之中的。

　　鲜于璜字伯谦，出身于现在的陕西省延安一带的豪门大族，由上郡王府察孝除郎中，后又累迁官职，于安帝永初元年 (公元107年) 拜雁门太守，在其致仕后的延光四年 (公元125年) 以八十一岁高龄去世。此碑建于其死后40年，是所谓颂德碑。

　　碑通高242厘米，宽81 (或83) 厘米，厚12厘米。圭首题额部位与碑身正文之间有穿。同时出土的还有趺 (碑座)，为长方形覆斗状，长120厘米，宽73厘米，高25厘米，表面刻有平行斜线等几何纹样。碑额阳文篆书"汉故雁门太守鲜于君碑"十字，但这样将题额分为二段的形制在此之前还未见到过，而且碑额上有六处装饰有云纹，题额左右刻有龙虎以及碑首背面线刻朱雀纹等形制均属首次见到。

　　碑文两面刻。碑阳 (图7.28a) 17行，每行35字，碑阴 (图7.28b)

15行，每行25字，全文共827字。此碑字数，是新出土的石刻中文字最长的一种。因为埋入土中的时间较早，仅有九个字泐损，刻得很浅的笔划字口仍很清晰。

碑文阴阳两面均是为鲜于璜颂德的内容，碑阳属于叙铭，碑阴相当于所谓诔一类的文字。

书体为八分书，但是，碑阴阳两面的书风却有很大差异。关于这点，泽田雅宏有论述（见〈关于后汉鲜于璜碑〉，《不手非止》八号），他的结论是，碑阳部份的书风具有典型的八分意识，将字形安排得很整齐，通篇都显出着意经营的功夫，因此，从整体看全有一种持续的紧张感，产生谨严厚重之趣，但却稍稍显得有程序化的倾向。碑阴的字大小不统一，没有经过特别的组织安排的工夫，刻工自第十行之后也稍稍粗疏，但与碑阳的书风比较起来，笔势更为开张、有雄强宽绰之趣。碑阳的样式接近张寿碑，碑阴的造型则与张迁碑类似，但是，书者是同一个人这一点是可以确定的。此外、碑文中没有见过的别字很多，也许是造型意识优先的结果，还有一些字点划转折的变化则是书者主观创造的。在后汉晚期的八分书史料中，这是最重要的一种。附带说一下，碑的上半部有大的缺空部位，自1987年起开始修补。（《考古学报》1982年3期）

7.28b 阴

7.29b   7.29c

7.29a 李冰石像题记

29. 李冰石像题记 东汉·建宁元年（168）

1974 年出土于四川省灌县境内岷江江堤突出江中的前端，现藏四川省博物馆。石像为战国末年秦人李冰的肖像。李冰是以在岷江修筑都江堰，治水功绩显著的郡守而在历史上很有名。石像由河流保护官陈壹及其辅佐官尹龙，为了保护河流的目的

而造，这是一件高 290 厘米，肩宽 96 厘米，重约 4 吨的大型立像。

题字在石像拱着的手下中央腹部有一行，左右袖口上各有一行（图 7.29）。

书体是隶书。虽然因为有意识地抑制波势，从而缺乏伸张舒畅的笔意，但仍然具有汉隶中特有的宽绰趣味，是与任元升墓门题字有共通之处的书风。（《文物》1974 年 7 期）

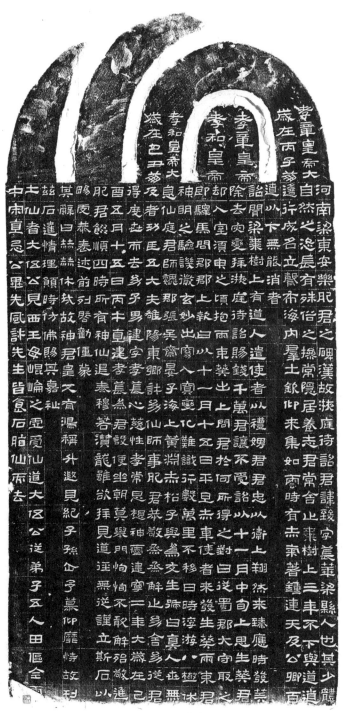

7.30a 肥致碑

7.30b

30. 肥致碑　东汉·建宁二年（169）

肥致碑于1991年，在河南省偃师县南蔡庄村出土，现存于偃师商城博物馆。

该墓从墓门到后室861厘米。前室和两侧室的长有18米，只提墓室的面积，就有52平方米的中型墓。在早期就遭盗挖，除了这件石碑以及在外面奇妙的古文体线刻"大吉"、"宜

致—1	靈—12
遙—3	啓（?）—15
聲—3	蒙—15
禮—5	辭—16
極—9	遠—17

肥致碑内的别字（数字是碑文的行数）

子孙"的陶制壶一件以外，没有什么特别的陪葬品。

《肥致碑》（图7.30）在南侧室。石碑本身98×48、厚9厘米。在倒下的旁边有趺台，74×12.3厘米，本来可能是嵌石碑用的。

在趺台的一边上面，三个盆形中雕刻耳环各一个，这是没有其它例子的造型。在石碑的图首，雕刻三条马蹄形的"晕圈"中央刻写"孝章皇帝/孝和皇帝"，在两侧写上二位皇帝驾崩之年，用干支表示，在其它碑石上并没有此例。

碑文19行，每行最多29个字，全文484个字，写在方格里面。有关碑阴虽尚无报告，依本人实际观察是没有字，且没做边和磨边处理。碑的内容叙说了方士肥致的为人和他的超能力之具体实例，并触及他的师承、友人及弟子和许幼等五个弟子一起喝了所谓"石脂"药逝世等。该墓的营造者在碑文中写出是许幼之子建。由于发掘时在墓室内到处散乱着白骨，可以推测，当建要葬其父许幼时，连父亲的老师肥致和跟肥一起死亡的同门四人也陪葬进去的。本来，碑、志虽有时也有并记本人或者夫人、子女等，然并记血缘关系人以外的从来没有。由此内容说来，不能说是碑，也不能说是志，应该是所谓神秘集团的墓表，说不定和通常的碑志不能排在同列。这在汉碑全盛期，是一件很不平常的作例。

在这篇碑文中，有从来没有用例的别字约有30个字。有关碑文的译注和那些别字，西林昭一曾在《书学书道史研究》三号(1993年，书学书道史学会的"肥致碑试探"叙述过，这里仅特别刊载其中比较特异的10个字（图）。其中的"启"字有人认为应为"启劝"之动词的字,(樊有升《东汉〈肥致碑〉的释字》《书法丛刊》1992年2期)，这一类的语词用例尚没有看到过，故一直怀有疑问。

这种八分隶，把字体结构写成方形或扁平形，以把重心放在下部，头部写大一点为特色。每一个字的安排布置，随处可看到其非常巧妙的造型感。不过刻石技术有待加强，有点缺乏充实感。

这件石碑，在新出土的汉代石刻中，虽不及《鲜于璜碑》这样完好精美的一级品，但和"苍山画像石题记"比较的话，是格外优美的书风，且能和"王舍人碑"或"簿书残碑"相匹敌。(《文物》1992年9期)

7.31b

7.31c

7.31a 建宁三年残碑

31. 建宁三年残碑（170）

　　1993年，在内蒙古自治区包头市南部的召湾村91号墓出土。包头位于省会呼和浩特往西约160公里，黄河大迁迴处的顶部，阴山山脉以南，秦汉时代长城的南边。这一带的巴彦淖尔，鄂尔多斯，乌兰察布，是中原王朝和北方民族政权抗争的舞台。秦灭亡后的一个时期被匈奴占据。然前汉武帝夺回后到后汉，成功地防御了匈奴再三再四的侵扰。可是自从三国的魏放弃此地以后，以鲜卑为主，居住此地。由于有这种历史背景，在内蒙古中南部一带，有很多汉代的墓。

　　新中国成立以后，因断断续续做了多次的考古学调查，包头地区的汉墓被发现很多，以《文物参考资料》1954年4期为开端，之后报告了数十座墓。到了近年因魏坚编著的这一本书，全貌大略清楚起来。文字数据有印章七、铜镜七、瓦当九、砖三、木牍一、封泥一、残碑五。

　　出土残碑（图7.31）的墓圹，全长约有30米。前、中、后室以甬道连接，前、中室还备有侧室。又，在前室西北的一角安置110×90、高110厘米的通风用石室，屋顶雕刻青龙、白虎，柱子则雕莲花纹，各加彩色的建造，被认为可能是所谓的供坛，这是从来没有例子的营造。墓内曾遭盗挖，少数的陪葬品也残缺不全。

　　残石的最长部位73×48厘米、另两块一为15.5×11.5厘米、一为12×10厘米，都是本来同一块石碑的碎片。年代写在最大那块残石的第三行。

　　这些八分体，骨格并不坚牢。构成背势的字多，没有强调波撇。不过没有那么拘束而整齐。附带说一下，第八行的"族、抚"都是很少见的别字。（《内蒙古中南部汉代墓葬》）

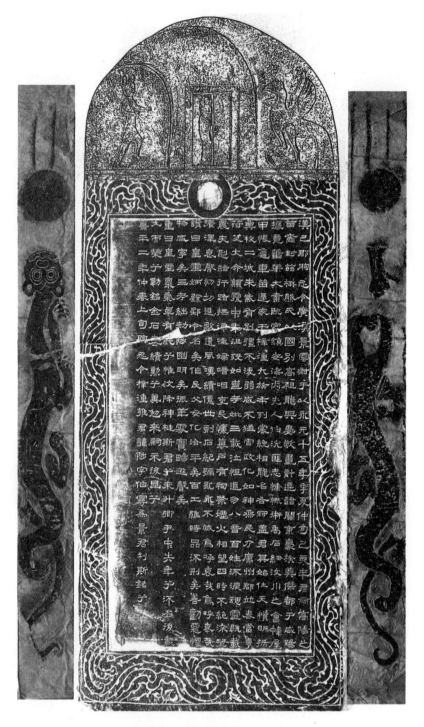

7.32a 汉巴郡胸忍令景云碑

32. 汉巴郡胸忍令景云碑　东汉·熹平二年（173）

汉巴郡胸忍令景云碑（图7.32）于2004年3月在重庆云阳县旧县坪遗址出土，碑通高230
厘米。出土时碑文完好，碑额刻有"汉巴郡胸忍令广汉景云叔于以永元十五年季夏仲旬己亥
卒"等精美的隶书，碑文共有隶书13行367字，从碑文中所记"熹平二年仲春上旬胸忍令梓

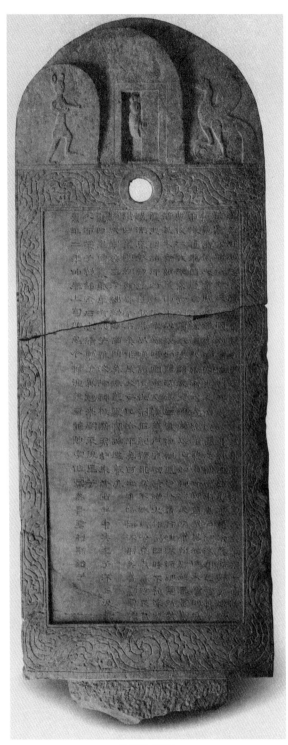

7.32b 原石

7.32c 局部

潼雍君讳陟宇伯宁为景君刊斯铭"可知，此碑立于东汉熹平二年（公元173年）。碑侧浮雕饰青龙、白虎，碑额晕线旁亦有3幅朱雀、兔首人身的生肖和人物等浮雕，四周环以阴刻的流云、飞鸟，通体制作精美，保存完整，是汉碑中难得的精品之一。原件现已入藏三峡博物馆。

7.33a 熹平三年残碑

7.33b 局部

33. 熹平三年残碑 (174)

1980年发现于山东省枣庄县，出土情况及现在收藏所在不明。

碑石（图7.33）的左半部与下部均缺失，残存部份高86厘米，宽32厘米，五行，全文存69字。根据文意推测，这原是为某个人立的颂德碑，但其详细的内容却无法辨读了。此碑文字开首部份修辞方法与韩仁铭完全一样。

书体是隶书，书风也与韩仁铭有共通之处，但是，波势则显得拘谨，总地说来更为瘦劲。

（《文物》1983年7期）

34．邓季皇石祠堂画像石题记　东汉·熹平三年（174）

1990年，从离褚兰镇约五公里处的安徽省宿县褚北乡发现了石祠堂。详细的报告尚未看到。

题记（图7.34）原拓的最长部位78×113厘米。这种减地浅浮雕的刻法，在四周做几何纹样的边框，画面以三层构成。上层在左边画骑乘神兽，在其后有三条大鱼，牵引云气车轮的车，更在其后面带着大神兽。中层虽看不到右边，但还可看出在二楼建筑的房屋以及其左右配置的单阙（一个望楼）和房屋。在二楼中央对座的是主人和来宾，而左右的楼梯，有二人手上捧着东西，正在上楼来。在一楼中央有正在织布的女性，楼梯下配有纺线中的女性。又在屋顶各个地方画凤凰或神兽。下层在中央略偏右处有题记部位，其右侧有舞乐百戏，左侧则迎着左边算起第四人，被打着华盖似乎贵公子的人，四个人做跪拜的拜礼图。

题记的碑形是19×12厘米。凸部的题额，虽以三行书写，但第一行的"掾"字以外，无法解读。在碑面部位有各行格栏，共有七行文字，各行数字不一定，每行可写17个字。试解读如下：

"熹平三年十二月乙巳朔廿一日乙丑。新广里·邓季皇。年七十四，薄命蚤难明□长入幽明。悲哉。伤心子男伯完无兄弟。持□□□□、造立石室。碑□氏之□局矣。上人马皆食大仓□、饮饮泽。他如律令"。是说墓主是74岁去世的邓季皇。而长男伯完，营造了石祠堂。

这件的隶书也缺乏统一感，但是一刀偏入法的本领高明，虽是小品，却是值得重视的作品。（《中国文物报》1991年12月1日）

7.34a 邓季皇石祠堂画像石

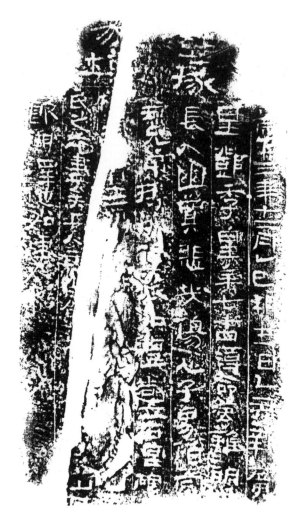

7.34b 题记

7.35a 孙仲隐墓志　　　　　　　　　7.35b 局部

35. 孙仲隐墓志　东汉·熹平四年（175）

　　这是 1973 年，在山东省高密市西南郊外约三公里的田庄乡住王庄村出土的。但是，它不是考古调查得来的。是村民为建材的调度时，将一座坟墓破坏后，在画像石墓内发现的。另外，那座墓里还有三件彩陶马，可是，因为害怕会遭到报应，所以只将 38 个画像石和这个墓志（图 7.35）搬了出来，其它的好像都和陶马一起又埋回去了。1984 年，将嵌在农家围墙上的墓志取出来，移到了高密市博物馆去保管。

　　据说原石在墓室内是圭首向着墓门，躺在距离约 150 厘米的地方。石块大约有 88×44 厘米。就像我们所看到的，圭首没有题额，六行，写满一行 9 个字，共写入了 51 字。从虽是碑形，可是没有趺，而平放在墓中，及其中的文意来推测，应该是和山东省博物馆所收藏的《□临为父通本作封记》（162 年）一样，属于墓志。这和具有碑形，而建在墓中的《肥致碑》一样，应该是含义有所不同的墓志。

　　这块墓志的文字，在字和字中间空得很开，横竖对齐。应该是直接书丹过，可是字却愈写愈小，缺少了统一性，又刻得很粗糙。想把它归为八分样式，可是，波磔略嫌短促，在书法艺术尚显得比较幼稚和拙劣。（《书法丛刊》1991 年 4 期、《文物》1998 年 6 期）

36. 刘元台买地券

东汉·熹平五年（176）

1975 年出土于江苏省邗江县甘泉乡的东汉墓中，砖质，出土时已断裂为5块，复原后成一个七面柱状，长39.5、空1.9厘米，7个面上都有刻字，全文102字（图7.36），每字在刻出来的笔画中都填有朱红色。

7.36b

买地砖的质地，除了玉、石、砖之外，也有铜和铅的，但形制都是板状的，像这种七角形柱状的买地砖还是第一次见到。当然，其买地砖的内容大都一样，都是和阴间地府的土地神订的契约。

这件买地砖所刻的文字基本上是隶书，可能是没有预先打稿直接刻写的缘故，其文字的排列是开头比较慎重，但到后面是愈写愈放松，最后三行可以说是行书的味道了。从书法艺术来衡量，其水准并不高，不仅笔道不太连贯，而且错别字也较多，但最后的那个"令"字，却展示出结尾的利落，可以说是这种长垂体笔道的典范之一。（《文物》1980 年 6 期）

7.36a 刘元台买地券

7.37a 熹平石经残石

7.37b

37. 熹平石经残石　东汉·熹平五年－光和六年（176－183）

　　1980年代，在河南省洛阳市大郊村的汉魏洛阳故城遗迹，有很多石经残石出土。这是在1984年，大郊村人发现的《春秋》经残石（图7.37），而赠送给偃师市文物管理委员会的。原石为 16 × 22.5，厚16.5厘米。这块残石是跟张国淦《汉石经碑图》第39页和马衡《汉石经集存》二八一号的经文相接续的。

　　这块残石的正面刻着僖公二十二至三十年。背面刻着服公四至十二年。又，在1985年，有一村民发现《诗经》等五块残石，这些也赠送给偃师文管会收藏。（《考古与文物》1988年2期）

7.38a 王舍人碑

7.38b

7.38c 局部

38．王舍人碑　东汉·光和六年（183）

这块碑于1983年，在山东省平度县出土，学术性刊物上尚未见报告。

碑石在出土时，已断裂为上下两截，加之有缺失部分，因此原碑的尺寸不得知。残石部分的碑首为约60×75厘米，碑身为约100×78厘米，厚21厘米。龟趺高33、长125、宽90厘米。

这件龟趺，比既知的"刘贤墓志"（452—465年）要早三世纪左右，在制碑的变迁上，是一次历史性的发现。

在碑额部分，残留着"汉舍人王君之"的变钩刻篆书二行。残存的碑文（图7.38）有12行，183个字。一个字的大小为约9×8厘米。王氏的名字在缺损部位，因此不明，题额的"舍人"是官名，它是属于太史令的下级官僚。

书体是八分，然采取方型的字为多。书法在横书的基础上加以俯势，很鲜明地将波磔的末笔写短一点，并向右上撇上去。这种波磔的书法虽接近《夏承碑》（只是明代重刻本），然总而言之，在汉碑中是另树一格，但比起后汉晚期的其它石碑，其艺术水准又稍逊一等。（《汉王舍人碑》）

7.39a 任元升墓门题记　　　　　　　　　　　　7.39b

39. 任元升墓门题记　东汉·中平四年（187）

　　1983年出土于四川省成都市。原石为墓室的两扇石门，没有尺寸报告。文一行，都是11字（图7.39）。

　　书体为八分，波势有抑制的气氛，但中宫比较开张，其书风与"李冰石像题记"比较接近，然而稍欠生动感。（《书法》1984年1期）

7.40a 王威墓门题记

7.40b 题额

40. 王威墓门题记　东汉

　　1983年，从陕西省绥德县黄家塔出土，可是有关出土状况等尚未有报告。原石为38 × 193厘米。可能是用做墓门楣石的。中央题额左右的画像，上层为云气纹，下层是狩猎图。

　　题额的部位，约36厘米见方。字的大小是半开纸写八个字的大小，内容是"使者持节护乌桓校尉王君威府舍"（图7.40）。这"府舍"指墓室，因此墓主是"王君威(君是敬称)"。附带说一下，楣石加题额的最早例子，现今以河南省南阳出土的"冯孺久墓"(18年)为首例。但在陕西省内有题额的画像石，则以此为初例。

　　这件的书体是印篆书风。可是，没有把字的大小弄整齐，尤其"护乌"二字之稠密的分间布白引人注意。(《中国画像石全集》卷五)

7.41a鸣咽泉村画像石题记

7.41b

41. 鸣咽泉村画像石题　东汉中后期

1987年，在陕西省绥德县的鸣咽泉村出土，但详细状况不明。原石的右边为约124 × 40，左边为138 × 45厘米。

画像石（图）在左右各四个格内，雕刻羽人、舞女、女性、小孩。从在绥德出土的其它画像石推测，这是是墓门左右的柱子。这样的代表例，可举出"郭稚文墓门画像石题记"(103年)为证，但那些大多有写纪年和墓主的姓名。

这块画像石题记上没有刻入姓名和纪年。右写"惟居上、述神道、宽和贵、齐殷勤、同恩爱、述神道、熹苗裔"。左为"览樊姬、观列女、崇礼让、遵大雅、贵系孙、富支子"。文中大多是儒家所宣传的道德格言。此外，题记中出现《列女传》中的战国·楚的樊姬等，是在画像石题记看不到的遗例。

题记文字用艺术字体阳刻，虽是此地的特色，可是这件的书体，毕竟是"署书"的脉流。

(《文博》1992年5期)

42. 四川犀浦簿书残碑　东汉晚期

　　1966 年在四川省郫县出土，他与前面讲到的
《王孝渊碑》是同时出土之物。此碑被用作墓门的
左边一扇，与右边一扇的石质不同，还有碑文上后
来又加刻有估计是门吏的男子立像，显然也是转用
前代旧碑的例子。上部现已缺损，残高 157 厘米，
宽71.5厘米，左右均有缺失部分，连残存的半行字
共计 13 行，全文近 190 字（图 7.42），当然，也有
些字已经磨损。立碑的年代不明，从其书风来看，
可以断为东汉后期的作品。

　　书体是八分书，以偏平结构为基调，颇用心于
字的大小齐整，波势的格调则加以起伏的变化而而
有一种悠然自得之趣。

　　顺便提一下，所谓"簿书"就是账簿之意，在
敦煌简牍等中已见有实例，但刻石的薄书这是最早
发现的例子。此碑的内容，记录的是田地等不动产
以及富蓄奴婢的数量与价值，属于史书中所称"资
簿"，即一种财产目录。（《文物》1974 年 4 期）

7.42a 四川犀浦簿书残碑

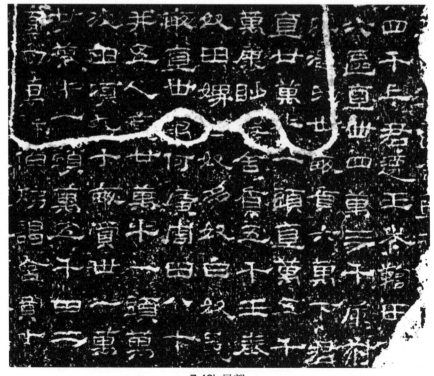

7.42b 局部

碑铭刻石

193

7.43a 陶洛残碑（阳）　　　　　　　　　　　7.43b（阴）

43. 陶洛残碑　东汉晚期

1957年在山东省曲阜市东郊10公里的陶洛村出土。虽没有看到出土情形的报告。但同时发现的汉代石人，被收藏在山东省石刻艺术博物馆。又，这件碑名，是取自出土地之地名。

碑石刚出土时毁损很厉害。没有碑额也没有趺台。有字的残石块24块。大的残碑有30 – 40厘米、小的10厘米、阴阳两面都有字。碑阳（图7.43）画有4.5 × 4.5的界格，字径约4厘米。碑阴（图7.43b）是4 × 4的界格，字径3.6厘米，写有故吏、门生的名号及所捐金额。现存剩下的字数，阴阳共有200多个字。

残碑中，找不到立碑年代的依据，可是从残碑出土的地点南边20米处发现前述的石人一对，认为是这座墓墓前的偶人，因它在样式上属于典型的后汉晚期，因此推测这座碑也是后汉晚期的。

这件的书法，从书风观察，阴阳两面都出自同一人，是典型的八分体。将字体写得扁平，波势的节奏流畅且优雅。和现存汉碑在一起比较，也能算是上上之作。相似的作品例应举《礼器碑》（156年）《郑固碑》（158年）。不过仔细比起这两碑来，却有点缺乏骨力之憾。（《书法》1991年4期）

7.44a

7.44b

44．黄君法行两女葬砖　　东汉晚期

1992年，河南省洛阳市内的一个建筑工地中，发现了一座砖室墓。由墓道、甬道、墓室，加上龛形的耳室而成。墓室南北290、东西720厘米。早期遭到盗挖，陪葬品只剩下陶制的壶、猪、小屋等八件、铁镜子一面、铜钱27枚，和这三件铭文砖（图7.44）。从这些铁镜和陶制品的样式来看，被认为是后汉时代的墓葬。

三块铭文砖中有两块方砖，一块瓦当，前者是在离墓室一些距离的东西两边出土的。一块是45×45厘米，一块是41厘米见方，厚度都是4.5厘米。

砖上刻的文句都一样，报告书中解释为"黄君法，将孝女晨和芎行（葬）"。可能是依据郑玄将《礼记·檀弓下》说的"将行"解释为"将行葬"而得来的吧！可是，将"君"这个敬称夹在姓和名中间这种写法，在过去的《冯君孺久墓题记》（1918年）、《杨孟元画像石题记》（1996年）、《王平君阙题记》（1997年），西林昭一著《书法的文化史（上）》147页《任元升墓门题记》（151年，同上163页）中都可以看到。由此推断，"法行"二字应该是名字，另外，"孝、晨"是不常见的别字，究竟这样解释是否适当，还有待以后的考证。

这个书法，是砖在半干状态的时候，用竹刀刻上去的，不过，由于它的笔画很丰厚，书风很流畅。另外，在刻画的时候就填入朱墨泥，这在刻字砖来说还是第一例。

瓦当是在墓穴入口的中央发现的。刻的字是"津门"。在杨衒之的《洛阳伽蓝记》中指出，后汉的洛阳城，东西南北分别有城门，南门西侧的门叫津门。那个津门的瓦当，为什么会被放在黄法行之亡女的墓内陪葬，就不得而知。不过，这件瓦当的文字排列确实是很讲究很活泼的一种设计。（《考古》1997年7期）

7.45 袁牌坊村二号墓残石

45. 袁牌坊村二号墓残石　　东汉末至三国魏

1974年至1977年间，出土于安徽省亳县袁牌坊村二号墓。该墓为严字形砖室墓，但已遭到相当严重的破坏，出土的文物极少。

这块残碑（图7.45）出土状况不详。残石最长部分36厘米，宽25厘米，厚4.42厘米。究竟是该墓的墓碑，或是用旧碑来作为构筑墓壁的材料使用，不能确知，总之此碑与该墓的关系不明。除了这块残石之外，据说同时还出土了字体相同的小块残石，但这部分的报告未见发表。

残碑现存文字六行，约35字，因纪年部份缺失，所以立碑年月不明。书法造型的稍稍竖长的结构与波势抑制的八分书风，与魏的《孔羡碑》接近，或许是后汉末年到魏初时代所立的碑。同时出土的还有画像柱石二件，各有题榜"白虎"、"神龙"二字。（《文物》1978年8期）

7.46a 戴侯太妃王氏造冢记　正

7.46b　背

46. 戴侯太妃王氏造冢记　西晋·太康四年（283）

　　这是1979年，在河南省孟县南庄镇采取陶土时被发现的，现在被收藏在孟县博物馆。关于出土地点、墓葬、陪葬品等，说是"因为有种种原因"，所以无法知道。

　　这块墓志（图7.46）是砖制的，尺寸是48×24，厚10厘米。志文刻在正面和反面，连贯的文章一共10行，每行最多12个字，全文共刻有106个字。

　　内容是在述说，太常（九卿之一，主管宗庙的礼乐和选考事宜的官）戴侯的皇姑太妃（王母的尊称）王氏，在太康四年去世，被葬在王陵。最后记上，由"陇西（甘肃省）国人造"。

　　一般说来，西晋的石刻，可能由于武帝的"碑表·石兽的禁令"被遵守，数量很少。甚至是埋在土中的墓志，所知的除了《管洛墓志》（291年）以外，也只有20种左右而已。不过，像这样，有将造墓者的工人数和出身地记录上去，藏放在土里的，这是首例。

　　这个书法的基础是八分，它是西晋时候的一个标准体，也就是"铭石体"。不过，却没有最具象征性的《皇帝三临辟雍碑》（278年）（见西林昭一著《书法的文化史（上）》261页）的那份严谨庄重的拘束。可能是依草稿而涂上朱墨写的吧！不过，可能是因为刻者的技术差，结构看起来比较零乱。（《华夏考古》1996年4期）

7.47a 周都船墓砖

47. 周都船墓砖　西晋·太康八年（287）

　　这是1989年，从浙江省余姚县九顶山的墓中出土的。报告书里，关于墓葬的计划，以及究竟是从填墓的哪里发现的，都没有记录。陪葬品有8件青磁器，都有提示在图版上，看起来好像是完好无缺，而且质地很好的磁器。

　　这块砖的拓本（图7.47），17×34，厚5.8厘米。上面是平面的，关于下面，报告书没有提，不过从它的长度来推想，应该是上面或下面的侧面部分。制作年代，在侧面明记者"太康八年八月乙亥作。□工张工所作"，不过，和平面部分一样，都是范制（盖戳子式）的。

　　从这块砖的出土地长江三角洲一带，可以看到比较多的西晋时代的范砖出土，但是却没有看到平面部的阳文砖，又加上施有界格的更是少见。

　　关于铭文，报告书认为，第四行的"都船"，依据《汉书·百官公卿表》的颜师古注，应该是掌管治水的官名。其实，"周君都船"是人名，文意为，他是"会稽出身的孝廉（把地方上孝顺又清廉的人，推举到中央，派任为官吏的科举项目），官任郎中的周都船，是一个君子。"文章虽简略，却也是墓志的一种。

　　值得注意的是，中间夹着一个"君"字敬称的"□君□□"这种称呼，在新出土的东西里也可以看到文例。例如《冯君孺久墓题记》（见西林昭一著《中国新出土的书法》72页）、《杨孟元题记》（同上书78页）、《王平君题记》（《书法的文化史（上）》147页）、《任元升题记》（同上书163页）等都是。

　　书体是古隶风，乍看之下，样式像是汉砖。这种书体，不仅是在西晋时代，三国和吴的时代也看不到。书法本身并不是写得很好，不过，汉隶在这个时期一直被传承下来的事实，是在了解书法的传承上，非常有趣的一件作品。虽然史料不完整，不过，不管是书体或修辞上，都承袭以前的样式，是一件不容忽视的作品。（《文物》1996年5期）

7.47b

48. 李达买地券

西晋·永康元年（300）

　　江苏省镇江县
八〇年代初出土。
券为砖质，长32.8，
宽14.3厘米，有字
6行，全文94字（图
7.48）。内容是李达
与土地神交涉的契
约书，为沿用汉代
以来的体例。

　　书体为草隶。
夹杂着单刀偏锋的
刻法，在当时说来
是稍稍带有古风的
书体。同时出土的
还 有 元 康 五 年
（295年）砖，虽说
是模制的阳文砖，
但书风与此仍有共
通之处。（《考古》
1984年6期）

7.48 李达买地券

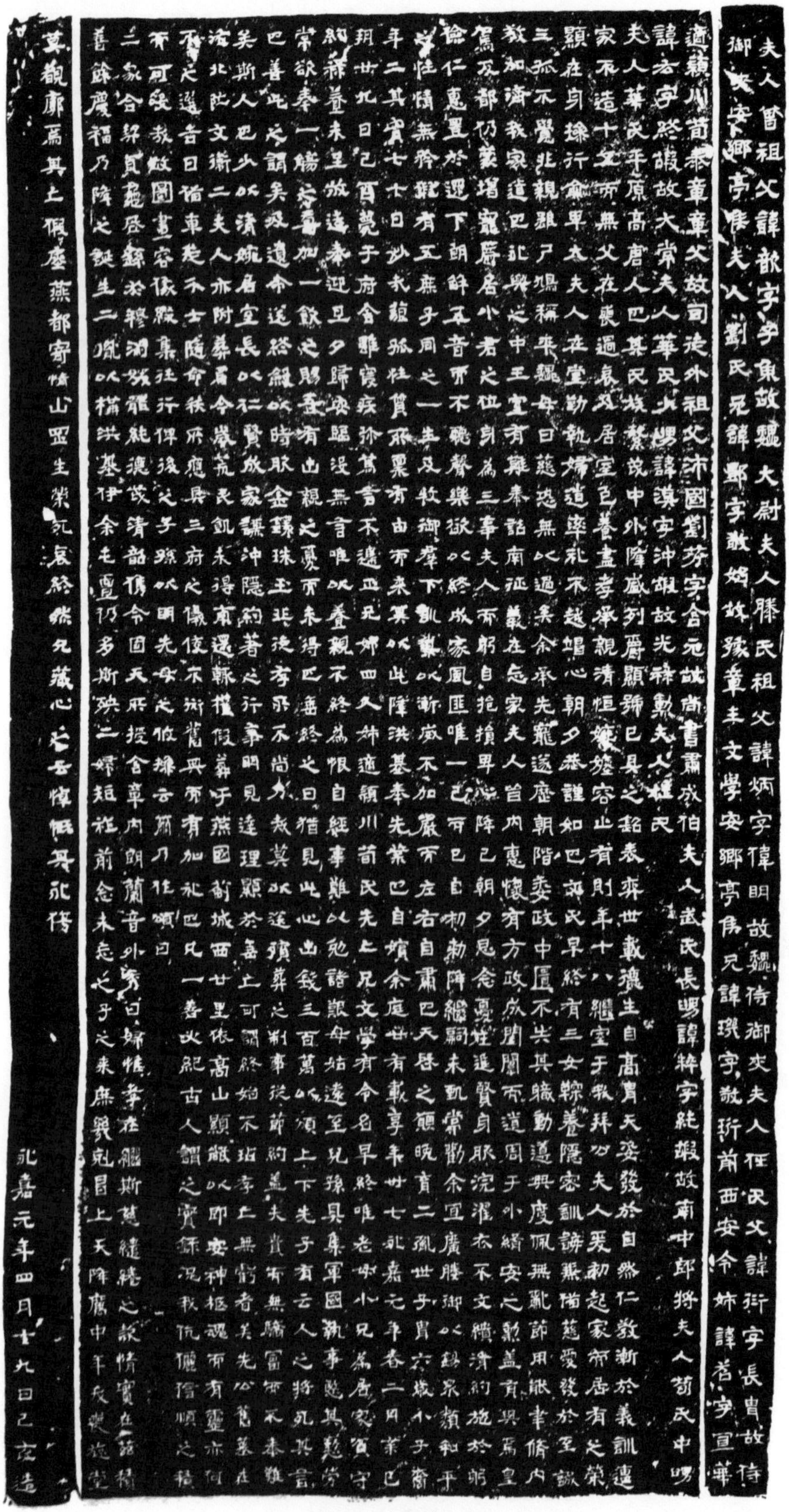

49．华芳
墓志　西
晋·永嘉元年
（307）

　　1965
年北京市
西郊西晋
砖石墓出
土。该墓的
墓室为长
方形，南北
长5.6米，
东西宽2.7
米。随葬器
物有骨尺、
漆、铜、银、
料器和墓
志铭等。墓
志(图7.49)
为青石质
地，长131、
宽57、厚7
厘米。墓志
的正面、背
面和左右
两侧均刻
有文字，正
面刻文18
行，515字。
左侧刻文2
行，84字。

7.49a 华方墓志　正

背面刻文 21 行，989 字。右侧刻文 2 行，42 字，全文共 1630 字，这在已发现的晋代墓志中，是文字最多的一件。从墓志的内容和行文的语气看，墓志是死者的丈夫王浚所撰，它不仅记载了死者丈夫王浚及其曾祖、祖父、父的名字、官职及墓葬所在地，而且还记载了王浚的第一个夫人文氏和第二任夫人卫氏及其曾祖、祖父、父及外祖父的名字、官职等，在这之后才叙述墓主人华氏及其曾祖父、祖父、父、兄、姐、外祖父、三个舅父以及华氏所生二子的名字、官职等，最后才是为华氏所作的歌功颂德的文字。

墓志铭的书体为隶书，结体扁方而规整，线条富有轻重缓急的变化，如横画中既有较典型的蚕头雁尾的笔势，也有方起尖收的古隶遗韵，故通篇虽字数很多，但并无板滞的感觉。（《文物》1965 年 12 期）

碑铭刻石

7.49b 华芳墓志　背

201

7.50 谢鲲墓志

50. 谢鲲墓志　东晋·太宁元年（323）

1964 年，出土于江苏省南京市戚家山发现的五座墓葬之一。志石以珍稀的花岗岩制成，南朝墓志中以这一件的年代为最早。文共 4 行，行各 17 字，出土时中央部份已经有三字残损（图 7.50）。墓主谢鲲，《晋书》卷四九有传，是当时著名的文人，宰相谢安便是谢鲲之甥，后面就要谈到的谢琰也是其族人。

书体为隶书，西晋的张朗墓志（公元 300 年）的书风与此相近，但此志更为谨严有力，尽管稍稍缺乏自然之趣。（《文物》1965 年 6 期）

51. 张镇墓志碑　东晋·太宁三年（325）

这是 1979 年，在靠近江苏省苏州市的吴县境内的张陵山出土的。《南京博物院集刊》第三号只刊登了它的释文。1988 年碰巧在南京博物院亲眼看到它，便画了实测图，刊在《中国的文字·史迹及博物馆指引》（1989 年雄山阁刊）一书中的第 27 页。1989 年，其原石在日本展示的时候，算是第一次正式公开。

志石的形状，和汉碑一样，作一个"穿"的圆洞，碑身嵌入趺台。有痕迹可以看得出来是截取旧碑石再刊刻的。通高 51.9 厘米。刻字的位置是 26.2 × 厘米见方，非常小型，不过，开头的"晋"字，是 3.8 × 3.1 厘米的中型字。志文（图 7.51）在两面都有。正面、背面各有 7 行字，每

7.51a 张镇墓志碑（阳）

7.51b（阴）

行7个字，全文一共98个字。目前，东晋的墓志碑只有这一个而已。

关于志主张镇在《晋书》卷七五中的张凭传（张镇的祖父）中有介绍。这个张氏，是"吴郡四族"（朱、张、顾、陆）中的一族，从北方迁移到南方，在司马睿所建立的东晋王朝中作官的豪族之一。

把它的书法看成"是汉隶转变到楷书之过渡时期的书法"是不恰当的，其实它仍是当时这个地区的"铭石体"之标准作品，如《王闽之墓志》（358年）等，都是同一个流派的风格。（《南京博物院名宝展》）

7.51c 张镇墓志碑

7.52a 温峤墓志

52. 温峤墓志　东晋·咸和四年（329）

2001年2月南京下关区郭家山9号六朝墓葬中出土。该墓志出土于墓室的左前壁，呈方形，长45、宽44、厚6厘米，文字及方格线刻划较浅，但文字清晰，共10行，104字。

墓志(图7.52)文字的书体是较典型的晋书，它以楷书为本，兼有隶书的笔意和魏碑的方整，构形方扁，笔力劲健，布局疏朗，具有较高的艺术水准。(《文物》2002年7期)

7.52b 温峤墓志原石

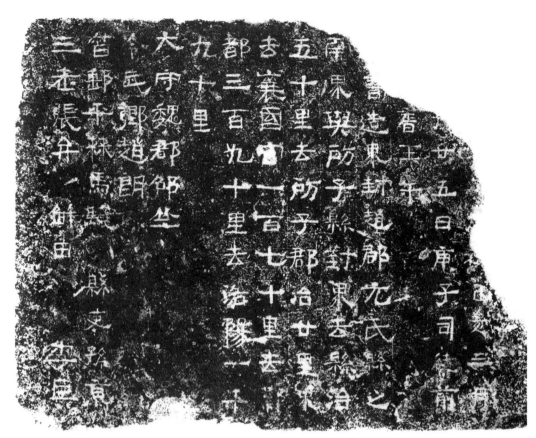

7.53 元氏县蜀封刻石

53. 元氏县界封刻石　后赵·建武五年（339）

1999年在河北省元氏县出土，但没有出土状况以及其它有关报告。原石，依据拓本是43×56厘米。刻石上有像棋盘的界格13行。在右上角的前4行缺损13字左右。各行字数不一，全文共残存101个字（图7.53）。

内容为记录元氏县的南边界位置及与主要城市的距离，是一种里程记录。

刘恒氏依据《二十史朔闰表》考证，第一、第二行之"已亥三月□□朔廿五日庚子"，应是汉到唐代之间，而相当此月日的年份，只有公元的339年，然这时代的元氏县是五胡十六国之后赵管辖的。因此，第一行开头的七个缺字应是"赵建武五年岁在"。第七行的"邺都"是三国，魏定为五都之一的地方，而后赵的石虎，于公元335年将都城从襄国迁到此地。文中的"房子"、"平棘"，本来也都是后赵的管辖地。

又，第10行的"太守、魏都、邵竺"就是在西晋末跟随叔父邵续，纠合流民成为"部曲"（军队的分队），初时依靠西晋群雄之一的王浚，他先是归顺后赵建国者石勒，后又跳槽跟段匹磾归附东晋，可是后来又被石虎抓住，再度出仕后赵。详情刊载于《晋书》卷六三《邵续传》。

这件刻石的书法，是采取隶书和楷书混合的书法，这可能是当时北方的铭石体。跟这时期的东晋墓志如《王兴之墓志》及《王建之墓志》等的整齐比起来，不能否定有粗野之感觉。但它相对于后赵的石刻来说，是最初出土物之一，自有其重要的史料价值。（《书法丛刊》2000年3期）

碑铭刻石

205

7.54 颜谦妇刘氏墓志

54. 颜谦妇刘氏墓志　东晋·永和元年（345）

1956 年出土于南京市老虎山一号墓，同时发掘的有四座古墓，据其它墓中出土的印章来看，此地应是《晋书》中有传的颜氏墓地。

此墓志（图 7.54）为砖制，长 32 厘米，宽 14.5 厘米，文字或许是在未烧制的湿坯上用篾书写成的，所以才有如此丰厚的笔画。

书体为行书，使用的是那个时代的木简、残纸上常见的通行字体，书风也朴拙而大气。另外，二、三号墓还出土有陶砚六件及几种墨片。（《考古》1959 年 6 期）

55. 高崧墓志　东晋·永和一二年（355）　太和元年（366）

1998 年，在江苏省南京市太平门的东郊约 10 公里的仙鹤山，挖掘了六座墓葬。其中，三国、吴的有三座（未有报告）。东晋墓有三座（二、三、六号），被认为是高氏的家族墓，三座的规划差不多都一样，全长约 750 厘米的砖造墓，由甬道和巨蛋形墓室组成。

高崧墓志是二号墓（墓主是高崧）的东西，三号墓位在二号墓旁边 2 米左右的地方。早期就遭人盗挖，所以没有什么赗钱的陪葬品了，只有一个滑石制，7.7 × 1.3 厘米的猪，底部刻有"十九"，点画内有填上朱墨的。六号墓离二号三号墓大约 20 米，很难得的，它并没有遭到盗挖，有将近 200 件的陪葬品。而且，这些玉、金、银、铜、铁、水晶、琥珀、玻璃、漆等制品的大多数，都做得很精致。被列为是 1998 年中国十大考古发现之一。

六号墓的墓主是高崧的父亲高悝，被立传在《晋书》的第七一卷里。他官拜丹阳尹，被封为建昌伯。经考证，六号墓还被认为是高悝夫妻合葬的墓。附带提一下，三号墓也被推测为高崧之子高耆和其夫人的合葬墓。

二号墓也未遭人盗挖，共挖出了玉、铜、铁、琥珀、漆、陶器等共 160 件。尤其是玉器，有很多是品质很好的，曾被大肆报导。对书法人来说比较感兴趣的两块墨和一个经过漆漆的印章，只可惜的是墨破碎了，只剩下一个长 3.8 厘米，另外一个圆柱形的墨块，最大的那块，也只剩下 5 厘米的长度。印章的文字看不清楚。

这两块墓志都是砖质的。一块（图 7.55a）的尺寸是 48.1 × 24.8，厚 5.7 厘米。志主高崧，被附传在高悝传里。高崧字茂琰，广陵（现在的扬州市）人，官拜侍中，被封为建昌伯，是一位显达之官，被葬于泰和元年（366）。另一块（图）是50.5 × 25.3，厚6厘米。志主是高崧夫人谢氏，被葬于永和12年（355）。

还有一块（图7.55b）是建材之一，从上面刻的"永和十一年"看来，可以知道当初是计划在这一年埋葬，准备好材料的。因此，高崧是在夫人埋葬后11年再和夫人合葬在一起的。另外，除了这几块刻字砖之外，也一起挖出了一块吉祥语"宜子孙"的范字砖。

从高崧墓志砖第二行的"广"字忘了刻上竖的那笔画来看，可以知道应该不是很认真刻的，不过，开头的"晋"字是当时的铭石体风，其它都是一波三折书法的楷书体。

实用通行体的楷书，在这之前的简牍、纸文书中都可以看得到，不过，以那个时代的标准体（亦即铭石体）去刻的铭刻—如跟同时代的其他楷书砖刻一样，虽然拙劣，不过基本上是楷书，都在诉说着到了东晋时期，楷书已走向成熟，开始以一个标准体而受到肯定。虽然是很琐碎的史料，在书体的变迁史上，也是很值得注意的。(《文物》2001年3期)

7.55a 高崧墓志

7.55b 高崧夫人谢氏墓志

永和十一年砖

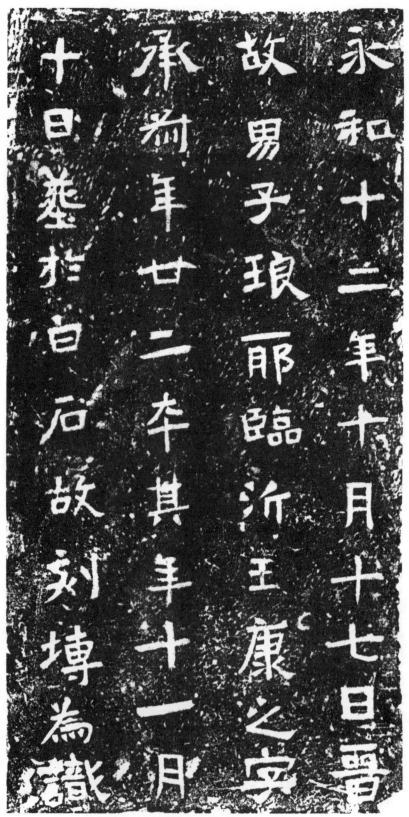

7.56 王康之墓志

56．王康之墓
志　东晋·永和十
二年（356）

　　2000年4月
南京北郊象山
东晋墓出土，墓
志（图7.56）为
砖形，长50、宽
25、厚7厘米，竖
刻文字4行，共
44字，内容主要
记载墓主王康
之的出生地和
卒年及下葬的
日期和地点，文
字书体以楷书
为体，兼有魏碑
的方笔，风格朴
实而遒劲，其中
出现的一些俗

7.57a 刘克墓志　正　　　　　　　　　7.57b 刘克墓志　背

体字，还多少反映了当时的书写风尚。与此墓志同时出土的还有一块"何法登"砖形墓志，何氏为王康之的妻子，死于泰元十四年，比其夫晚死几十年，故该墓应该是其夫人死后的夫妻合葬墓。墓志的书体已是比较典型的楷书，线条或粗重，或纤细，布局随意而不讲究。（《文物》2002 年 7 期）

57．刘克墓志　东晋·升平元年（357）

1963 年江苏省镇江市贾家湾村出土。同一墓中有同文墓志二方，都刻于表面涂有黑漆的砖上。其一长 27 厘米，宽 15.5 厘米，正面刻志文 3 行，背面刻 2 行。另一件长（图 7.57）28 厘米，宽 15.5 厘米，正面与上一件行同文同，背面文字相同，但每行仅刻 4 字，共刻 3 行。

墓主刘克的事迹不明，但是，墓志中的"郯县"为山东省内的地名，那么，此墓即应是其在镇江的暂厝之地。

书体是楷书。不能认为这种书风是由隶书向楷书转变的过渡时期的风格，而应当是显示了当时所谓"铭石体"那种书法风格的作品。（《考古》1964 年 5 期）

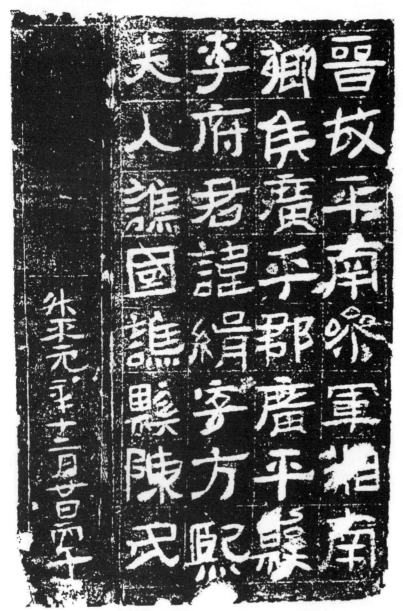

7.58 李缉墓志

58. 李缉墓志

东晋·升平元年 (357)

1999年，在距离南京市东北郊外太平门约10.5公里处一个栖霞区的"吕家山"挖掘了三座东晋时代的李氏家族墓，它们分别都只距离4到7米。

一号墓是砖造的，包括墓道，全长约13米。墓室则是443×186，高226厘米。由于遭人盗挖，陪葬品只有34件，除了墓志以外，只看到三足青磁砚(口径18.8，通高4.2厘米)。

二号墓也遭盗挖，剩下40件陪葬品，其中墓志有3件。

三号墓也遭盗挖，陪葬品仅有6件，而且，除了墓志以外，几乎都是损坏的。有一面陶砚 (口径15.6，通高3.5厘米)。

一号墓的《李缉墓志》(图7.58)，是砖制的。尺寸是31.4×14或14.5，厚5—5.4厘米。背面以外，都是磨光之后涂上黑色漆状物的。左下方的小字"升平元年"等这一行是侧面，另外，这块砖志，在边框(外框)和正面棋盘的网格线内，有入朱墨。到目前为止，还没看过像这个墓砖这样的遗例。

这件书法，看起来好像想要用铭石体写，却夹杂有通行体的笔意，和《广武将军碑》(367)是一脉相通的。缺乏笔力，结构上不扎实，不过，风格上却显得宽绰。

7.59a 王闽之墓志　正

7.59b 王闽之墓志　背

59．王闽之墓志　东晋·升平二年（358）

1965 年从南京市的象山（一名人台山）琅邪王氏一族墓域中第五号墓出土。志为砖质，长 42.3 厘米，宽 19.9 厘米，两面刻字，长 42.3 厘米，宽 19.9 厘米，两面刻字，正面五行（图7.59），背面 3 行，全文 84 字。王闽之与王献之同辈，是王兴之的长男。

书体与书风都与同一年由一号墓出土的王兴之（与王羲之为从兄弟）及妻宋和之墓志（两面刻，公元 348 年）、三号墓出土的的王丹虎墓志（公元 359 年）趣味完全相同。虽然可以看到带有隶书书法趣味的点画，但却仍是铭石体一派的楷书，成为后来的爨宝子碑（公元405 年）等书风的先声。（《文物》1972 年 11 期）

7.60a 王建之墓志　正

7.60b 王建之墓志　背

60. 王建之墓志·刘媚子墓志　东晋·咸安二年（372）

1998年，在南京市北郊象山的半山腰，被新调查三座东晋墓，就是第八、九、一〇号墓。那里是在1965年《王兴之墓志》（340年）和《王闽之墓志》（358年）等出土的家族墓地。

八号墓遭人盗挖，陪葬品只有17件，青磁器较引人注目的共有7件，其中一件是三足砚。同时有砖制的《王仚之墓志》（51×26厘米，八行，写满一行16字，全文共88个字）也一起出土。王仚之的父亲是王彬，母亲是夏金虎。母亲的《夏金虎墓志》（392年）也于1965年时在象山出土，文中可以看到「男·仚之」。王仚之的墓志文字，是比较草率的书法。

一〇号墓也遭人盗挖，陪葬品只有8件。其中有一块48×40厘米的石制墓志，不过，却严重的风化，没有一个字可以看得懂。另外，也一起挖出了一件青磁三足砚（口径12，通高3.8厘米）和一件青灰色的石砚（27.6×13.2厘米）。听说石砚上还留有磨墨的痕迹呢！

7.60c 刘媚子墓志（砖制）

青瓷三足砚

石砚

7.60d 刘媚子墓志（部分）

很难得的，九号墓竟然幸免于遭人盗挖。墓圹是砖造的，墓室是442×200、高220厘米，是一个夫妇合葬在一起的墓。陪葬品都完好，不过，很意外的，数量却很少，只有青铜器六，金、银、玉制品六，磁器七件，铁、石、木器一〇件。

墓主是王羲之的堂兄弟，王彭之的长男王建。王建之墓志是石头制的，47×28、厚5厘米。志文（图7.60a、b）刻在两面，正面18行，文章一直写到背面11行，写满一行10个字，全文一共刻了275个字。这个字数，是目前所知的东晋墓志中，最长的一篇志文。

这个书法的基础，是和前述的王兴之、王闽之的墓志同一派系的铭石体。根据精拓本（《金石书学》第三号所收绿），它的运笔将"永字八法"中所谓的"侧"和"啄"法带有点藏锋味道的黏性，是一种厚重，兼具紧张感的独特风格。

被合葬的夫人之《刘媚子墓志》也是石头制的。志石是35×45，厚2.5厘米。左边约有百分之一七左右是全没有字的。志文（图7.60d）是13行，写满一行16个字，全文共刻有148个字。正面第16—17行的地方记载，她比丈夫早半年去世，在咸安二年时被合葬在一起。

这个书法的风格，比起《王建之墓志》是鲜明多了，只是因为笔画没有强弱的变化，所以给人很生硬的感觉。不过，两墓志都是东晋时代的标准字体（铭石体）的一个很好的范例。

刘媚子另外还有一块砖制的墓志，尺寸是26×51，厚7厘米。它是在墓圹完成后，在覆盖的土堆中被发现的。共14行，每一行的字数没有一定，全文一共144个字。除了祖父的名字、官职名称，还有省略了二、三句之外，内容和石质的《刘媚子墓志》都一样。

报告书中认为，比丈夫早去世的刘媚子的这块墓砖，本来打算合葬时一起放进去的。像这样在同一个墓室内放好几个墓志进去的例子也有两三例。不过，分别被放在室内和室外的例子却没有。而且，从这块墓砖没有用朱墨，只是很随便地刻上去的这种做法，以及它那简直像是被抛弃了的状态来推断，可能是草稿之类的东西而已！（《文物》2000年7期）

7.61a 孟府君墓砖

61. 孟府君墓志 　东晋·太元元年（376）

　　1976年，安徽省马鞍山发现的砖室墓中，出土了陶瓷器等32件文物，此志为其中之一。

　　志为砖质，长35厘米，宽17厘米，共有同形同文的墓志5件。志砖三面均有粗绳纹，另一面磨平后刻字。志文（图7.61a）共3行，全文29字，是仅仅记有卒年、籍贯、官职的简单墓志。散骑常侍是西晋时代职位很高的官，但是墓主却只有姓，名已失记，之所以如此，应当是子孙承袭先世的虚衔吧。

　　除谢鲲墓志之外，此志也因为是暂厝，所以志文极简单，在一个墓穴中装入完全同文的志砖多达五方，到现在为此仅此一

7.61b 孟府君墓砖

例，但其意图却不清楚。五方志砖的铭文都是在柔软的砖坯上用篾一类的东西刻划而成，具有一种丰厚的意味。

书体既非隶书也非楷书，而是以当时的铭石之书的书体为基础，因为书写的速度快，所以五方墓志文字的大小以及行内字数的多少都不同，其中还夹杂有具备行书笔意的字形。

另外，该墓建筑用砖较大，长32至34厘米，宽16至17厘米，厚5.5至6厘米，有几个砖的侧面刻有"十"、"七""×"等纹样，以及"太元元年八月廿五日建公墓"的模印阳文，还有阴刻的"三百"、"四百册四"等字样。（《考古》1980年6期）

7.61c 孟府君墓砖

7.61d 孟府君墓砖

7.62 梁舒墓表

62. 梁舒墓表 前秦·建元十二年（376）

1975年发现于甘肃省武威县。墓表为碑形，圆首，有浅浮雕莲花纹，嵌置在方形碑座之上（图7.62）。表身高37厘米，宽26.5五厘米，圆首中央有阳刻"墓表"二字，竖书，正文九行，行各八字。

碑主梁舒不见于史传，但据推测，此人可能是在五胡十六国时代历任显官的梁氏家族中之一人。

另外，与这件墓表形制近似的东西，有现藏中村氏书道博物馆的《吕宪墓表》（后秦·公元402年），但其书风却与此不同。

书体为楷书，书风上没有特别的地方，仍然是当地的铭石书体，但其作为后来北凉样式的先驱，却是应该注意的史料。（《文物》1981年2期）

7.63 崔遹墓表

63. 崔遹墓表 后燕·建兴十年（395）

　　1979 出土于辽宁省朝阳县，共二件。原石为未经加工的自然石，一石宽 30 厘米，高 40 厘米，文字三行，行各五字（图 7.63）。另一石宽 55 厘米，高 62 厘米，刻有与上一石大致相同的 16 字，因为刻得更浅，所以有残损。墓主崔遹，见于《北史》崔逞传。

　　书体是楷书。虽说是东北地方的书法，却与华北的《中岳嵩高灵庙碑》（公元 458 年）、或者南方边地的《爨龙颜碑》（公元 458 年）的书法具有共通的要素，这在了解书法风格的流传方面是重要的史料。（《文物》1981 年 4 期，1982 年 3 期）

7.64 吕他墓表

64.吕他墓表 后秦·弘始四年（402）

这块墓志据说是1970年代，在陕西省咸阳市渭城区密店镇东北方，在前汉高祖的长陵约一公里处被发现的，可是，墓葬状况及其它相关情况，什么也无法知道。现在收藏在西安碑林。

墓表是砂石质，有跌（台座），通高65厘米。上面宽32.5，下面宽34厘米。跌高10、宽55、深39厘米。

志文（图7.64）有题字"墓表"，另外下面有5行，每一行各7个字，全文一共35个字。

根据报告书，吕氏是现今甘肃省天水市的人，父亲吕光是后凉（386—403年）的建国者。他死后，吕他率众二万五千人投降于后秦的姚苌，迁居关中，被赐官拜幽州（现在的陕西省耀县一带）刺史。

这件书法，不算楷书也不算隶书，笔锋缺乏抑扬，概念化的结构显得呆板。只是，这种是当时的铭石体，和《镇军梁府君墓表》（386—421年）、《沮渠封戴墓表》（455年）、《司马金龙墓表》（484年）等是同一流派的书法。

顺便一提的是，在台东区立书道博物馆里，有中村不折旧藏的《吕宪墓表》。和《吕他墓表》的文字排列虽不同，可是却都说明了两者是同年、同日埋在同地（常安和长安相同）的。书风也很像，可以明白是出自同一个人书写的。（《文物》1997年10期）

65. 镇军梁府君墓表　后凉－西凉（386 － 421）

1977 年出土于甘肃省嘉峪关市郊外古墓群中的一号墓。此墓表的碑身已经失去，出土时就只有碑首（图 7.65）与碑座，均为砖制。或许碑身是木质制成已经腐朽了吧，当然，这只是一种臆测。这件碑首是半圆形，高 23 厘米，下部宽 35 厘米，题额部位划方界格，刻二行 8 字。

7.65 镇军梁府君墓表

书体也是既非隶书也非楷书的铭石体。其书法与南京出土的《王闽之墓志》等以及《爨宝子碑》均有共通之处，虽然仅有 8 个字，然而在探索书法传播的历史上却依然是珍贵的史料。此外，根据考古报告，一号墓属于西晋中晚期的墓葬，但现在仍将其看作后凉至西凉时代的东西。（《文物》1979 年 6 期）

66. 恭帝玄宫石碣　南朝·宋·永初二年（421）

1960 年出土于江苏省南京市。原石为方柱状，表面未经磨制。据说出土时其下铺设有两层砖，以石灰固定，北向而立。长 125 厘米，宽 30 厘米，仅一面有字，共三行，行各 9 字（图 7.66）。这是恭帝的玄宫（陵墓内的殿堂）的标志。恭帝是指东晋最后一个皇帝，于元熙二年（公元 420 年）被弑，其埋葬已在入宋以后，这件石碣，应当是营造玄宫时设立的。

书体为隶书，其左右对称的结构及其横划如牌坊一样向左右上方挑出的笔法等等，似乎是与北凉风格相通的书法，有一种锋锐严整之趣。（《考古》1961 年 5 期，《六朝艺术》）

7.66a 恭帝玄宫石碣

7.66b 恭帝玄宫石碣原石

碑铭刻石

219

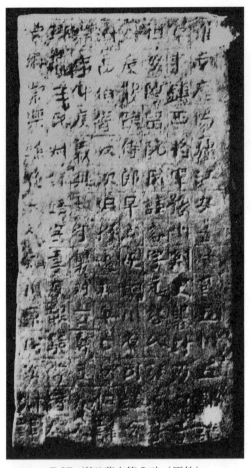

7.67a 谢琰墓志第 2 砖（原件）　　　　　　7.67b 第 2 砖（拓）

67. 谢琰墓志　南朝·宋·永初二年（421）

这个墓志是在南京市雨花台区的司家山挖掘的第六号墓中出土的,该墓是单室的砖造墓,也很早就遭人盗挖,除了这个墓志以外,没有什么值得特别记载的东西。

谢琰志中值得特写的,就是一共有6个墓志出土,而且,6个墓志加起来成一篇完整的文章,在现在所知道的南朝墓志中,是志文最长的一个。

6个墓志（图7.67）都是砖制的,每一个都是33 × 17、厚4.5厘米。每一块砖都是8行,形成一棋盘状,除第二砖为写满一行12个字以外,其它的都是写满一行15个字。第一和第六块砖是106个字,第二、三、四砖是120个字,第五块砖是109个字,第六砖破成三块,缺了几个字之外,几乎都是完好的,全文有681个字。

附带要提的是,一座墓葬里收藏有多数墓志的例子,有前面提过的《刘媚子墓志》以及《刘克墓志》（二块志砖、357年。参见《中国新出土的书法》112页）、《孟府君墓志》（五块砖、376年。同上书113页）、《刘庚之墓志》（两块砖、无年月。参见《书法的文化史（上）》282页）和后面将要讲到的《宋乞墓志》。只是这些墓志的内容都是每一块墓志上的文章都一

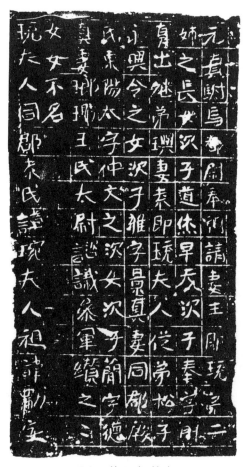

7.67c 第 3 砖（拓）　　　　　　　7.67d 第 5 砖（拓）

样，行数和每行的字数也一样，所以，像这个墓志这样，在砖的数目，而且六块砖合起来成
一篇修辞完整的文章是件首例，这在研究墓志历史上，是很重要的史料。

内容从头到尾只涉及谢琰先在地方上的名望和官职，各个配偶的出身和家族的官职以及
子女的姻亲关系等等，对经历及其它，几乎都没有提及。

志文中的祖父谢奕和叔叔谢玄（348—388 年）的传记，附记在《晋书》卷七九〇中的谢
安传里，是中国历史上留有名字的人物。另外，伯母谢韫（《晋书》卷七〇中称为谢道韫），是
嫁给王羲之的第二个儿子王凝之，是东晋时代首屈一指的才女。还有，虽然谢琰传记在史书
上看不到。不过，从这个墓志可以知道，他和当时非常有名的名流通婚。亦即是琅邪的王氏、
颍川的庾氏、高平的郗氏等。

书法是楷书，雕刻很粗糙，很明显地可以看得出来用笔不周密。只是，结构上蛮结实的，
笔画有强弱，在角度上有变化。写的人是一个蛮擅长结构处理的书法家，只是笔法应该是更
利落才是。可能是刻的人做事马虎的结果，才变成这种样子的吧！例如从第 5 块砖第四行"谯"
字的"焦"部的竖画和第 3 块砖第一行的"马"字忘了刻竖的那一笔画就可以证明雕刻的粗
糙。（《文物》1998 年 5 期）

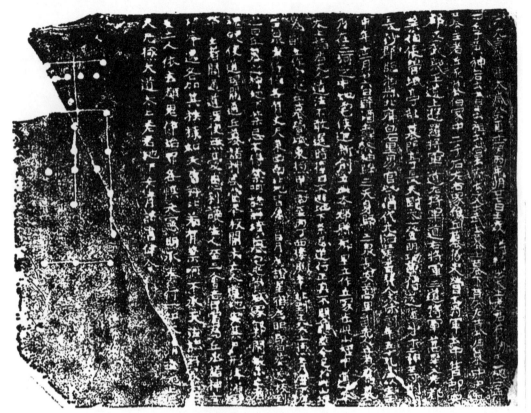
7.68 徐副买地券

68. 徐副买地券　南朝·宋·元嘉元年（424）

　　这个买地券最初出现在1982年的《湖南考古学专刊》第一辑的《长沙出土南朝徐副买地券》，可是因为没有看过，所以不知道有没有墓葬或陪葬品。现在依据王育成的《徐副地券中天师道史料考释》叙述。

　　它是1977年，在湖南省长沙县麻桥出土的。原件是石板，尺寸是26 × 33，厚不到2厘米。券文（图7.68）在竖的网格线中，共有17行字，每一行的字数并没有一定，全文一共495个字，左方附有一个所谓"符箓"的星象图。

　　内容是采用道教一派的天师道信徒，举出很多神的名字，祈求墓主能藉由众神的庇护，在阴间能享受安乐，遗族的人们都能长寿与繁荣，是埋葬者和神明间订契约的方式，也就是所谓的"厌胜"（咒语）的一种。只是，文中叙述徐副的死因为"酒醉寿终"。这种语气，是前汉以来买地券中未曾看过的，今人觉得蛮有人性而感觉有趣。

　　书法是楷书，看起来好像是没有打草稿就直接写上去的。形体扁平的字很多，可是，这可能不是写的人原本的笔风，而是为了要把每一行的字数尽量填满所致的吧，所以，看上去是很扁平的楷书，兼有隶书的韵味。（《考古》1996年3期）

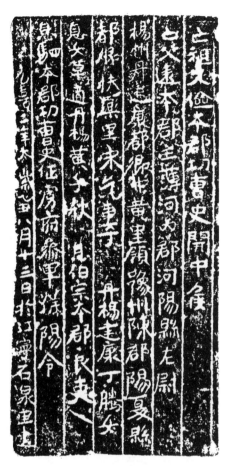

7.69a 宋乞墓志

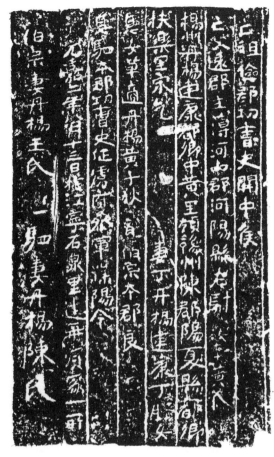

7.69b 宋乞墓志（终行为碑侧）

69. 宋乞墓志　南朝·宋·元嘉二年（425）

1996 年 10 月，"南京汉唐艺术品拍卖公司"捐赠了三个砖志给南京市博物馆。根据博物馆方面的调查，该砖志是前不久在市内雨花台铁心桥镇的建筑现场出土的。

这块墓志（图 7.69）是三砖之一，尺寸 34 × 16.6，厚 4 厘米。另一块（图）是 33 × 16.4，厚 4 厘米。还有一块是 33.7 × 16.4，厚 4 厘米，后两块在形状上、志文上和第一块大致一样，只是文中有"宋乞、字□怀、泰元中亡"不同而已。

在内容方面，三志都略记祖父、父亲、墓主（宋乞）及其妻、长男、二男的经历，并谈到墓主妻子的娘家，和长女婆家，于南朝·宋的元嘉二年埋葬一事。只是，从祖父以下到小孩，都分别改行的这种例子，却是空前绝后的。另外，就像前面所述，三砖之一提到宋乞是"在泰元中过世的"。虽然不明白为什么没有明记究竟是东晋泰元年间（376—396）的几年。就算是死于泰元年，也是在 30 年后才被埋葬。这可能是因为本籍河南省太康县的宋氏，于宋代侨居此地，重新规划墓地的缘故。

书法是楷书，三块砖的字大小不一，有很多笔画都很不周密，比《谢琬墓志》还差很多，刻雕也很粗糙，不过，楷书的笔法却蛮熟练的。（《考古》1998 年 8 期）

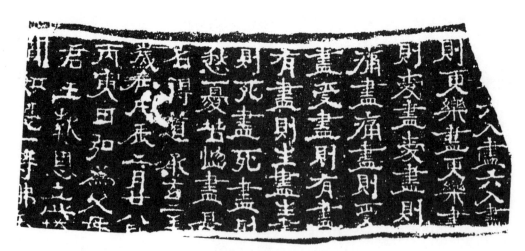

7.70 田弘造像塔柱发愿文残石

70. 田弘造像塔柱发愿文残石 北凉·承元二年（429）

　　1955年发现于甘肃省酒泉县文殊山石窟遗迹中，原石为塔柱的基座部份的残石，高41厘米，底径21厘米，基座底部八面均有线刻妇女像，铭文（图7.70）环刻于其上部。铭文中间部份有残缺，残存文字23行，行各6至7字，全文约150字。内容为一个叫田弘的人为了其亡故的父母而造此塔的发愿文及"增一阿含经"的一段。

　　书体为楷书，是与《沮渠安周造像碑》（公元445年）书法相同的所谓"北凉体"。另外，1969年在同一地点又发现了《高善穆造塔发原文》（公元438年）、《程段机造塔发愿文》（公元436），形制与书风都大约与此相同。（《文物资料丛刊》）

7.71a 刘贤墓志

7.71b

71. 刘贤墓志 北魏·
承平年间（452）

1965年出土于辽宁省朝阳县发现的砖室墓中。这件墓志带有碑首龟趺，完全是碑的形制，高103厘米，宽30.4厘米，厚12厘米。圆背的碑阳有阳文篆书"刘戍主之墓"6字题额，其背面有浮雕双鸾纹（图7.71）。

志文四面环刻，阴阳两面各6行，行各11字，全文共计194字，但其右侧所刻29字，为其子孙的题名。

墓主出身鲜卑族，官戍主（相当于州府参军的下级军人），这样的人根本不会见于史书记载。右侧以"息僧沼，州西曹"为首的题名有

7.71c

7.71d

其子4人，孙3人，当时官州西曹书佐的刘僧沼，为颂父德而刻制此石。

书体是依据隶书的笔划写成，但那种经过了楷书过滤过似的造型，确实显得很拙劣。此外其中还夹杂有篆书的写法以至接近于草体的造型等等，是从北朝末年到隋朝之际常常可以见到的所谓杂体书之类的东西。与此志书风相近的例子，有砖上漆书《韩宝晖墓志》（公元571年，书道博物馆藏），两者虽然相隔有一个多世纪的时间，但在书法流传的研究上，是应当注意的现象。同时这种奇怪书风中的别字很多，对这方面的研究也是新史料。此外，墓志碑的先例，可以见到西晋的荀岳墓志等数种，但这样的龟趺、圆首、四面刻文的作法，还是首次发现。（《考古》1987年7期）

7.72a 皇帝南巡碑·碑阳

7.72b 碑阳部分

72. 皇帝南巡碑　北魏·和平二年（461）

　　在山西省灵丘县的东南约15公里处，有弯曲的河流包围的台地。1980年代，在这块台地发现了这块石碑的残石，现在保管在灵丘县文物局。

　　有关这块碑最早的报告，是《考古》1987年第3期，可是是一份不完全的报告。到了90年代，有关该碑再有二、三篇的整理报告，总算全貌可得而知。

　　碑石（图7.72），在135×124、厚17厘米的石板上，有长205、宽137、高53厘米的跌台。碑身已断裂为10块。断成两块的碑首部分，还算完全，接合后有85×145、厚30厘米。题额有6方格（一方格约26厘米见方），内以阳刻署书体刻着"皇帝南巡之颂"。碑身部的宽约137、厚29厘米，碑高推定应有400厘米以上。阴阳两面都刻有文字，其碑阳的残存字，在八块碎片上，共有173个字。一个字约4厘米见方，字间约有2厘米，换算起来，24行，写满一行40多字，全文应有1000多字。碑阴，分成七段，残存随从皇帝出巡的官爵姓名2440个字，推定原来有3000个字以上。

　　碑额中的"皇帝南巡"就是指北魏的文成帝（在位于452—465年），在和平二年（461）

7.22c 皇帝南巡碑·碑阴　　　　　　　　　　　　　7.22d 碑阴部分

出巡山西诸州一事。有关此碑在《魏书》卷五·高宗纪，大约写着"灵丘县南边有高四百余丈的山。帝命群臣以弓箭射过山峰，可是没人达成，于此帝亲自一射，竟越过山峰再高三十多丈，因此把这个经过刊刻于石碑的"。又，郦道元《水经注·滱水》写着，在灵丘南边的山有御射台，并有《御射石碑》，另外也被叫做《御射碑》。

可是，在这之前，也有太武帝（在位于423—452年）的《皇帝东巡碑》（437年）（参照《书法的文化史（中）》34页）。这个碑文也写着，在易州举办了射箭大会，结果没有人赢太武帝，因此将此情形铭记建碑。

碑阳的书法，将书体构造写作偏右上斜，在一字里将上部紧缩，下部宽松。多利用方笔，而笔力遒劲有力，非常严峻的楷书模式。书风最接近于《大岱华岳庙碑》（439年，前书35页），可是技巧方面是高一级的。附带说一下，远在云南之地，南朝宋的《爨龙颜碑》（458）之书风也是同一流派。在这时期"铭石体"的一脉流派，于南北两朝，扩大其影响范围的实际状况，能由这块碑石了解此一点，也算是很贵重的史料了。（《文物》1997年2期、《书法丛刊》1999年1期）

碑铭刻石

7.73a 邸府君碑   7.73b 局部

73. 邸府君碑　北魏·和平三年（462）

这块石碑，现在在河北省曲阳县的北岳庙。据当地人说，是在 1988 年，于邻接北岳庙的寺庙之古井发现。小册子《北岳庙》虽有很简单的介绍，可是对发现的经过或石碑的尺寸都没有提。这件拓本是在 2000 年 8 月，中滨硕堂在当地购买，现在收藏于淑德大学"书学文化中心"，拓本是 133 × 68 或 77.5 厘米。碑文（图 7.73）有 21 行，一行 35 个字，全文有 733 个字。但第一行就有缺损 10 个左右。碑文中有诸多错别字。

这块碑的书体，应是洛阳迁都以前之北魏的铭石体。跟一直到现在众所共知的《大岱华岳庙碑》（439 年）《中岳嵩高灵庙碑》（456 年）的书风酷似。基本上跟《大武帝东巡碑》（437 年）、新出土的《皇帝南巡碑》（461 年）是同一系列的，但书格较差。

74. 皇兴造像铭　北魏·皇兴五年（471）

这件据《西安碑林书法艺术》藏石细目表所载，在新中国成立以前，于陕西省兴平县出土，保管在省历史博物馆的，于1953年移到西安碑林，现在列置于其石刻艺术室。

石像87×55厘米，正面雕一尊交脚座佛，其光背正面浅浅地浮雕火焰、忍冬纹（金银花纹）。光背的背面，大半之不规则的界格里，浅雕着有关佛教的故事和供养人。

造像记（图7.74）位置在台座的背面，拓本最长部18×51厘米。各行的字数没有一定，下方有缺损，发愿者的姓名不明。残存字有156个字，半字8个。第8、9行写"皇……□次辛亥"，"皇"下面的半字，能看成"兴"字的右上肩部分，因此能确定为皇兴五年。

这件楷书，多用藏锋，且有起伏的运笔，是一种柔而强又很宽绰的书风。在皇兴年代的作品里，只知有《鱼玄明墓志》（468）和《赵造像记》（469）而已。前者还算可以，但后者实在太幼稚而拙劣。可是在另外一方面，北魏也有如司马金龙墓出土的整齐而温雅的《漆画屏风题记》（484以前）般之样式，由此可知此时期已有各样的楷书书风，故这些造像题记的史料意义颇大。

碑铭刻石

7.74a 皇兴造像（背面）

7.74b 铭文

229

7.75a 钦文姬辰墓志·原石（阳）

7.75b 同·拓（阴）

7.75c 阴之局部

75. 钦文姬辰墓志　北魏·延兴四年（474）

这是1966年，在离山西省大同市东南郊13公里的石家寨村出土的，该墓的墓主是司马金龙，由于它的墓志、墓表的出土，这个《钦文姬辰墓志》的伴出才在报告书被提到（《文物》72年3期）。可是，图版却没有发表。

数年前，在制作《书法之路》（日本 Victor 社录影带第12卷）时，采访所拍摄到了原石之正面（图7.75a），背面则由《书法丛刊》转载。不过，该书也没有任何关于正确尺寸的说明。

志石放在前室通往后室的甬道上，离《司马金龙墓表》有一点距离的地方。尺寸是30×28厘米。志文（图7.75）从正面延续到背面一共12行，每一行的字数没有一定，全文共有135个字。有竖的分格线，不过由于正反两面间隔不一样，所以字的大小也不相同。

内容几乎都在讲她的丈夫司马金龙与其父亲楚之和出身、官爵，列记出娘家的父亲是陇西王直态贺豆跋，外祖父是乞伏文昭王。

这件书法，比当时所谓"铭石体"的《司马金龙墓表》还有变化，是较通俗的书法。不过，也算是铭石体的一种，它的横画写法，特别强调弯曲度，应该是《司马芳残碑》（454年以前见西林昭一著《书法的文化史（中）》第40页）的一派吧。另外，很明显的是别字很多。（《书法丛刊》1999年1期）

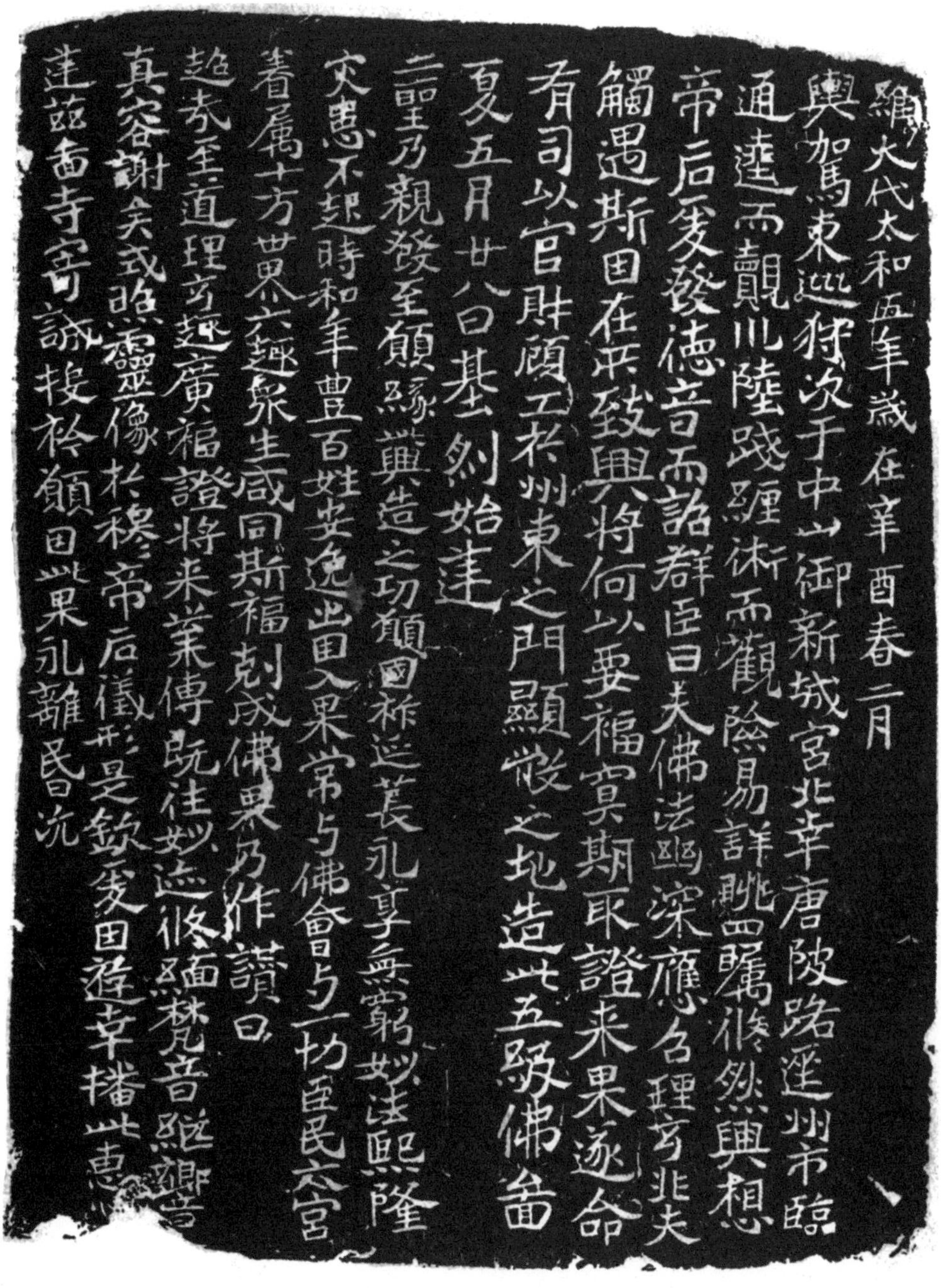

7.76 太和五年石函铭

76. 太和五年石函铭　北魏·太和五年（481）

1964年，由河北省定县的佛寺遗迹中的塔的基础部份出土。铭文（图7.76）刻于长65厘米、宽57厘米、高58厘米的石函的顶部。文共13行，行内字数10至27字不定，全文281字，无一字缺损。内容为叙述奉孝文帝之命建立佛塔的过程。

书体为楷书，有些强调曲线的笔致，但缺乏笔力，不过这在当时来说，还是别字很少的作品。（《考古》1966年5期）

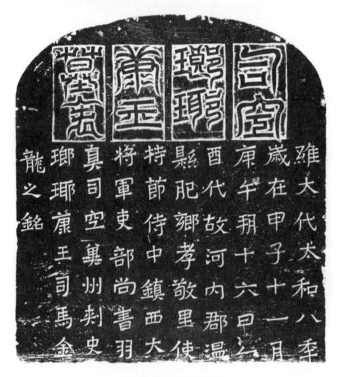

7.77a 司马金龙墓志

7.77b 司马金龙墓表

77. 司马金龙墓表、墓志

北魏·太和八年（484）

　　1966年出土于山西省大同市东南13公里处的石家寨村。该墓为大型砖石墓，从墓道到后室有45米多长，虽遭盗掘，但仍出土了454件陶俑，特别是其石质的棺床与柱础上的精致浮雕，是北朝石刻中少见的精品。

　　墓主司马金龙，官至吏部尚书，于太和八年去世。其墓志（图7.77a）出土于墓前室，形制为碑形，立于趺上，高71厘米，宽56厘米，无题额，志文9行，共65字，与墓表的文字大致相同，只是个别文字不同，字形略大一些。

　　墓表（图7.77b）出土于墓门顶上的土中，形制也是碑形趺座，碑高64.2厘米，宽45.7厘米，上部阳刻篆书题额"司空琅琊康王墓表"8个字，字分4行，行各2字。志文10行，行7字，全文66字。

　　墓志和墓表的书体都是当时流行的"铭石体"的魏书，在迁都洛阳之前，这是典型的北魏书法之一。但这种书风与南朝的爨龙颜碑（458年）和刘怀民墓志（464年）有很多相同之处，这给探讨南北书法的相互关系提供了新的资料。

　　此外，修筑此墓用砖约5万块，每块长33厘米，宽28厘米，厚6.5厘米，侧面有模印阳文"琅琊王司马金龙墓寿砖"字样，书体近于隶书，这在当时来说已是带有古风的书法式样了。（《文物》72年3期）

7.78 秦僧猛买地券

78. 秦僧猛买地券南朝　齐·永明五年（487）

1962年出土于广西省桂林市，但没有出土情况的详细报告。原石高17.5五厘米，宽11厘米，虽然竖划有17行界格，但行内字数却无一定，全文共111字（图7.78）。内容是为定置墓地而与土地神的买卖契约，所取的形式，沿袭汉魏以来买地券的习惯。图版为原石的照片。

书体虽说是以楷书作为基调，但因为书写速度稍快，所以混杂有行书风格的结构。字的结构上显得中宫开展，有宽绰的风趣，书者的手段非常高明。远在南方边地桂林的这件作品，在了解书法的流传方面，虽说是一件小品，却极为珍贵。（《广西出土文物》）

7.79a《神人子题字》

7.79b《神人子题字》(拓片)

79. 云峰山四仙人题字

北魏（无纪年）

2000年8月，在山东省莱州市的云峰山山顶边，莱州市旅游局从事铺设新台阶时，被杂草覆盖约50厘米的腐蚀土堆积下发现了这几块刻石，原石现展示在《郑道昭纪念馆》的西廊。

其地点离有"此上有九仙之名"题记的场所的6米处，呈四个石块的形状出土。那里是U字形的狭路，据现地调查者之言，四个石块都没有从岩石场剥落下来的痕迹。可能在很早的时期就被砂土埋覆的。除一个石块之外，都有缺损部分。

四个石块如左（尺寸为最长部位）。

（1）《神人子题字》（图7.79a、b）60×78、厚33厘米。"神人子·乘烟、栖姑射之山"。

（2）《列子题字》（图7.79c）105×87、厚37厘米。"列子·乘风、栖华之山"。

（3）《鸿崖子题字》（图7.79d）55×75、厚42厘米。"鸿崖子·乘鹄、栖（衡）之山"。

（4）《赤□子题字》（图7.79e、f）80×77、厚25厘米。"赤须子·驾鹿、栖□□之山"。

过去虽刻有"九仙之名"的题记，辟如在陆增祥的《八琼室金石补正》卷14里，只录"安期子"、"赤松子"、"浮邱子"、"羡门子"、"王子晋"的五个题字。至今所有的论著都只提这五题字，而其它四仙名题字，如字面那样是幻想的存在。因在此新发现"四仙人题字"而得知九仙人题字的全貌，在郑道昭摩崖的研究上，是一件划时代的事。

新中国出土书迹

234

7.79c《列子题字》

7.79d《鸿崖子题字》

7.79e《赤□子题字》（原石）

7.79f《赤□子题字》（拓片）

四仙人题字，因长期埋在土中，字口能看得很鲜明。在点画上带些起伏，悠然自得的笔意，虽和本来大家所知道的，郑书中之某种作法是共通的，但都是所谓方笔的书法。

大家所知的郑书，因经一千几百年风吹雨打，又经捶拓，可能字口已磨损的关系，有时看成所谓的圆笔。但由于这件四仙人题字的出现，在郑书书法的研究上，可以说投下了新的参证史料而受到重视。（附记：本项系依船本芳云所提供之资料所写。）

碑铭刻石

7.80 建武二年造像铭

80. 建武二年造像铭　南朝·齐（495）

　　1990年出土于成都市商业街16号院暖气管道工地，距地表2米深，同出的共有9尊石造像，这尊编号为90CST⑤：6的造像为红砂石质，残高37.4厘米，基座宽25.4厘米，正面为一佛二菩萨组合，台座后为大莲瓣背光，上部已损毁，背光后面雕刻有佛教故事和发愿文。最上部为一浅浮雕屋形龛，龛正中雕一交脚弥勒菩萨坐于长方形台座上，右手上举，所持何物不清，左手残。菩萨薄衣贴体，衣裾垂悬于座前。龛下面为发愿文（图7.80），阴刻文字11行，每行7字，共77字。其内容为"齐建武二年岁次乙亥荆州道人释法明奉为七世父，母师徒善友敬造，观世音成佛像一躯生生之处永离三涂八难之苦，面都诸佛弥勒三，会愿同初首有识，群生咸将斯发果菩提广度"。

　　此佛像是荆州道人释法明于南齐建武二年敬造的"观世音成佛"像，其书体为当时流行的魏碑体，笔画中的方起坡脚很明显，间带楷书的钩笔，有一种碑楷兼行的特殊风味。

7.81a 萧融墓志

81. 萧融墓志　南朝·梁·天监元年（502）

1980年出土于江苏省南京是栖霞区甘家巷。墓主萧融是梁武帝萧衍之弟。墓志（图）长60厘米，志文20行，行各28字，共517字，但左上角缺失了约15字的一块。志文首行是"□□□墓志铭序"，接下来是讳、籍贯、出身、卒年、葬地及传略，其后则书有"梁故散骑常侍抚军大将军桂阳融谥简王墓志铭长兼尚书吏部郎中臣任昉奉敕撰"，此后是每句四字，共30句颂赞。这种形式的行文格式，在当时的墓志文中极为少见。撰文者任昉是南朝有名的文学家，《全梁文》卷四引《艺文类聚》有题为"抚军桂阳王墓志"一篇，内容只有此石文字的"于照帝绪"至"甘棠何憩"这一部分，且字句还多有差异。

墓志（图7.81）的书体结构扁平，起笔和收笔都锋棱外露，显得雄健而刚毅，加上石质

7.81b 肖融墓志局部

风化的特殊效果，颇有一种古拙雄强的风范。

同墓所出还有其太妃王慕韶墓志一件，其长49厘米，宽64.4厘米，志文31行，行各23字，共755字，缺仅9字。该墓志是梁天监十三年（公元514年）所制，保存状况较好，其书体结构也取扁平，一字之内，张弛有度，特别是横画起笔处的锐角切入与竖画所强调的钝角相映成趣，笔力通贯，洗练干净，神采飞扬，这种书风在北魏正始元年（公元502年）写成的《胜鬘义记》（大英博物馆藏）卷后习字中，也可以见到这种书体的风格。

82. 员标墓志 北魏·景明三年（502）

1964年宁夏回族自治区彭阳县彭阳乡姚河村出土，墓志砖呈长方形，长36、宽16.5、厚6厘米。砖右侧面竖题"兖岐泾三州刺史新安子员世墓志铭"。志文（图7.82）凡7行116字，简略地记载了员标的籍贯、家世和生平事迹，是研究北魏时期宁夏彭阳历史地理的珍贵资料。

志文的书体为北魏书体，其笔力雄健，线条富有粗细和跌宕起伏的变化，间有楷书的捺笔，构形偏扁，布局清爽，具有很高的书艺水准。（《考古与文物》2001年5期）

7.82 员标墓志

83. 封和突墓志 北魏・正始元年（504）

1981年出土于山西省大同市小姑村。该墓为砖石墓，全长12.7米，墓室最宽处4.62米，早期曾遭盗掘，残存器物有鎏金银盘与银耳杯各一件，石质的烛台一件。

墓志石（图7.83）取方趺圆首的碑形，石高42厘米，宽33厘米，方趺长42厘米，宽25.5厘米，志文12行，行各13字，共141字。

墓主封和突不见于史籍记载，但从志文来看，这是一个生于北魏太武帝时代，历仕文成、献文、孝文、宣武诸帝的官僚，由大同迁都洛阳的时候他曾参与其事，但墓志中没有记载他对北魏王朝的功绩，仅记录了他的官爵而已。

墓志的书法主体是楷书。它以这一时期造像记于墓志铭中常见的所谓北魏体的样式为基调，但却在钩法和悬针法上显示其独具的技巧，这在当时也是很有个性的一种书风。（《文物》1983年8期）

7.83a 封和突墓志原石

7.83b 封和突墓志

239

7.84a 元淑及妻吕氏墓志（阳）

局部

84．元淑及妻吕氏墓志　北魏·永平元年（508）

这是 1984 年，在山西省大同市东南郊外约 6 公里的东王庄村出土的。墓葬是大型的砖造墓，墓道和甬道共约 29 米。墓室的尺寸是 6.75 × 5.7 米，室内设有放置棺木的高台，上面有放过两具棺木的痕迹，是一个夫妇合葬的墓。该墓遭过盗挖，在仅存的数十件陪葬品当中，引入注目的，是皇室赐给长寿者的"鸠头手杖"的把手，以及陶制的"六足砚"。不过，这块墓志乃是墓中最有价值的珍贵遗存。

这个墓志倒在放棺木的高台东南边角落上。是一个仿照碑形的所谓"墓志碑"（图7.84a），本来一定是竖立着的。碑身是79×43、厚8厘米。跌座是53×27，高13厘米。通高92厘米的这个墓志，是西晋以来20例左右的墓志碑中，仅次于《刘贤墓志》的第二大碑。

其碑首的文字，继承"署书"流派，用阳刻额题"魏元公之墓志"。志文有20行，写满一行27个字，全文共511个字，填在2.1厘米的方格子内，背面有3行，行内的字数不一，共填入有37个字。

有关墓主元淑的生平，附在《北史·常山王遵传》里。也就是说元淑，是北魏的昭成帝什翼犍的曾孙，康王元素之子。官做到平城镇将，正始四年（507），61岁去逝的，受谥为靖。隔年夫人吕氏也去世，合葬的时候，制作这个墓志碑。

7.84b（阴）

碑铭刻石

这件书法的原拓因还没看到，根据报告书的图版，不能仔细看到笔意的细部。看来结构上稍微有点竖长，横画往上扬，重心放在左下，向右展开的书法，和稳健的笔画，比起后来出土的《比丘尼昙媚造像记》（503）和1981年大同市出土的《封和突墓志》（504），显得格外地精练。另外，比起这个时期在洛阳出土的墓志中，如元祥、元飏的两个墓志（508），是低了一等，不过，比起其它有名的作品，如《元诠墓志》（513），并没有逊色。

另外，还有两点很重要的。第一，根据史书的记载说，随着孝文皇帝迁都洛阳的一些人，死后也不允许迁葬自己的本籍地，可是，元淑因为是以一个平城镇将的身份留在平城的，所以被葬在平城。然而，志文中却写是"洛阳的人"，可知连没有一起迁都的人，籍贯也都被迁到洛阳，这是第一点。

另外一点就是在这个墓志的背面（图7.84b）有"永平元年，岁次戊子十二月庚戌朔四日癸丑建，太常博士青州 田徽宝造。书者，相州主簿·魏洽"，说是田徽宝撰文，魏洽书写志文，像这样，在墓志上铭记撰书者名字的，可以说目前所知最早的范例。（《文物》1989年6期）

陽平王墓誌銘

維皇魏永平四年歲次大火二月丁卯朔十八日甲申

故輔國將軍汲郡太守陽平王元同字曇朗廉年廿有

九以去永平二年十二月廿四日薨於郡庭即殯郡之

西庠王

景穆皇帝之曾孤故陽平王之孫故陽平王第二息

王流暉皇尊公光乾緒含燄弱年搶筆晚歲光崇前

烈堂構後隆

聖上嘉焉授茲斯郡撫政半春風彩高野故能使寔惶

7.85 元同墓志

85. 元同墓志　北魏·永平四年（511）

　　这是1991年，在河南省孟津县朝阳村出土的。志石（图7.85）是59×48，厚10厘米。17行，写满一行21个字，全文有289个字，有盖，但没有题额。

　　志主元同，在史书上没有传记。不过，就像开头写的"阳平王"，是北魏的皇族。《魏书》第十九卷里，可以看到他祖父新成和他父亲元颐的传记。报告书认为，因为元同二十七岁就英年早逝，所以没有被附写进去。

　　这件楷书，欠缺流畅感，不过，骨架强劲、厚重的风格，可以说是这个时期的墓志中很独特的风格。（《洛阳新获墓志》）

新中国出土书迹

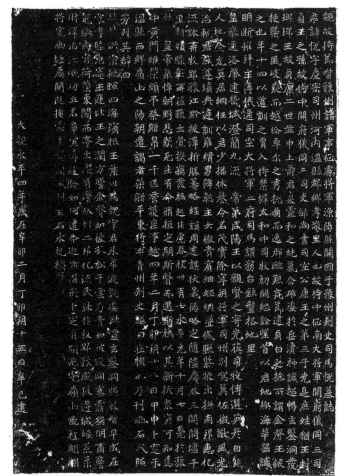

7.86 司马悦墓志

局部

（右侧竖排）碑铭刻石

86. 司马悦墓志　北魏·永平四年（511）

　　1979年出土于河南省孟县，现藏孟县文化馆。志石高108厘米，宽78厘米，有盖，盖上只有阴刻楷书一行"墓志铭"三字。志文（图7.86）22行，行各33字，有方形界格，全文共661字，无一字缺损。

　　墓志第一行"魏故持节、督豫州诸军事，征虏将军、渔阳县开国子、豫州刺史司马悦墓志"。司马悦（公元462至508年），魏书卷三七有传，为前面提到的司马金龙第三子，父祖三代历仕北魏高官。据史书记载，北魏永平元年，司马悦部下白早生叛变而杀悦，并将其首级送与梁武帝。死时年仅47岁，以无首遗骸葬于墓中。史书上关于司马悦的享年及遇害年月日、埋葬年月日均无记载，此志的发现，可补史书之阙。

　　书体为楷书，与龙门二十品中《北海王元详造像记》（公元498年）、《元瑛墓志》（公元508年）、元显儁墓志（公元513年）等等洗练程度很高的元氏诸作有共通之处，特别接近元详造像记一系的书风。虽然书写者究竟为谁已不可知，但其刚健含蓄的用笔，一丝不苟的笔道，谨严而无艰涩之感的造型结体，如此精到的书法，非当时宫廷中能书之手莫能办。另外别字除"营"、"幽"二字之外，其它再也找不出来。（《文物》1981年12期）

7.87 杨颖墓志

87. 杨颖墓志　北魏·永平四年（511）

　　出土年代不明，估计是1950年以后出土，有关的发掘调查报告未见正式发表。陕西省华阴县与潼关县，是历史上称为「弘农（华阳）杨氏」的汉代著名豪族后裔世居的故地，在这里发现过6方北魏杨氏墓志。此志志主姓名，可见于《魏书》卷四一。

　　这方墓志与杨阿南、杨播两志一样，均出土于华阴县西五方村。志石长51.5厘米，宽48厘米，无盖，志文（图7.87）24行，行各22字，全文共472字。志主为洛州刺史弘农公杨懿的第三子，杨播墓志志主之弟，官至华州别驾，以有文才著称于世。

　　书体为楷书。书格虽说不那么高，但笔数劲拔。书法方面与杨阿南墓志有相通之处，多用别字，但还是别有情趣。（《考古与文物》1984年5期）

杨颖墓志局部

7.88 杨阿难墓志

88．杨阿难墓志　北魏·永平四年
(511)

出土年代不明，与右边的杨颖墓志一同出土于华阳县西五方村。志石长41.3厘米，宽46.8八厘米，无盖，志文（图7.88）21行，行各19字，全文共362字。墓主为杨懿第七子，杨播墓志志主之弟，死时年仅14岁。

书体为楷书，是洗练程度很高的作品。偏平结构的字体很多，常常可见使用起笔藏锋技法的笔划。还有"以"字作篆体、"之"字作隶书，"乃"字收笔带草书风格，是这一时期的新书风。

杨阿难墓志局部

7.89 崔猷墓志   局部

89. 崔猷墓志   北魏·延昌元年 (512)

这是 1983 年，在山东省淄博市大武乡的黄山北麓，崔氏一族的墓域里出土的。没有任何有关墓葬规模，以及陪葬品等的报告。

志石（图 7.89）是 114 × 69，厚 15 厘米，志主崔猷的墓志铭部分有 18 行，一行 34 个字，全文 576 个字。在空二行之后的左边有 6 行字，每一行字数都不一定，记述有关夫人，四个儿子以及七个女儿的事，全文有 136 个字。

志主崔猷的传记在史书上看不到。官职做到员外郎散骑常待，58 岁死于洛阳，被葬于旧茔。他的父亲官拜清河太守，堂哥也做到尚书令。他们清河的崔氏和荣阳的郑氏（郑道昭一族）、范阳的卢氏、太原的王氏都是北魏的四大望族之一。

这件书法的样式，整体略显竖长，右肩部分上扬，重心放在下面。一个字里面，笔道粗细夹杂，结构的分配，相当周密。只是侧笔用得太多，长的横画之起笔和收笔，笔尖的地方没有处理好，或许刻的人也多少加入了自己的书法习惯，所以笔风上显得有点沉重。

总括来说，这种略显肥厚感的书体风格，在这个时期的墓志中也是别树一格。（《书法》1995 年 3 期）

7.90 杨播墓志

90. 杨播墓志　北魏·熙平元年（516）

出土年月不明，与前面二志一同出土于华阴县五方村。志石长宽各68厘米，无盖，志文（图7.90）33行，行各32字，全文1008字，杨氏墓志中以此志文最长。志石完好，基本无缺损字。墓主为弘农杨氏正系的继承人，是一个官至安北将军、定州刺史的显官。

书体为楷书，横画起笔狠而有力，以强韧的点划组成凝练的书风，在当时来说构成另一派书格。（《考古与文物》1984年5期）

杨播墓志局部

7.91 皮演墓志

91．皮演墓志

北魏·熙平元年（516）

这是 1995 年，在河南省偃师市香玉村出土的，现在收藏在偃师商城博物馆。

志石的尺寸是 68×66，厚10厘米。关于是否有盖子，并没有报告。志文（图7.91）是 23 行。一行可写 23 个字，全文有 509 个字。

墓主皮演在史书中没有传记。可是，他的祖父皮豹子被立传在《魏书》第五十一卷和《北史》第三十七卷中，他父亲喜也被附记在里面。

墓志的书体是楷书，字形方整，重心摆在左下方，以方笔为主，非常流畅。是一种典型的"北魏书"，是蛮优秀的书法作品。（《洛阳新获墓志》）

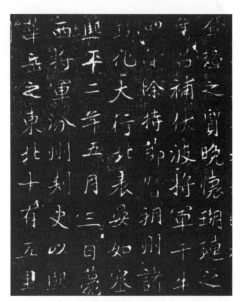

7.92 杨泰墓志

92. 杨泰墓志　北魏·熙平三年（518）

　　出土年月不明。在陕西省华阴县孟塬迪家出土。志石长宽各65厘米，无盖。志文20行，行各22字，全文398字（图）。志主为杨懿之弟，杨津之孙，官至朔州刺史。

　　书体为楷书，书法的样式与《杨阿南墓志》有相通之处，但多用极细的点画，是洗练而纤细的书风。

　　该墓为夫妇合葬墓，同时出土的还有其夫人《元氏墓志》（公元551年），志石长宽各55厘米，无盖，志文18行，行各18字，书体为楷书，与《杨泰墓志》比较知为另一人所书。（《考古与文物》1984年5期）

杨泰墓志局部

249

7.93 杨胤季女墓志

93. 杨胤季女墓志　　北魏·神龟二年（519）

出土年月不详，陕西省临潼县管南出土。志石长35.2厘米，宽34.5厘米，有盖但无题额。墓主是弘农杨氏中历官华、荆、秦、济州刺史的杨胤的小女儿。志文之末，另加有一行小字题款，又再起一行记"父平东将军谥曰穆公"（图7.93）。

书体为楷书，书风有些地方与《司马悦墓志》有相似之处，用笔洗练，有渊雅醇厚之趣。但是，"华"、"之"等字用隶书体，还有"之"字特别具有在北朝墓志中的题额书法里常常见到的装饰书体的趣味。这些小地方是研究从北齐到隋代流行的杂体书流传脉络时应该注意的。

（《考古与文物》1984年5期）

7.94 常袭妻崔氏墓志

94. 常袭妻崔氏墓志　北魏·神龟三年（520）

这是1984年，在河北省唐山市文物管理所举行的文化资产调查时，在迁安县所征集到的，现在保管在唐山市文物管理所。关于出土的时期和该墓的状况不明。

志石是青砂岩，尺寸是35×32.5厘米。好像是有盖子，可是报告中没有提到。志文（图7.94）有10行，每一行8个字，全文有80个字。

内容非常简单，只提到常袭的官职和墓主父亲之官爵。只是，最后一行的父亲崔隆宗，是《魏书》第三二卷、《北史》第二四卷的"崔逞传"里都看得到的人物，是一位显赫之官，死后谥号为孝。墓主明明是他的"女儿"，之所以没有被记名上去，是因为只要女性的身份没有达到贵嫔以上，就不会被记到墓志上去，这是惯例。

这件书法，横画的尾部稍微上扬一下就往右斜方押下，另外，一般所谓的"悬针"的最后一笔，像"年、中、郡、军"等字那样都往左方撇出去，以及"神、庚"那样往右边撇过去的技巧，在其它的墓志中都看不到。运笔中还夹杂有藏锋，书风显得很有力量，很厚实，可是太过于匠气，有点造作。

另外，每一行都无法上下对齐成一直线，是上面四个字和下面四个字分别书丹的。写和刻应该都是同一个人，但不知为什么上下不对齐，这是到目前为止还没见过第二例这样歪斜不对齐的墓志。（《文物》1998年11期）

7.95 郭定兴墓志

95. 郭定兴墓志　北魏·正光三年（522）

　　2001年河南洛阳凯悦雅园住宅小区的北魏墓 HM555 中出土，墓葬为单室土洞墓，共出土随葬器物44件，其中陶俑26件，陶器17件和墓志一件。墓志为青石质，方形，边长50、厚12厘米，浅刻有界格，满17行，第1、13行均为10字，最末行8字，共252字。

　　墓志（图7.95）的书体为典型的魏碑，方起尖收的笔道明显而熟练，魏碑特有的点画撇捺方劲而挺秀，布局清爽而疏朗，且保存完整，很能代表魏碑中清俊一路的书风。（《文物》2002年9期）

7.96 崔鸿墓志

96. 崔鸿墓志　北魏·孝昌二年（526）

1973年，出土于山东省临淄县窝托村发掘的北朝崔氏墓14座中的第一号墓。志石长宽各82厘米，有盖无题额，志文（图7.96）28行，行各28字，全文656字。志面下部有70至80个字的部份已被磨损。

墓主崔鸿，附见于《魏书》卷六七、《北史》卷四四《崔光传》，是一个以文才著名的官僚，曾参与北魏史的编纂，死后追赠文贞侯。志文中并记其兄弟、妻子的事迹。

书体为楷书，但不时夹杂有篆书的结体，书风谨严然而略欠畅达，这类书风在同时期比较少见。此墓为夫妇合葬墓，同时出土的还有其夫人张怜玉墓志（公元536年），志石长16.6厘米，宽41.5厘米，志文30行，行各16字，楷书，其书法稍欠整齐，与《崔鸿墓志》比较别是一种趣味。（《考古学报》1984年2期）

7.97 元邵墓志

97. 元邵墓志 北魏·建义元年（528）

1965年出土于河南省洛阳市盘龙冢村。志石（图7.97）长宽各97厘米，无盖，志文38行，行各38字，全文1002字，这在北魏的墓志中属于长篇之作。

墓主为孝文帝之孙，清河郡王元怿第二子，虽然说是皇族，但《北史》、《魏书》均未予立传。志文云其"武泰元年（公元528年）暴薨于河阴之野，时年二十三岁"。当时北魏的国政紊乱，发生过几起政变，在拥立孝庄帝的尔朱荣谋杀灵太后以下诸王贵族公卿2000余人的所谓"河清之役"中，元邵也被杀害。在此四年之前，其父元怿也因政变的原因而被杀，真是一对悲剧父子。

这件墓志是孝庄帝即位以后，追赠元邵司徒公、骠骑大将军、定州刺史重新埋葬时刻制的。墓志的书体为楷书，其结体肥厚，整齐浑厚，这在北魏墓志中还未见过，南朝这段时期的墓志书法，也完全没有这种书风，可见其风格其独特。

附记，此志所记
的墓主之父元怿的
墓志（公元525年，
志石宽99.5厘米，长
100厘米，无盖，志
文32行，楷书）在战
前被盗掘，后落入收
藏家之手，1960年为
洛阳博物馆收藏。
（《考古》1973年4
期）。

98. 王真保墓志

北魏·神平（永安）二年
(529)

这是1973年，在
甘肃省张家川的回
族自治县出土的。该
墓好像没有被盗挖，
可是陪葬品只有20
件。墓志有两块，是
在墓门上方的土中
发现的。两块志石都
是56.8厘米见方。志
文共40行，写满一行
最多20个字，全文有
733个字。

一块志文（图
7.98）的行末有"大
赵神平二年岁次已
酉"，可是"赵"国
和"神平"的年号，
在史书上找不到。根
据报告书的考证，从

7.98a 王真保墓志

碑铭刻石

255

北魏的孝文帝到魏末的这一段时间（471—534年），"已酉"只出现过一次，永安二年相当于这个纪年。

北魏晚期，在甘肃省境内有氐、羌、匈奴、敕勒等少数民族起来反抗北魏，可是《魏书·考庄纪》里说"永安元年，高平镇的万俟丑奴僭称皇帝、置百官"，不过北魏不久就把他镇压下去。还说万俟族就是匈奴族，匈奴曾经建立过赵国。由此看来，这个墓志的主人王真保应该是为赵国工作的人。

这件书法是以楷书为基本，可是偶而也夹杂着行书。字体方型，肥厚的书风显得有点缺乏骨气。或许是刻的人的技巧不好，降低了这件书法的水准。

另外，还有一项北朝晚期共通的情况，就是里面夹杂有很多的别字。（《文物》1975年6期）

新中国出土书迹

7.98b 王真保墓志局部

7.99 王温墓志

99. 王温墓志　北魏·太昌元年（532）

　　1989年，在河南省孟津县北陈村东南1.5五公里的邙山山顶上，被警察抓到有人在盗墓，于是洛阳市文物工作队便进行调查。虽然已经遭到严重的破坏，可是，在南北280、东西300厘米的墓室东壁上，有一幅以墓主夫妇为中心，旁边有好几位侍女的庭园风景的壁画完整地保留着。不过，其它的两面几乎都已剥落，看不出来画像的内容。根据调查，陪葬品有36件，从盗挖者手中追回来的有51件。只是，金器、玉器等一件也没有，几乎都是男女、武士或是动物俑。

　　墓志平放在甬道上，不过，没有盖子。志石（图7.99）是58、5厘米见方。志文有28行，每行最多28个字，全文有758个字，可是其中有4个字缺损。

　　墓志的主人王温，史书没有传记。根据志文看来，他是燕国乐浪乐都人，北魏的景明年间（500—503）开始进朝工作，被派任为平原公国郎中令，后来又累进到安东将军，后因病死亡。他死后三年，北魏分裂成东、西魏。

　　这件书法，以楷书为基础，不过，偶而夹杂着篆书和隶书，虽然还不至于说是"杂书体"，可是却丝毫没有北魏书法的稳健和力道。书体呈方型，重心摆在下方，看起来非常平静、稳定。（《文物》1995年8期）

100. 崔鹣墓志

东魏·天平四年（537）

1973年，与前面的《崔鸿墓志》一道在同一地点由第14号墓出土。志石长56.7厘米，宽54厘米，无盖，志文22行，行各21字，全文250字，有数字已磨泐（图7.100）。

墓主之名不见于史传，但在《崔鸿墓志》中所记其诸弟之名中有他的名字。官至太尉汝南王护军参事，武泰元年（528年）殁于洛阳并暂厝在那里，十年后迁葬于本籍旧茔，此志便是迁葬时刻制的。

书体为楷书，精致而畅达的书法，与元保洛墓志（512年）等有共同之处，但比较之下更多使用曲线，正因如此，此志书法稍欠紧张感，略有纤弱的遗憾。（《考古学报》1984年2期）

7.100 崔鹣墓志

崔鹣墓志局部

7.101 崔混墓志

崔混墓志局部

101. 崔混墓志　　东魏·元象元年（538）

1973年，与前面的崔鸿、崔鹔两墓志同时同地，但由第3号墓出土。志石长宽均53.5厘米，有盖无题额，志文32行，行各32字，全文1057字（图7.101）。三志之中此志文最长，而且无一字缺损，但是，在最后一行应当记其子的姓名与年龄的地方，不知何故没有刻字。

墓主据《崔鸿墓志》是其长男，另在《魏书》《北史》的《崔光传》中也附有其传略，此志志文，可以补足史书失载的地方。

书体为楷书，字体虽小而不失为凝练苍劲而且畅达的书风，在这时期的北朝墓志中如果要举出上品的话，此志当之无愧。另外，从同一地点第5号墓中出有《崔德墓志》（公元565年。志石长54.5厘米，宽54.3厘米，志文21行，行各20字，楷书），从第12号墓出有《崔博墓志》（公元573年。志石宽47厘米，长56.6厘米，志文21行，行各20字，楷书），但是，与以上所述三件墓志比较起来，书法的格调就低了。还有，从第9号墓出土有阴刻行书体"宝铭"、"刘神"等字的残砖。（《考古学报》1984年2期）

259

7.102a 崔令姿墓志   7.102b 局部

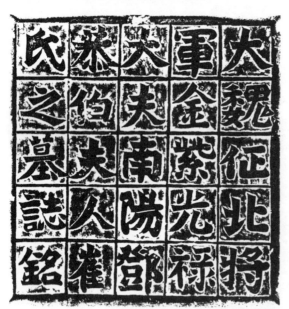

7.102c 志盖

102．崔令姿墓志 东魏·元象元年（538）

　　1965年出土于山东省济南市圣佛寺院村，现藏山东省博物馆。志石长宽均46厘米，有盖，盖上有阳刻楷书5行，行各5字的题额。志文16行，行各15字，全文221字（图7.102）。

　　墓主崔令姿，清河太守崔延伯之女，嫁与北魏大官邓琰的子孙邓恭伯，殁于武泰元年（公元528年），时年29岁，其后十年归葬于父祖之地。据《魏书》，邓氏的本籍在安定（今安徽、湖北境内），而此志题额却作南阳（河南省），还有崔令姿死后过了十年才归葬于父祖旧茔的理由也不清楚。

　　书体为楷书，其字体骨骼承继了北魏以来的正统书法，结体用笔有稳健宽绰之趣，但笔力略显柔弱。此外，志盖上的阳刻楷书题额，是这一时期中很少见如此丰丽的书风。（《文物》1966年4期）

7.103b 吉长命造像碑 背

7.103a 吉长命造像碑

103．吉长命造像碑　西魏·大统六年（540）

　　1983年出土于陕西省临潼县栎阳镇，现移置于临潼县博物馆内。

　　碑为圆首，高47厘米，宽37厘米，厚10厘米。碑阳上部为一佛龛，雕一佛二菩萨像，龛楣有线刻双龙、莲花等，佛座下部刻双狮与博山炉。左侧刻建造这件造像碑的吉长命与其叔父的姓名及侧身像，右侧刻吉长命的祖父、父亲的姓名及侧身像。碑阴最上部份刻双龙，其下有供养人像五躯，左右两侧刻有吉长命祖母、母亲及兄弟六人的造像并题名。

　　发愿文（图7.103b）11行，行内字数不定，全文共52字。

　　书体为楷书，继承北魏造像记书法的风格，为龙门小造像题记中常常可以见到的样式，但作为西魏的造像碑来说，是数量很少的遗例。（《文物》1985年4期）

7.104a 房悦墓志

104. 房悦墓志　东魏·兴和三年（541）

1972年出土于山东省高唐县。志石长宽各56、5厘米，有盖，盖上有阳文篆书三行，行各三字的题额："魏济州刺史房公之铭"。志文（图7.104）26行，行各26字，全文共643字。

墓主附见于《魏书》卷七二《房亮传》，官至使持节都督济州诸军事、征东将军、济州刺史。书体为楷书，在东魏时代应算是凝练的书风，别字也很少。（《文物资料丛型》二）

105. 武定五年造像碑　东魏·武定五年 (547)

1976年，在山东省博兴具出土了多种北朝造像，但当考古调查人员赶到当地的时候，大部份都已经散佚，这是当时收回的72件中之一，时代最古，并且也是仅有的一件造像碑。

碑宽120厘米，高58厘米，厚19厘米，一面有线刻佛像，佛像四周刻有建立寺院的郭神通等6人的画像及题名。其左侧有8行，行各5人题名，右侧有4行人名及9行188字左右的铭记（图7.105）。

书体为楷书，磨损之字也很多，作为这一时期的作品来说，这应当属于传统派的书风。（《文物》1983年7期）

7.105 武定五年造像碑

106. 高湛妻茹茹公主闾氏墓志　东魏·武定八年 (550)

1978年至79年，出土于河北省磁县大冢营村，该墓为一大型墓葬，墓道长22.79米，墓室南北长5.23米，东西宽5.58米，墓道、门墙、甬道、墓室等处，画有四神图、武人、侍女图等壁画，作为东魏的壁画墓这是首次发现。此外，此墓虽说已遭盗掘，但仍出土了东罗马帝国的金币和饰片、精巧的陶俑等1064件随葬品，作为历史上的重要发现而引人注目。

志石（图7.106）长宽各62厘米，有盖，盖有上题额篆书阳文5行、行4字"魏开府仪同长公郡开国高公妻茹茹公主闾氏铭"。志文22行，行各22字，全文463字。

墓主为胡族柔然茹茹（也写作芮芮、蠕蠕）部谙罗臣可汗之女，年仅五岁时嫁与八岁的高

7.106a 高湛妻茹茹公主闾氏墓志

湛（后来的北齐文宣帝），十三岁时夭折，葬于高欢的茔地内。

　　书体为楷书，但不时有篆书的结体，还有加入隶书笔意的字也混杂其中，这样的杂体书法，是从东魏到北齐时代的通例。但是，此作的书风有稳和静谧之趣，作为北朝这一段时期的作品，显示了一种优雅的作风。另外，篆书题额使人感觉用笔周到，也很优秀。（《文物》1984 年 4 期）

7.106b 高湛妻茹茹公主闾氏墓志盖

7.107 崔芬墓志

107．崔芬墓志　北齐·天保元年（550）

　　1986年出土于山东省临朐县丝织厂的一座北齐壁画墓中，该墓为由墓道、甬道和墓室组成的砖石墓，同墓出土的随葬器物有一批彩绘陶俑、青瓷器、陶器、铜镜、铜铃、铜钱、银簪和一合墓志。墓志为青石质，志盖呈盝顶形，边长57.5，通高40厘米，表面粗糙，无铭文。墓志呈方形，石面磨平，用浅直线界格成方格网，方格中阴刻志文（图7.107）26行，满行27字，共663字。首行曰："魏威烈将军行台府长史崔公之墓颂"，其文详述了崔芬的籍贯、世系和生平事迹等，是知崔芬字伯茂，清河东武城（今山东省武城县）人。北魏时，曾任郡功曹、州主簿。东魏武定五年（547年）官本州岛别驾。武定八年（550年）授威烈将军、南讨大行台都军长史。北齐天保元年（550年）十月十九日"窆于冶泉之阴，浮山之阳"，即今山东省临朐县城南11.5公里的冶源镇海浮山南坡。

　　墓志所刻字体为当时所盛行的北魏书体，字迹清晰而遒劲。（《文物》2002年4期）

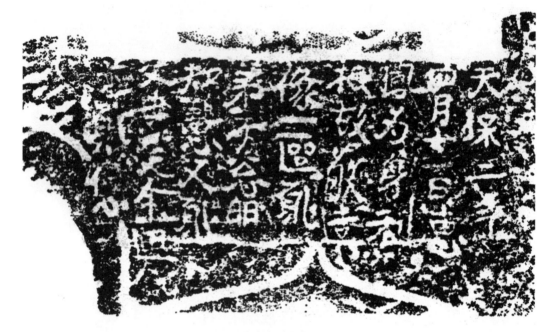

7.108 惠风造像记

108. 惠风造像记　北齐·天保二年（551）

　　1980年，在河南省巩县石窟寺，新发现了从北齐到唐代的有纪年的造像题记23处，此为其中之一。题记（图7.108）在刻有一尊释迦像的23号龛下，共有文字9行，每行字数不一，全文31个字。字体为楷书，间有隶书的笔意，书风随意而大度，整体上由于石头风化的结果，显得古朴斑斓，别有风味。

　　值得一提的是，巩县石窟的题记，在1973年及1976年也有新发现，数量很多，即使同一时代的作品也有各种各样的风格,特别是从北魏到北齐的题记中有许多是不能忽视的作品。（《文物资料丛刊》五）

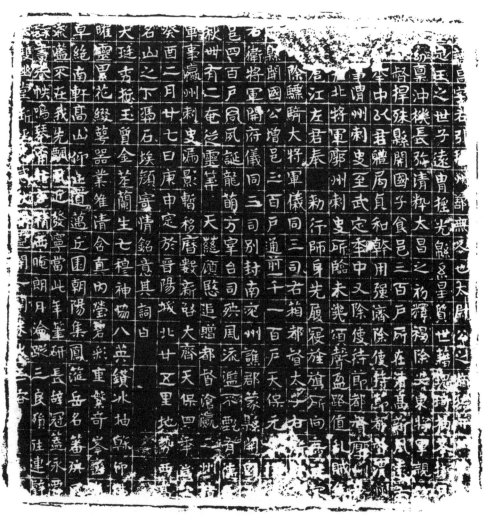

7.109 贺拔昌墓志

109. 贺拔昌墓志　北齐·天保四年（553）

1999年出土于太原市和平南路的一座北齐砖室墓中，同墓出土的随葬器物共有44件，计有陶俑、陶牲、庖厨明器、金环、铜环和一合墓志。墓志（图7.109）为砂石质，长宽各58厘米，墓志盖素面盝顶，阴刻篆书6行，行5字，可辨识者为"齐故使节骠骑大将军贺拔昌君墓志"。墓志长宽各58厘米，方格界面，志文22行，行22字，共473字，记载了贺拔昌其人是朔州鄯无人，北齐并州刺史安定王贺拔仁之子，一生历任安东将军、亲信大都督、渭州刺史、征北将军、廓州刺史、骠骑大将军、仪同三司、右厢都督、太子右卫将军、开府仪同三司等职。侯景之乱时，他曾"奉敕行师，身先覆寇，旌旗所向，无往不利"。死于天保四年（553年），年42岁，死于其父贺拔仁之前。

书体楷隶相间，构形中捺笔和钩点的笔法已是很熟练的楷书笔意，但隶书的波挑的笔法也时有所见，两种笔法融为一体，呈现出一种相对比较特殊的风格，显得古拙而方劲。（《文物》2003年3月）

7.110a 天保九年造像记

7.110b

7.110c

110．天保九年造像记　北齐·天保九年（558）

　　此为近年山东省无棣县出土的七躯石像中之一的题记，没有关于出土年月的报告。此石像通高120厘米，宽56厘米，白大理石制，刻一佛二菩萨及有六个飞天的背光，主佛左右刻有16个字，台座宽52厘米，高21厘米，厚23厘米，左右及背面环刻题记共205字。

　　书体（图）为楷书，特别是台座右面的纪年发愿文9行，全文83字（图7.110），在这个时期是具有古风的书体，与龙门二十品之一的慈香造像记（公元520年）的书风同属一个系统。

　　虽说是小品，但在了解书风的传播方面，仍是珍贵史料。（《文物》1983年7月）

7.110d 天保九年造像记   7.110e   7.110f 天保九年造像

7.111a 库狄回洛夫人斛律昭男墓志盖

7.111b库狄回洛夫人斛律昭男墓志

111. 库狄回洛夫人斛律昭男墓志　北齐·河清元年（562）

1973年出土于山西省寿阳县贾家庄大型壁画墓。墓主为《北齐书》有传的库狄回洛，随葬品中有金、玉器及鎏金铜器、陶俑等30件。此墓壁画的技法，工艺品的技术等，都有极高的水平。该墓为墓主及其夫人斛律氏、妾尉氏的合葬墓，三人的墓志都已出土。库狄回洛墓志（公元562年），长宽各81厘米，有盖，盖上有题额，志文31行，行各31字，全文930字，但已断裂为11块。书体为楷书，在这个时期中算是别字较少，书风较为宽绰的作品。

其妾尉氏墓志（公元559年）长宽各54.4厘米，有盖有额题，志文18行，行各21字，全文323字，已经斜裂为二。书体为楷书，磨损的字很多，书法无特别之处。

其夫人斛律昭男殁于武定三年（公元545年），也许先暂厝别处，到其夫库狄回洛死后才合葬，这件墓志当为合葬时所制。志石（图7.111）长宽各60厘米，有盖，盖上有阳文篆书题额四行，行各四字，志文15行，行各16字，全文共191字。

书体为楷书，但不时杂以隶书的写法和笔意，这是当时的标准作风。结体稍有固定化趋向，并非特别出色的书法，但刻工却实在精致。（《考古学报》1979期3期）

7.112 狄湛墓志

112. 狄湛墓志　北齐·河清三年 (564)

2000年7月出土于山西太原市迎泽区王家村砖厂的北齐墓中，墓为砖石土洞墓，随葬器物有陶俑38件，庖厨明器2件和墓志1合。墓志（图7.112）为细沙石，长宽各65厘米，志盖盝顶素面，阳刻篆书"齐泾州刺史狄公墓志"。墓志方格界面，共29行，行28字，计有790字。内容记载墓主狄湛是冯翊郡高陆县人，其祖父曾任宁朔将军等职，其父任大将军府参军、秦州府主簿。狄湛18岁即为散骑侍郎在员外、给事中等，在北魏永熙三年分裂为东西魏时，他先是到咸阳，后又随建州刺史王保贵投东魏，被授予东雍州刺史、泾州刺史、车骑将军等职，一生"或出从戎行，或入参帷幄攻城野战，每立庸功"，可谓戎马一生。

书体为北齐所常见的楷隶相间的字体，字体方正，隶、楷笔意皆存，间有方笔，略显魏碑气象，因此或以为是魏碑体，其实骨子里还是隶书的味道。（《文物》2003年31期）

7.113a 洪顶山刻经摩崖远景

7.113b 洪顶山摩崖部分

113. 洪顶山刻经摩崖　北齐·河清三年（564）前后

1994 年至 1995 间，在山东省东平县的洪顶山——从省会的济南市向南西约 160 公里处，海拔 220 米——的山上的佛典等被发现。刻经就在凹字形山谷的南和北的崖壁上。崖的倾斜面达 45 度以上。

北壁有《摩诃般若经》及《安道壹题记》、《安公之碑》及《大空王佛》等 18 种。南壁则有《文殊船若经》以及题记、佛号等 5 种（图 7.113）。

在这些当中有纪年的，是南壁的《释法洪题记》、（刻面 280 × 160 厘米。9 行，一行 16 个字），由于在末行写着"大齐河清三年岁次实沈"（实沈为十二支的申），因此可能于河清三年（564 年）前后完成。施主由于在题记开头写着"沙门释法洪、沙婆国土阎浮□落陀天竺人也"，故被认为或许是从印度来的渡来僧法洪。

在一块圭形内的题记中可看到"安道壹"这个名字，在"邹县四山摩崖"中的尖山、铁山摩崖中，也有些名字。

因篇幅有限，无法将刻经、题记、佛号的全部介绍，只把刊载的部分作介绍。

其一在洪顶山北壁，于 1995 年被发现。摩崖刻面最宽的地方 247 × 243 厘米。内容因磨泐处太多，不敢说很确实，然而应该是赞赏"安道壹"在这个险峻之地刻经的经过。

这件书法，在洪顶山摩崖中，属于粗刻之一。第一行的大字"僧安道壹"中的"安"字的横笔是很果断的书法。附带说一下，佛号中有《安王佛》，其"安"字也是同样的写法。

其二也在北壁的西端，在 1995 年被发现，刻面为 109 × 87 厘米。篆额为"安公之碑"，碑文开头有"大沙门僧安"，以下是将"安"和"一"反复镶着修辞，而文意不甚了解。解说员的赖非氏说可能是一种字谜吧。附带说一下，在右边用大字节录"文殊般若经"，刻成 10

7.113c 安道壹题记

行96个字，而在右下边小小的刻上"僧安道一"，至于刻在左边的"风门口碑"的"风门"，比第一块刻得更为粗糙，由此也可见其二比其一的书法要粗糙得多。

其三也在北壁，是1994年发现。刻面为462×232厘米。从他例类推，是先做双钩刻后，再将点画内淘空的。"大"字的刻法让人知道笔顺。又，"山"和"严"的"山"字的竖划起笔，像鸟头般打着嗝而后下笔，很有特点。

其四也在北壁，是1994年的发现。刻面为930×490厘米。"佛"一字是竖长462公分的特大字。4个字的构造都跟前者同样做法，可是"大、王"二字用双钩刻线，这也是标示笔顺的刻法，而"大"的左撇、"王"的竖划之起笔，与其三同法。还有"佛"字的"弗"旁之第四、五划的起笔，恰如竖起五支手指头的样子。是单纯的消遣性质的吗？或者基于信仰的什么含意吧。又，摩崖中还有"大空王佛"二处，但并没有这种装饰性的要素。

附带说一下，"尖山摩崖"之一也有"大空王佛"，（原件因采石已没有了。拓片是《山东北朝摩崖刻经全集》所收的）。至于大小，案拓本是600×185厘米。如图所见，具有另一番

7.113e

7.113f

7.113g

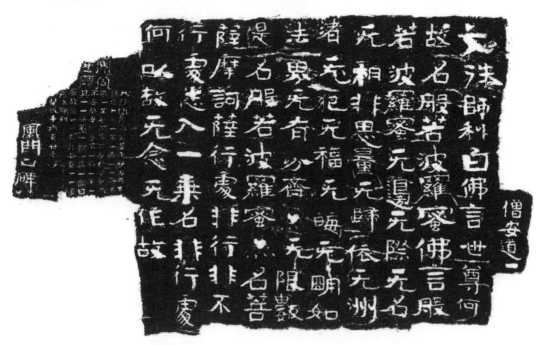

7.113d《文殊般若经》安公之碑

风趣的装饰性。(《中国书法全集》卷一二)

[附记]

《洪顶山刻经摩崖》的单篇著作有《山东平阴三山北朝摩崖》(1997年·北京·荣宝斋出版社)。可是,所收的图版在制版时,使用了缩小尺寸翻刻拓本的缘故,和原拓一比,变成完全是另外的东西。如要在现今看大概,当依据《中国书法全集》卷一二(2000年,荣宝斋出版社)的拓本比较理想。

新中国出土书迹

7.114 张海翼墓志

114. 张海翼墓志　北齐·天统元年（565）

　　1991年出土于山西太原晋源区罗村街道办事处寺底村的北齐墓中，墓葬为单室土洞墓，随葬器物有陶俑42件，陶牲兽4件，瓷器5件，陶器2件，铜镜1面，铜币2枚和这块墓志1合。墓志盖呈方形，盝顶。底边长63、宽59、厚8.5厘米，上刻"齐故司马长安侯张君墓志铭"12个篆字。墓志石亦为方形，边长63、宽60、厚8.4厘米，共24行，满行23字，共529字。内容记载了墓主张海翼是代郡平城（今山西大同）人，其祖父曾任谏议大夫，父亲为豫州刺史，张海翼生前授长安侯。起家相府参军，后任中书舍人、冠军将军，转员外常侍、徐州司马。卒于北齐天统元年（565年）六月二日，终年42岁。其年十月十一日葬于并州城外西北。

　　墓志（图7.114）的书体以隶书为主，但结体方正，点竖之间多有楷书的笔意，是隶书向楷书演变过程中较有代表性的书体之一。（《文物》2003年10期）

7.115 刁翔墓志

115. 刁翔墓志　北齐·天统元年（565）

　　1985年出土于山东省乐陵县。志为砖质，长宽各44、3厘米，志文17行，行内字数不定，全文共300余字（图7.115）。墓主是任沧州主簿的下级官吏，北魏孝昌三年（公元527年）战死，其后裔在38年以后将遗骨与其夫人合葬时制此墓志。

　　书体为楷书，字形大小不太统一，书法方面通篇也欠整体性，但看得出是由充分掌握了传统的北魏书法的人之手写成的。总地说来，北朝时期的砖志是稀少的，而在大多刻得粗糙的砖刻书法中，这一件算是刻工相当仔细的作品。（《考古》1987年10期）

7.116a 尧峻墓志

116. 尧峻墓志　北齐·天统三年 (567)

1975年出土于河北省磁县。这是一座中型壁画墓，也是一夫二妻合葬墓。墓主之妻吐谷浑静媚墓志铭（公元567年，志石宽63、5厘米，长64厘米，无盖。志文27行，行各28字，全文737字，八分书）、另有独孤思男墓志铭一块（567年，志石长宽各43、5厘米，无盖。志文21行，行各21字，全文427字，楷书）同时出土。其中后一种刻工稍粗，但却不失为峻拔的书风，在这一时期中别具一格。

尧峻墓志（图7.116）长宽各86厘米，有盖、盖上阳刻楷书题额3行、行各3字。志文31行，行各33字，全文988字，属于大型墓志。

书体以八分书为主，不时杂入楷书的写法，虽说有瘦劲之趣然而不能算是上上之作。（《文物》1984年4期）

7.116b 尧峻墓志

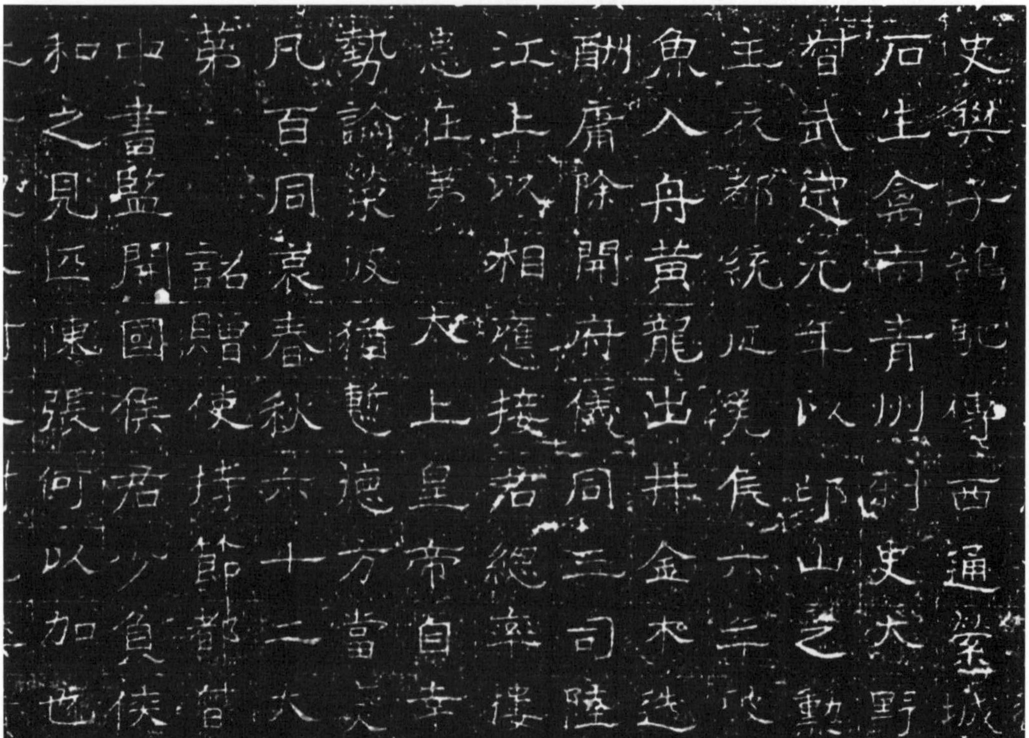

下面是局部拓片的文字。此为竖排，从右向左读。

史樂石智主魚酬愚江勢凡中和
樂子生武衣入庸上論第書之
禽元逗統都黃除閒百問見
南年青龍舟相同諸回陳
卹傳川川以府出開進袁國張
西副史山俄六郎出儀接贈春何
通史之二選六井同稹使秋以
鑒犬勳野也金三接君持六負
城野陸太司君總旦節十侠
選樓靈當一也
也

7.116c 尧峻墓志局部

7.117 李贤墓志

117. 李贤墓志　北周·天和四年（569）

　　1983年，由宁夏回族自治区固原县发掘的壁画墓出土，该墓为夫妇合葬墓，其夫人吴辉墓志铭（公元547年，志石长45，宽44厘米，有盖，题额九字，志文20行，行各20字，楷书）也同时出土。李贤墓志长宽各67、5厘米，有盖，盖上有双钩楷书题额3行，行各3字。志文31行，行各31字，全文874字（图7.117）。志文之上涂有一层墨一样的东西。

　　墓主在《北周书》卷二五，《北史》卷五九有传，官至柱国大将军，封河西郡公，为当时的显官。

　　书体为楷书，刻工粗疏，有很不周到的点划，但作为北周的墓志，在史料上很有价值。

　　另外从墓道到墓室，虽然剥落的地方很多，但还看得出壁画中的楼门、武士、侍从、伎乐等画面。在残存下来的300余件随葬品中，有萨珊朝波斯传来的鎏金银壶。（《文物》1985年11期）

7.118a 娄睿墓志

118. 娄睿墓志　北齐·武平元年（570）

　　1977年－1981年，由山西省太原市王郭村悬瓮山壁画墓出土。志石长宽各81.5厘米，有盖，盖上有双钩隶书题额4行，行各4字。志文30行，行各30字，全文869字。（图7.118）。墓主在《北齐书》卷四八、《北史》卷五四有传，是北齐主高氏的外戚，官右丞相，封安东王，是当时的贵族。

　　由墓中有一椁二棺的情况推测，此墓当是合葬墓，其夫人据《八琼室金石补正》卷二一《司徒公娄华严经碑》中所记为东安郡君杨氏，在此墓中却并未发现有杨氏的墓志。

　　书体是八分书，但是其中也有不少的字写成了楷书，这种庄重丰丽的书风，在北朝这一时期中算是一种典型。

　　此外，该墓是一座大型墓葬，墓道21.3米，通道长8.25米，墓室南北宽5.6米，东西宽

5.7米。在墓内约200平方米的壁面上画有色彩鲜明的车骑出行图、乐人吹奏图、骆驼搬运图、神将图等等。此墓虽然曾被盗掘，但还是出土了以305件陶俑为主，包括金饰件、石刻等等共计870余件随葬品，特别对绘画史、陶瓷史的研究提供了珍贵的史料。（《文物》1983年10期）

119. 裴良墓志 北齐·武平二年（571）

这是1986年，在山西省襄汾县永固乡家村出土。现藏襄汾县博物馆，但有关出土的状况以及是否有伴出品等不详。

志石（图7.119）的尺寸是66厘米见方，志文共45行，每一行最多45个字，全文是共1961个字的一篇长文章。报告书中有记载它的全文，不过拓片却只是其中的一部分而已。

志主裴良是北朝的望族，他的傅记被附在《魏书》第六九卷和《北史》第三十八卷的《斐延儁传》里面。志文的记载是说他在东魏·天平二年（535）的时候去世，被埋葬在旧茔的闻喜县。

7.119a 裴良墓志

7.119b 裴良墓志盖

　　志文的书法,有点缺乏力道,不过,字体结构非常端正,在这个时期的楷书来说,书风在一般水准之上。

　　这个墓志的史料价值就在盖(图)上。在顶端部的56厘米见方的地方,有以署书体额题的"裴使君墓志铭",其右侧的平面部分,有用小字的楷书所刻的3行共100个字,叙述墓主在北齐武平二年时,迁葬到襄汾,和夫人赵氏合葬的。也就是志文之后36年附刻上去的。另外,题额的左边、下面,以及四周的斜面部分,刻有8个儿子和3个女儿的官爵、死亡年份及其它事情。原本这些都是改葬时补刻上去的,不过,连旧墓的墓志也一起埋葬,又在盖子上加刻等,这些是前所未见的。只是盖上的书法比志文的书法稍嫌低劣。(《文物》1990年12期)

7.120a 徐显秀墓志

局部

7.120b 徐显秀墓志盖

120．徐显秀墓志 北齐·武平二年（571）

2000年至2002年发掘的太原北齐徐显秀墓出土。该墓位于太原市东山西麓迎泽区郝庄乡王家村，墓的规模比较大，它由墓道、过洞、天井、甬道、墓室五部分组成，墓室距现地表层有8.5米，上有封土堆5.2米，顶部长9.1米，宽4.5米，底部长13.6，宽7米，墓中最珍贵的是清理出比较完整的彩绘壁画326平方米，分别分布在墓道、过洞、天井、甬道和墓室内，是研究北齐绘画艺术的宝贵资料。

墓志（图7.120）一合出土于墓室的西南角，位于棺床的一侧，其底座带四角，长71、宽72、厚21、3厘米，墓志盖盝顶，篆书："齐故太尉公太保尚书令徐武安王墓志"。志文30行，行30字，共873字，详细记载了徐显秀的生平业绩。志文为隶书，其波磔的笔道非常闲熟，但结体却比较方正，亦兼有楷书的钩挑笔画，故书风上显得秀雅而方健，兼有隶书的流美和楷书的刚挺，具有特殊的艺术趣味。（《文物》2003年10期）

7.121 □道贵墓志

121. □道贵墓志　北齐·武平三年（572）

这是 1984 年，在山东省济南市东南郊 1.5 公里处的马家村出土的。该墓是一个有墓道和甬道的单室墓，墓室是 340 × 280 — 330 厘米，形成一个梯形。甬道入口上方画有铺首，不过，在室内高 150 厘米的四面墙壁以及天花板上，也有相当完整的壁画。天花板上面画的是天文图。四面墙壁上除了车骑出行图以外，也有墓主生前生活情况的图画，在绘画历史方面也相当受重视。很难得的，它没有遭盗挖，可是不知道为什么，陪葬品除了陶器、瓷器之外，只有 20 件左右。

墓志被平放在墓室最里面的东北边角落上，尺寸是 36 × 42，厚 12 厘米。有盖子，可是没有图案也没有题额。志文（图 7.121）共 15 行，写满一行可写 14 个字，全文 207 个字。

志文的内容主要说，墓主道贵，在北魏孝昌三年（527 年）时，从河南省南阳移住祝阿县，北齐皇建二年(561 年)官拜县令一事，以及谈论他的为人。不过，道贵的姓、祖先、父亲的名字，以及他的妻子的事都完全没有提到，在碑志里，算是一个异例。

这件楷书的书风，在北朝的墓志里没有类似的例子。当然也有一些刻工没刻得很好的字，只是它在胖瘦强弱的处理上比较自然，具有非常沉稳的书风。(《文物》1985 年 10 期)

7.122 范粹墓志

122. 范粹墓志铭　北齐·武平六年（575）

1971年出土于河南省安阳县洪河屯村。志石长宽各44厘米，有盖无题额。志文17行，行各18字，全文286字（图7.122）。墓主为官至骠骑大将军的高级官僚，但史书却无其传记。

书体为八分书，但是写成楷书造型的字却很多，书格较低。（《文物》1972年1期）

123. 李云、李云妻刘氏墓志　北齐·武平七年（576）

1958年出土于河南省濮阳县达河砦村北齐墓出土，同出的随葬品中还有4件保存很好的唐三彩青瓷罐和一件陶俑。

李云墓志（图7.123b）长宽各59厘米，厚8厘米，有盖，额题"齐故豫州刺史李公铭"。志文28行，一行中字数最多的有28个字，其中有三处断裂，缺了8个字左右，全文现存740多字。志文的书法刻工比较草率，构形比较松散，风格比较独特，与《唐邕写经碑》（572年）

碑铭刻石

7.123a 李云墓志盖题

7.123b 李云墓志志文部分

7.123c 李云妻刘氏墓志

有相同的地方。

　　李云妻刘氏墓志（图7.123c）长宽各53厘米，厚13厘米，有盖，额题"魏故郑夫人墓志之铭"。志文16行，每行可写16字，共244字。志文的书体为八分隶书，但也间杂有楷书的笔法，和《娄睿墓志》是同一样式，是当时的一个典型。（《考古》1964年9期）

7.124 宇文俭墓志

124.宇文俭墓志　北周·建德七年（578）

1993 年，在陕西省咸阳市国际机场的扩建工程中，发现了从墓道到墓室全长 50 米的墓葬。墓室是 360 × 365 厘米。陪葬品有 166 件，可是几乎都是武士俑及其它陶器，其它只有两件玉璧，一件铜镜，六件铜制的小东西和这块墓志（图 7.124）。

墓志有一块 74 × 74.5 厘米的盖子。题额部分是 60 厘米见方，上面篆题着"大周上柱国大冢宰故谯忠孝王之墓志"等字。志石是 72.2 × 73.5 厘米。志文共 15 行，每行最多 17 个字，全文有 235 个字。

墓主宇文俭是北周的太祖，宇文泰的八男，在《周书》第一三卷、《北史》第五八卷里，都有比志文更详细的记载。他八岁就被封为谯国公，建德三年（574），成了谯国王，之后，参与和北齐的战役，对北周的建国尽了很大的力，可是，27 岁就驾崩了。

题额的书法，是北朝墓志中常见的装饰性很强的篆书，不过，在北周时期，这是一件非常优秀的作品。志文的隶书，多用曲线。另外，部首的"氵"和"灬"、特别和一般不一样。后半的字，例如第 10 行的"谥曰忠孝"有时写出飞白，创造出一种特殊的样式，不过，有时又跑出楷书来，堕为令人讨厌的书风。（《考古与文物》2001 年 3 期）

7.125 安伽墓志

125．安伽墓志　北周·大象元年（579）

这是2000年5月，在距离陕西省西安市北郊的大明宫遗趾300米左右的炕底寨村出土的。

该墓是从墓道到墓室就长达35米的大型墓，据说很难得的，并没有遭到盗挖。只是，陪葬品除了像是皮带上的金属装饰品之外，只有一件。不过，在墓门上，有一幅上了色彩，看起来很神秘的减地浮雕画像。墓室的最里面，有一长228、宽130、通高117厘米的石制台座，上面陈设有一"冂"字形石屏风的榻（床形的台），石脚榻床的边缘，都浅刻有各种彩色画像。由于墓主是粟特人，是一件以西域的生活场面为主轴的珍贵作品，而且几乎完好无缺。

志石的尺寸是47×47、厚7.5厘米，有盖子。盖上的界格内，以阳文的篆画题额，写着"大周同州荫保安君之墓志记"。志文共有18行，每行最多19个字，全文有303个字。志主是自他父亲那一代就从西域迁移过来，安伽担任"萨保"的工作。这个工作是负责管理贝鲁西亚商人，以及祭拜祆教（又称拜火教）。从它墓中有类似焚烧遗体的痕迹，以及完全没有一般的陪葬品这二点来看，报告者推测这应该跟　教有关。

这件书法（图7.125），是楷隶混合在一起的，也有一、两个篆书。像这种的"杂体书"，是北朝晚期到隋代这一段时间，偶尔会看到，因此并不是一件特别例外的作品。（《考古与文物》2000年6期）

7.126 滏山石窟碑

126．滏山石窟碑　隋（581—618）

　　在河北省邯郸市郊外约50公里的"鼓山"之北和南，有北齐时代的石窟寺院。鼓山北侧中腹有："北乡堂山石窟"、鼓山南麓侧为"南乡堂山石窟"。这里有七窟四种的摩崖刻经。这个石窟从1984年至1996年，做了全面性的改修工程。1985年时，第一、二窟发现了隋代时曾经改修过的痕迹。其论据虽有几件，然以埋在土砂里的第二窟入口处两侧，发现了石窟记为决定性证据。

　　两侧都是深20厘米的龛形，都是183×110厘米。开窟当初，这里雕有仁王像。但由于遭遇所谓"三武一宗之厄"（废佛毁释之显著的法难之并称）之一的北周武帝的佛教弹压，仁王像也被破坏掉。

　　右龛为阳刻的篆书（图7.126），是"滏山石"，左龛同样有"窟之碑"之额题。不过由于刻在曾有仁王像崖壁之遗迹，严格说不能算为碑。石窟记刻在右边10行，每一行17个字。左边10行，每行16个字。根据由右至左，一一连接的内容显示，现在的南乡堂山窟本来叫做"滏山石窟"，是由僧慧义在北齐的元统元年（565年）开凿的，又在北齐灭亡（577年）后，不久由北周的武帝破坏，隋建国（581年）后，由僧道净重修，这些过去不明了的开凿年代或重修的事情，都由这件题记被确认了。

　　书体是八分体，有着坚硬线条的点画。无视波势的节奏感，概念化的这种样式，在隶书的历史上是不值得注目的作品。不过以隋代的八分隶书来说，可以称为标准的作品。（《文物》1992年5期）

7.127b 武德皇后墓志盖

7.127c 武德孝陵志

7.127d 金玺

7.127a 武德皇后墓志

127. 武德皇后墓志　隋·开皇二年（582）

这是1993年，咸阳市文化局在陕西省咸阳市东郊外陈马村村民手中征集到的，除这块墓志外，还有一枚"天元皇太后玺"金玺（印面4.55、通高4.7厘米，重约80.3克），因为陕西省和咸阳市文物考古学研究所挖掘这个地方的时候，发现盗挖者曾经进行过数次的爆破。故墓葬的详细情形不清楚，不过，大概可以知道墓圹全长约达63米，但陪葬品只有陶俑及170件陶制品，以及数十件金玉器而已。可是，从被放置在甬道上的《武帝孝陵志》（尺寸85厘米见方，志文、书体没有报告）也一起出土，以及从墓葬的规模来看，被特定为宣政元年（578年）驾崩的北周武帝·宇文周的陵墓。

先前回收的这块墓志（图7.127），大小是48厘米见方。其盖上用阳文篆书刻着额题"周武德皇后志铭"七字，这种七字盖铭很少见。志文全文仅仅47个字，而且第三行"廿三日"的下面那个字刻错成"甲"，却直接从上面改刻成"乙"而已。在《周书》第六卷的传记中说隋文帝将32岁就死的阿史那皇后，使其陪葬在孝陵的。从这个简略又没有敬意的墓志看来，应该只是应付性质的陪葬。

这件楷书是之后的"褚体"的书风，偶而夹杂有藏锋。这种充分发挥抑扬顿挫的书风，在北朝末期的石刻中，别树一格，是很少见的。（《考古与文物》1997年2期）

7.128a 李静训墓志

128．李静训墓志　隋·大业四年（608）

　　1957年出土于陕西省西安市内。志石（图7.128）长宽各39.4厘米，盖上有阳文篆书题额3行，行各3字。志文20行，行各20字，志面有方形界格，格合一字，全文370字。

　　李静训是隋公主宇文娥英与大官僚李敏之女，其曾祖是李贤，即前面提到的李贤墓志志主。李静训年仅八岁便夭折，此墓出土随葬品235件，包括金属器、玉石器，陶制品等均极其精工，质量很高。特别是房屋形的石棺上

7.128b 李静训墓志盖

刻巧精致的线刻人物及花纹。另外石棺屋顶的瓦与石椁上，用稚拙的楷书刻有"开者即死"等字，也很少见。

　　书体为楷书，虽然没有龙藏寺碑（公元586年）那种程度的点划强弱的精心安排，但用笔犀利而畅达，其笔致在很细微之处都很周到。可以想象，写出如此优雅之作的当为当时宫廷中的名手，或许是南方人。此作应当是已开启唐代楷书先声的名品。（《唐长安城郊隋唐墓》）

局部

7.129a 史射勿墓志

129. 史射勿墓志　隋·大业六年（610）

　　这块墓志是在宁夏回族自治区固原县出土的，固原又称原州，北边连接内蒙古自治区，西、南、东都是被甘肃省包围的黄土高原，固原是自治区的中心地。从固原附近，都有从新石器时代到唐代这段期间的文物和遗迹出土地。历史上，这里就是中国北西部一个很重要的军事据点。前汉武帝将它定为安定郡，以高平城为郡治。在接近北魏正光五年（524年）时，改名为原州。这里前后被改过好几次名，明代弘治十四年（1510年），才以固原之名定下来。

　　沿着固原县内的简易公路走去，在大约4.6公里处的一直线上，在散布着北周和隋的墓葬中，于1982—1987间，挖掘了北周、隋、唐等时期的墓葬。北周的《李贤墓志》（569年）就是其中之一。

　　这块墓志（图7.129）是1987年出土的，该墓全长29米，是所谓的壁画墓。由于遭人盗挖，出土的只有20多件，没有一件值钱的。不过，壁画从墓道、甬道一直到墓室，甚至天花板，画的除了武士、侍从、侍女，还有花卉图等插图，显示出壁画为杰出的写实画。

　　志石的尺寸是46.4×45、厚6厘米，有盖子。额题是用阳刻篆画刻着"大隋政议大夫右领军骠骑将军故史府君墓志"。

　　在志石的侧面四周，分别有三个"壶门"（壶形的凹处），在里面刻上"前"字。另外，壶

7.129b 武士执笏图　　7.129c 侍徒执笏图　　　　　　　　7.129d 史射勿墓志盖

门和壶门之间刻有十二支的动物图像的线刻。附带说一下，墓志上有十二支的动物图案的，依我的浅见，在这之前只有两例。总之，像这个墓志这样，在壶门内（或是盖子的一端）刻上"前"的例子，是从来没有过的。

志文共有23行，每一行最多24个字，全文有499个字。志文的内容是有关史氏的族谱和射勿这个人的事迹。不过，第二行说他名叫射勿，字盘陁，是索鼓将语的音译，又说他的祖先"西国出身"，由这些理由来考证，报告书认为史射勿可能是索格将族人。插图的武士执笏图的风貌，和侍从图的风貌不一样，是异域人的风貌。另外，"平凉平高县"是固原在西魏时代的称呼。

这件书法，字体接近方形，笔画较细，可是，连笔画最细的地方都可以感觉到运笔的力量，完全不会让人有薄弱的感觉。端正、宽裕、清爽，跟差不多同一时期有名的《苏慈墓志》（603年）以及新出土的《李静训墓志》（608年）相比，在书风上虽然完全不一样，但一点也不逊色。在当时的边境地区，因为有这样融合了南北书风的杰作，可以看出隋朝书法的领域是多么宽阔。（《固原南郊隋唐墓地》）

130. 大业六年买地券　隋·大业六年（610）

1972年出土于湖南省湘阴县发现的砖室墓中。这件买地券（图7.130）为陶制，陶质火侯很高，宽16.1厘米，高34厘米，厚2.3厘米。券面周围有线刻水波纹，其内侧施以纵界格，共9行，行内字数不定，全文共301字。书体以楷书为基调但带有行书味。买地券之类的书法，自汉代以来大都很草率，这一件算是比较工整的写法了。这样的陶制买地券因为首次发现而值得特别一提，而且，根据这件地券，该墓在湖南省成为唯一一座可以考定年代的隋墓，

7.130 大业六年买地券

这一点在历史研究上很重要。同时出土的文物还有一件陶制圆砚，直径 18.3 厘米，高 4.8 厘米，以及漂亮的十二生肖俑等，都有很高的史料价值。（《文物》1981 年 4 期）

7.131 李寿墓志 局部

131. 李寿墓志 唐·贞观五年（631）

1973 年出土于陕西省三原县发掘的壁画墓中，现与同时出土的石椁一起，列置于陕西省博物馆石刻艺术室中。

李寿（公元 577 至 630 年）为唐高祖李渊的从弟。该墓从墓道到墓室全长 44.4 米，墓室中有一具长 3.55 米，宽 1.85 米，高 2.2 米的石椁。石椁外面四周有线刻四神图，内面有线刻侍者，舞乐图等等。从墓道到墓室画有车骑出行图等十几种壁画。此墓虽然已被盗掘，但还是出土了三彩陶俑等 333 件随葬品。

志石（图 7.131）置于甬道中，完全作龟形，长 166 厘米，宽 96 厘米，高 64 厘米，又开腿立于石座之上。原来曾经全身彩色贴金，现仅留有痕迹。作为志盖的龟背上，有线刻龟甲纹，中央有阳刻篆书题额"大唐故司空公上柱国淮安靖王墓志铭"，四行各四字。龟背之下的龟身为志石，31 行，行各 37 字，全文共 1071 字。

书体为楷书，但是其横画的收笔部分常常混杂有向右边挑出的八分笔法，"道、总、康、明"等字，也是从北魏末到北齐时代喜欢使用的别字结体。总地说来，是以隋代书法的样式为基础，渗入东魏风格的书风，在唐代初年的书法中别树一帜。（《文物》1974 年 9 期）

7.132a 尉迟敬德墓志

132. 尉迟敬德墓志　唐·显庆四年（659）

　　1972年出土于陕西省礼泉县烟霞村，现在陈列于昭陵博物馆第二陈列室。该墓是昭陵陪葬墓之一，墓前的尉迟敬德碑（一名尉迟恭碑，公元659年）也移入博物馆同一陈列室安置。墓穴全长56.3米，曾遭盗掘，随葬品仅剩下破损的陶俑30件左右。合葬于同墓的夫人苏氏墓志（公元658年，有篆盖，志石长宽各99厘米，34行，行各34字，楷书）也一同出土。

　　尉迟敬德墓志（图7.132）长宽各120厘米，在昭陵发现的唐代墓志以此为最大，四周有漂亮的唐草纹与十二生肖线刻图案。盖上有飞白书题额5行，行各5字，文为"大唐故司徒并州都督上柱国鄂国忠武公尉迟府君墓志之铭"。志文50行，行各50字，全文长达2218字。墓主尉迟敬德是初唐的显官，两《唐书》均有其传记。

　　书体为楷书，虽然书风称得上洗练，但是没有什么值得特别提出的特征，珍贵的是此志

7.132b 尉迟敬德墓志盖

7.132c 尉迟敬德墓志盖题

盖上题额是以飞白体写成的。被称为飞白书的装饰书体，据传是后汉时代的蔡邕所创始的，但从三国到六朝时期的遗物中从未见到过这种书体。现在已知最早的飞白书遗例，为唐太宗晋祠铭题额（公元648年），以后相继为高宗纪功颂题额（公元659年）、则以天皇后升仙太子碑额（公元699年），但皇帝以外的人，在墓志中使用飞白书者这是最早发现的例子。（《文物》1978年5期）

7.133a 李贞墓志

133. 李贞墓志　唐·开元六年（718）

　　1972年出土于陕西省礼泉县兴隆村，现在陈列于昭陵博物馆第五室。此墓也是昭陵陪葬墓之一，为全长达46.1米的大型墓。已被盗掘，残存的随葬品仅有三彩俑等陶制品。另外在距墓冢52米的地方，原来建有神道碑，现在碑身已断为两截。

　　李贞墓志长宽各89厘米，有盖，盖四周有狮子、唐草纹等线刻图案，上有篆书题额4行，行4字："大唐故太子少保豫州刺史越王墓志铭"。志文（图7.133）30行，行各32字，全文882字。

　　李贞是唐太宗第八子，两《唐书》有传，但关于其历官与改葬年代，与志文有不同之外，因此志文可补正史书之误。李贞累官至绛州刺史等，垂拱二年（686年）因要废除武则天而起兵，兵败死，葬豫州，开元六年时迁葬昭陵，此志即为迁葬之际所制。

　　书体为八分书。开元天宝时代，玄宗、徐浩、卢藏用、韩择木、史惟则、蔡有邻、白羲

7.133b 李贞墓志

侄、梁升卿等八分书名家辈出，此墓志的书风，与仿礼器碑而独树一帜的梁升卿样式最为接近，但更多婉丽之趣，唯一遗憾的是稍乏笔力。（《文物》1977 年 10 期）

134．薛儆墓志　唐·开元九年（721）

薛儆的墓，位于山西省万荣县皇甫村南边一公里处。1994 年 5 月命今停止盗挖，1995 年秋天，正式进行挖掘、调查。

墓圹通长 46、85 米，是一个大型、构造精巧的墓葬，墓道、甬道、墓室都留有壁画的痕迹，墓室为 470 厘米见方、高 573 厘米的一个巨蛋型，在墓室内的西边，有一具 345 × 208、高 198 厘米的屋形石椁。在其壁面内外，装饰有线刻的人物、神兽、植物图等等。另外，在石门、门扉、楣石等其它地方也都有线刻画，其豪华、精致的样式，在绘画史上，是很贵重的史料。只是，该墓从很早就遭人盗挖过 3 次，陪葬品只剩下几件，而且几乎都已断裂破碎。

7.134 薛儆墓志   局部

不过，幸好石椁和墓志还保存其原形。

　　墓志是放在通道上，志石是 90 厘米见方、厚 17 厘米，有盖子。用双钩刻的篆书，刻有"河东薛府君墓志之铭"的额题。另外，盖石斜面四周，都有线刻的四神图，志石侧边的四个面，也有线刻的十二生肖图，非常的精致。

　　这篇志文（图 7.134），共 32 行，每一行最多 12 个字，全文有 891 个字。墓主薛儆是睿宗的女婿，做过银青光禄大夫、驸马都尉等官，被封为汾阴郡开国公。开元八年，42 岁病殁。

　　这件书法，由于报告书的图版很小，很难掌握到笔画的细部，不过，字体竖长，偶而加入一些行书的笔意，意在表现出流畅感。这种样式，在当时是独树一帜，不过，遗憾的是缺乏力度。（《唐代薛儆墓发掘报告》）

135. 管元惠墓志　唐·天宝元年（742）

　　1980 年出土于河南省洛阳市。碑石高 177 厘米，宽 99 厘米，碑首有六龙戏珠高浮雕，两侧也各刻有三只龙头。碑首有篆书题额 3 行，行各 4 字"大唐故福州否则史管府君之碑"。碑文 36 行，行各 52 字，全文共 1000 字。

　　管元惠之传不见于史书，据碑文，其官福州刺史兼泉建等六州经略军使，开元二十六年（公元 738 年）入京师，客死洛阳，葬于河南县昭觉原。但是碑的出土地是在洛阳城内，据此推测，在碑作成之后，不知什么原故没有运往昭觉原，也许就埋在城内了。

7.135a 管元惠神道碑

7.135b 管元惠神道碑碑额

　　此碑（图7.135）撰文者为苏预，书碑及篆额者为史惟则。史惟则与韩择木、蔡有邻、李潮一道，被称许为唐代八分书四大家，现存由他所书的八分书碑有大智禅师碑（公元736年）、庆唐者相近，有瘦劲清爽之趣。此外，篆额与碑文最后一行的"天宝元年岁次壬午二月□□朔十五日辛卯建"篆文刊记，其书风正如明代陶宗仪所说"史惟则篆籀八分，如王公大人，进退有度"，是充分发挥了毛笔的性能，用笔生动的悬针篆的实例，在其它的史惟则篆书已不能见到的今天，是特别珍贵的史料。（《文物》1983年3期）

7.136 张悦墓志　　　　　　　　　　局部

136．张悦墓志　唐·开元十九年（731）

　　这是1999年，在河南省洛阳市伊川县的袁庄村出土的，没有任何挖掘状况或其它的报告。志石是80.8 × 80.4、厚16.5厘米，有盖子，用阴文篆书4行，刻有"唐赠大师燕文贞公张公墓志"的额题，是蛮出色的书风。志文有32行，每一行最多33个字，全文有936个字，连刻者的名字，"卫灵鹤"都有铭记。

　　墓主张悦，有立传于新旧《唐书》，是一位跟随过四位皇帝的名宰相。撰文者张九龄也在新旧《唐书》里有传记可查，是一位曾经做到中书令的显官，也以一位文学家而闻名。这篇志文（图7.136），被收录在《全唐文》第二九二卷中。

　　书写者梁升卿（生卒不详），以一位八分书的名家而在书法界留名。一般说来，盛唐时期，八分和篆书较盛行。尤其玄宗时期，因为和皇帝的嗜好相结合，在八分方面，出了梁升卿、韩择木、蔡有邻、徐浩等名家。梁升卿的《御史台精舍碑》（723年，见西林昭一著《书法的文化史（中）》第234页），现在保存在西安碑林。

　　这件书法比起《御史台精舍碑》扁平的字体，是略显瘦小妍美的书风。这件书法，整体上稍微竖长，在笔压和抑扬上较保守，但很有厚实感，虽然两者只相距八年，却有了很大的变化。（《文物》2000年10期）

7.137 王琳墓志

137. 王琳墓志　唐·天宝元年（750）

唐《王琳墓志》，全称《唐故赵郡君太原王氏墓志铭并序》，2003 秋出土于洛阳龙门镇张沟村。碑为石灰岩质，纵 90 厘米、横 90.5 厘米。四侧刻云纹饰，唯下侧有"开元廿九年记"数字。墓志全文 32 行，满行 32 字，有浅界格。为颜真卿开元廿九年（741年）所书（图 7.137）。

颜真卿中年以前所书实所罕见，1977 年偃师出土的唐《郭虚已墓志》为颜真卿于天宝元年（750年）撰书，时年四十三岁。是当时所知颜氏最早之作。《王琳墓志》的出土，迅速改写了这个历史，这是颜真卿三十四岁所书，但其书已纵横生动，不假修饰而独具一格，具有相当高的艺术水准。因此，这件罕见而珍贵的墓志充分显示了颜真卿早年书法造诣的精深，是当代研究颜真卿早年书法艺术轨迹的重要资料。（《书法丛刊》2005 年第 3 期）

王琳墓志 局部

7.138a 严仁墓志

138. 严仁墓志　唐·天宝元年（742）

这是 1992 年，在河南省偃师市东北边邙山山麓槐庙村出土的。该墓早期也曾遭人盗挖，所以无法知道墓葬的详情。墓室是 336 × 308 厘米，陪葬品除了这块墓志以外，只剩下一件陶制的壶盖似的东西。

这个墓志的盖子（图 7.138b）是 53 × 55 厘米。用篆书阴刻"大唐故严府君墓志铭"的额题，志石是 52.5 厘米见方。志文 21 行，每行最多 21 个字，全文在方格内有 430 个字。

志主严仁，因中明经甲科而成为郎，最后做到绛州龙门县尉，53 岁时殁于洛阳，史书里没有他的传记。

问题就在志文的末尾铭记撰文者为万顷（传不详），书者为"吴郡张旭书"。这个张旭也许就是在书法历史上被称为"张颠素狂"，跟怀素一起，以"狂草"而闻名的那位张旭。

关于张旭的楷书作品，有北宋末期散失的原石《郎官石记》（741 年）的拓本。乍看之下，跟《郎官石志》的书风不同，也就是里面掺杂有右肩下垂的字，在波法的处理上也没有一贯

7.138b 严仁墓志盖题额

① 上为郎官石记

② 下为严仁墓志

7.138c 郎官石记（左）严仁墓志　　　　　　7.138d

性，左撇和悬针都显得急促。还有，后半的三分之一左右，结构松散的字很明显，消减了整体的统一感。可是，仔细地检视一下，字体略为竖长，采取纵势。一个字里面的笔画都是"不即不离"，以及有很多藏锋味的用笔等等，和《郎官石记》的特征有很多重迭之处。

　　张旭的楷书中，偶而可看到别字。例如志文第四行的"伦"，第五行的"俦"，第六行的"岐、渊"以及第一四行的"犹"，都是平常看不到的字。

　　这里剪辑的两组字（图7.138d）是这个墓志和《郎官石记》共通的别字。"美"的下面写成"父"，这种用例，除了张旭以外是看不到的。"象"是别字很多的一个字，可是，把第五画写成短横画也是非常少见的。又，把"补"的偏旁写成"示"的，除了北朝有几例以外，在唐代也是很少见的。

　　另外，从这块墓志和《郎官石记》中，用同一个字的例子，可以找出30个字左右，除了上举两组以外，如"礼、风、荣、遣、建、昭"等字，也可以看出很多共通的用笔习惯，所以，这块墓志应该是张旭的书法，而且应该是张旭的一份很贵重的楷书史料。

　　只是这块墓志比《郎官石记》还晚一年的作品，但却低劣很多。这可能是因为《郎官石记》都是刻一些被任命为郎官的人名和年代，并将之建在公开给人看的缘故，而墓志则是永远不会被人看到的东西，所以，张旭也许就没有那么用心，刻工也许偷工，故有这种差别。

（《书法丛刊》1992年4期、《文物》92年12期）

7.139a 郭虚己墓志

139. 郭虚己墓志　唐·天宝九年（750）

1997年，在偃师县首阳山镇采制瓦砖用土时，发现了一座墓葬。严重的遭到破坏，墓道和甬道的两侧，分别各有一个壁龛，可是，却没有任何陪葬品。墓室南北348、东西295米，这里也没有任何东西出土。

这块墓志，是放在甬道里的。尺寸是104.8×106、厚16厘米。有盖（图7.139b），用阳刻的篆书刻有"唐故工部尚书赠太子傅郭公墓志铭"的额题，书体是这个时期里很出色的悬针篆。

志文（图7.139a）在分得很细的方格子里共有35行，每一行最多34个字，全文有1150个字。郭虚己的传记史书中看不到，根据志文，他是一位高级将官，曾经攻打吐蕃，立下了无数的战功。天宝八年，殁于蜀都官舍，遗体在隔年被埋葬于偃师县首阳山的先茔。有五子，长子揆，先他卒。

附带提一下，在宋朝赵明诚《金石录》第七卷里有"唐工部尚书郭虚己碑颜真卿撰并正

7.139b 郭虚已墓志题额

局部

郭虚已墓志（右）和
多宝塔碑（部分原寸）

书"以及"唐河南府参军郭揆碑颜真卿并正书、天宝十一载三月"的项目，又，宋朝一位佚名氏的《宝刻类编》第二卷·颜真卿中，有"工部尚书郭虚已碑，撰并书，天宝十一载洛"。两块碑都已经不见了，甚至没有拓本传下来，不过，因为这块墓志发现场所的首阳山镇，就是志文所说的"首阳原"，所以，应该是埋葬二年后，才在墓前建造这两块碑的。

志文中的第30行有提到"以真卿宪台之属，当饱德音……云云"虽然不是直属的幕僚，不过，因为是御史台的前辈，所以就负责撰文和书写了。

在这之前，颜真卿最早的碑刻是《多宝塔碑》（752年），这块墓志是写那个碑的三年前，41岁时的作品。一般说来，被评断为"一个碑一种面貌"的颜派书法，有好几个代表作，可是，中年时期的《颜勤礼碑》（764—771年），晚年的《颜氏家庙碑》表现特色是采取纵势，重心放在中心，运笔则是抑扬顿挫分明，是颜法的一贯模式。不过，《多宝塔碑》的书风，是颜法特有书风形成以前的作品，有时也会被批评说缺乏雅致感。即使这样，还是特别应注意它的取势和直笔中锋。

报告书中对这块墓志的评价是"字体端庄工精，刻工十分精细。"不过，借由原拓来仔细检查一下，会发现有的字偶尔会采背势，还有在波法的处理上，也没有一贯性而缺乏统一性的缺点。又在碑后半的下半部，很明显有些刻技不良的字。

泽田雅弘氏曾经以北朝墓志为例，指出有的是好几个刻工一起刻同一块墓志的。（请参照《国际书法学研究/2000》17—34页。）或许，这块墓志也是这样，不过，偶而藏有欧法，甚至褚派书法的这种书法，就是"颜派书法"真正形成以前的一种书法。（《文物》2000年10期）

7.140 史思明哀册

140．史思明哀册　唐·宝应元年（762）

这是 1966 年，在北京市内出土的。该墓在 1981 年的时候再度被进行调查，墓圹全长约 30 米，墓室是 554 × 505 厘米。由于遭人盗挖，陪葬品只有金、铜、玉、陶、磁器等数十件而已。

有 29 片谥册，和 15 片哀册一起出土。材质是大理石，完整品都是 28.4 — 28.6 × 2.8 — 3.2、厚 1.2 — 2.1 厘米。上下两端的侧面，钻有直径 3 厘米的小洞，阳刻里面填有金箔。另外，哀册中有七片的背面，都草率地刻有"哀"字，还有一片是刻有"七"字。报告书中也有刊载谥册，可是由于图版很糟，无法刊出来。

从各方面看来，墓主应该是"安史之乱"的史思明（？—761 年）。根据《新唐书》第 225 卷《逆臣传》的记载，自己僭称应天皇帝的史思明，最后被亲儿子史朝义所弑，朝义是在宝应元年才将他下葬的。

这件楷书（图 7.140），感觉上艳丽秀气而又工整。而且，将书写者的笔意一五一十刻画出来的技巧，也非常出色。（《文物》1991 年 9 期）

7.141a 回元观钟楼铭

141．回元观钟楼铭　唐·开成元年（836）

1986年陕西省西安市出土，立即为陕西省博物馆收藏。原石高60厘米，宽124厘米，由碑石作横式，仅正面刻铭文的形式看来，可能原来是嵌于钟楼基坛部分的。

内容记述了天宝（公元742至756年）之初，玄宗曾赐与安禄山邸宅，肃宗时将其旧邸改为道观，命名为回元观。其后逐渐修整了庭园等建筑，更于文宗太和四年（公元830年），用信徒们施舍的钱财，修建了钟楼以及大殿等等。关于安禄山的旧邸改为道观一事，见于唐代的姚如能《安禄山事迹》一书，与这件钟楼铭文所记，大致能够吻合。

这年铭文（图7.141）的撰文者，是当时文名很高的令狐楚（公元766至837年），书者则是与颜真卿并称的大书家柳公权（公元778至865年），为他58岁时的作品。还有刻者为邵建和，在柳公权书玄秘塔碑（公元841年）上可见有"刻玉册官邵建和并弟建初镌"字样，作为刻玉册官的一定是当时的名手吧，其弟建初，则是裴休书圭峰禅师碑的刻者。

书体为楷书，也许是埋入土中的时间很早，宋代以来的金石着录均未见收入。此铭书法，与玄秘塔碑和神策军碑（公元843年）比起来，可称为平正端丽，但笔致稍显单调。整个铭文基本上没有损坏的字，是足以窥知柳公权书风变迁的史料。（《文博》）

局部

309

8.1b

8.1a 侯马盟书

八、其它器物铭文

1. 侯马盟书　春秋晚期

侯马是地名，盟书是记载盟誓的文件，是春秋时代（公元前770—前476年）诸侯之间外交上的一种誓约书。例如，《左传》所记僖公二八年（公元前632年），晋文公会诸侯于践土，结为同盟，周襄王亦赴会，史书载其盟约之文。此外，某一诸侯与其一族或臣属同盟，表明其忠诚的文件也称盟书。

作为春秋时代盟誓活动实例的侯马盟书，出土于山西省侯马市东郊，约于1959、1965、1971至1972年多次发掘，共发现约400个长方形竖坑，其中有39坑出土了盟书，共计约一万余件。坑之大小不一，大坑内埋有牛、马、羊与盟书，小坑内埋羊与盟书，以埋羊者为多。这批盟书现藏山西省博物馆。

盟书（图8.1）大部分是圭形（尖端为三角形的长片），其余为璜（半圆形）及珩。材质以石片为主，也有相当数量的玉片，甚至有使用玉器的碎片的。大小也各不相同，圭形者最大的长32厘米。宽3.8厘米，厚0.9厘米，一般写有30到100字。根据文献记载，书写盟书使用作牺牲的牛羊左耳的血，但从出土实物可知，基本上都是使用一种朱红的颜料。

坑与坑之间有止下重叠互相打破的关系，说明盟誓活动持续了相当长的时间，因此，关于书写年代，有陈梦家认为的春秋晚期，伊藤道治认为的公元前496年，郭沫若认为的公元前386年诸说。其内容除有关晋国赵氏一族的宗盟类外，还可以分为内室类、卜筮类等六种，主要是晋侯之一的赵鞅在平定内乱之后，要自己的家庭成员及家臣发誓效忠的文件。

书体属于所谓六国古文，字形方而内部开展，在结构上又保持圆转的趣味，书法风格因不同的书写者而有谨严、纤细、洒脱等不同的特征，但总地说来，起笔的时候落笔都很重而坚定，然后迅速行笔，是写得很快的速书体。然而，与每字的划数多少相应，字形也有大小的变化。（《文物》1972年3期。《侯马盟书》）

温县盟书

2. 温县盟书 春秋晚期

1980至1982年，出土于河南省温县。现在仅仅从已发表整理报告的一号坑来看，其数量就多达4588片。原件（图8.2）均是石片，圭形占大部分，其中杂有少许石简、石璋。已发表者均为毛笔墨书。其中数片有"十五年十二月乙未朔（中略）丕显晋公大冢"等字样，因而考证认为主盟者为晋国六卿中的韩氏，书写年代为春秋末叶纪元前497年。书体与书风均

8.3a 玉刚卯"行气"铭

8.3b 玉刚卯

与侯马盟书相同，但细微的差别仍然很多。根据我在郑州市河南省文物研究所观察到的实物，即使是很小的字依然写得流畅，笔致非常锋利。(《文物》1983年3期)

3. 玉刚卯"行气"铭 战国

这件玉刚卯（图8.3）现在收藏于天津市历史博物馆。但有关流传经过以及其它情况，尚未见报告。刚卯的质地为蓝玉，带有灰黑色的晕斑，高5.2、直径3.4厘米。虽作成中空，但顶端没有凿空，共有12面，每面都阴刻3个字，共计36个字，外加重文符号8个。内容是有关气功的记载，故定名为战国时期的"行气铭"。

这件刚卯的文字刻得非常秀雅，其构形略取纵势，稍显修长，与中山王锺铭有相似之处。其线条细劲而流丽，特别是曲笔自然而生动，成而使略显方正的字形富有变化，这在玉器铭文中是很难得的上乘之作。(《中国文物精华》1993年)

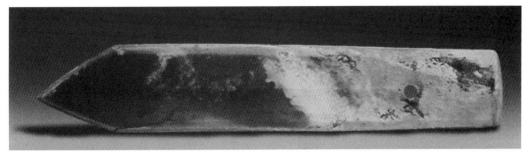

8.4a 玉器铭玉戈

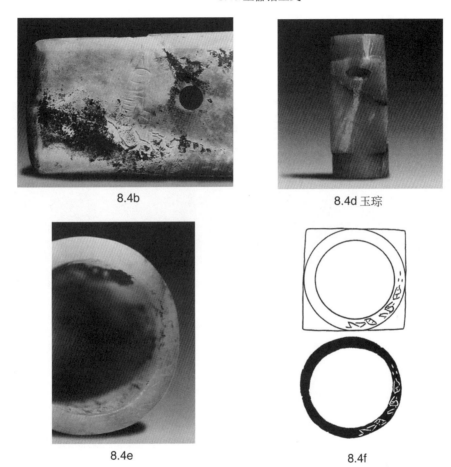

8.4b

8.4d 玉琮

8.4e

8.4f

4．玉器铭　战国中期偏晚

在玉上刻铭的遗例，在新中国以前有殷代的 20 多件为一般所知。可是，近年也有殷至汉代的出土例。玉刻铭都和素材的贵重互起作用，书法极为精致。

1990 — 1993 年，在河南省三门峡市上村岭，挖掘调查大型的车马坑 10 座。出土文物有17000 件，其中在 3000 多件的玉器中，从西周晚期期的墓葬中，有这些玉器铭（图）出土。

这是一件尺寸为 28.4 × 4.75 厘米，孔径 0.8 厘米的玉戈（图 8.4 a、b、c），前端刻有"小臣敌"三字。

其二是一件通高 12.1、宽 4.9 — 5.1 厘米，内孔径 4 厘米的玉琮（图 8.4 d、e、f），在底

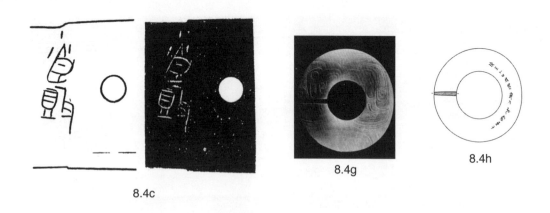

8.4c   8.4g   8.4h

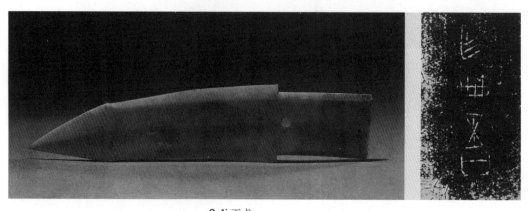

8.4i 玉戈

部一端刻有"小臣妥见"四字。

其三是一件外径是 14.9、内径 6.8、厚 0.7 厘米的玉璧（图），外周的一端刻有"小臣系"三字。

据报告书云，"彀"、"系"、"妥"是小臣（殷王的护卫官名）的名字，并考证"小臣系"和"小臣妥"是殷代晚期的重臣。至于这些玉器为什么陪葬在西周晚期的墓中，有研究认为可能是周人的战利品。（《文物》1998 年 12 期）

其四是 1977 年，在甘肃省庆阳县出土的。没有挖掘情形以及其报告。是蓝玉制成的戈（图8.4i），长 38.6 厘米。双刃，像切纸刀那样锋利。在前端竖着浅刻一行文字："乍册吾"（《全国出土文物珍品选》）

其五是在 1993 年于山西省曲沃县曲村，从西周晚期的晋侯墓挖掘时第三次出土当中的一件。尤其玉器有方璜聊珠贯饰、玉覆面等珍品之外，精品也很多，但有刻铭的只有这一件。其外径 12.8，内径 6.5，厚 0.6 厘米的玉环，在外面的一边刻有 12 字，释文是："文王占卜。我与将之征伐人"的命令辞。（《文物》1994 年 8 期）

8.5a 象牙筹铭

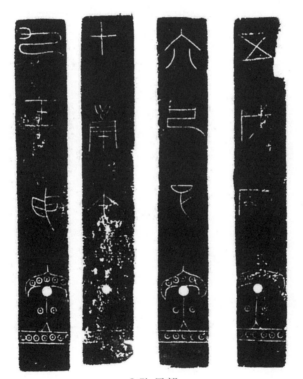

8.5b 局部

5. 象牙筹铭

1986年出土于河北省柏乡县的战国晚期墓中，这件罕见的象牙筹（图8.5）的尺寸是长12.8、宽2、厚0.5厘米，表面光滑，上端刻有"五、六、七、九"四个数目字，中间刻有4个干支名，下端刻有装饰纹样，从其状态推断，应该是实际使用的筹码。

所刻文字为篆书，线条细劲，平实而流利，字形方正，工整而秀雅，具有较高的艺术水准。（《文物》1990年6期）

8.6 秦公一号墓石磬铭

6. 秦公一号墓石磬铭　秦·景公四年（前573）

在陕西省凤翔县南指挥村，约花了10年岁月，挖掘巨大的墓葬。除了新报导，《秦物质文化史》第七章"陵墓(2)"，应算是最早的简报。

墓坑东西约300米、地下150米的椁室，用木材搭成的所谓"黄肠题凑"。在其东西16、南北5.7、高4.2米的椁室使用最小断面20×20、长600厘米的用材560支。椁室的上边，东西做成宽阔的阶梯状，在那里有166位男女殉葬者。只因这座墓葬，经过长时间，遭过200次以上的盗挖，陪葬品仅剩寥寥无几了。

在极少数的出土品中，最为重要的就是刻在"石磬"上的铭文（图8.6）。这些铭文都刻在磬的弯曲之侧面。但是完整的却一件也没有出现。而且包括断片，全部数量的报告也没有看到。因为石磬也有大小之别，当然，刻字的大小也有不同。其文字有刻成一行的，也有刻成两行的。

残留文字的总字数约200个，其考释在王辉·焦南锋·马振智的《秦公大墓石磬残铭考释》一文中有详细的记述。王辉把刻铭中的"龚·恒"认为是"共·桓"的通假，指即《左传》及其它文献中所提到的共公和桓公，而"是嗣"是继承桓公的景公，"四年"乃景公继承王位后的四年，即纪元前573年。这三组文字（图）是他为立论的证据之一，他认为《石鼓文》，《秦公墓》同样为景公时期的作品。可是，徐畅则考证《石鼓文》为石磬铭以前的作品，如此王辉的见解，还没有得到全面性的认同。

这个铭文的款式，大致上将文字做成竖长形，做到左右均衡，点画粗细一致，曲直巧妙运笔，富有理智性的结构，堪称婉丽秀美的卓越书风。在此已具备接近秦统一全国时（前221年）的所谓"书同文"之"小篆"体的规范。（《中央研究院历史语言研究所集刊第六七本第二分册》）。

7. 秦骃玉版　战国晚期

　　传说出土于陕西省华阴县城南的华山下乡县的两件玉版刻书，曾为个人收藏，于1999年由北京大学的李零发表了详考。继之有李学勤在《故宫博物院院刊》（2000年1期）、曾宪通在《考古与文物》（2000年1期）上发文详加讨论和考证，关于这两块玉版的名称，三者各有不同，今依据曾氏的标题进行介绍。

　　两件玉版的材质都是墨玉。A版（图8.7a）尺寸是23.2×4，厚0.5—0.7厘米。正面为刻书，6行。各行字数不一定，全文182个字（包括合文三、重文三）。背面虽为朱书，但因泥土黏着部分太多，无法解读全文。B版（图8.7b）的尺寸是23×4，厚0.4—6厘米。正反两面都是朱书，六行。各行字数不一。

　　至于文章的隶定，虽三位互有异同，内容大致说秦骃向华山的神灵祷告疾病的快点痊愈一事。

　　书刻的年代，三位都有不同的见解。

　　李零考证认为，作器者就是秦的惠文王，或是武王的后裔，而没有回避秦始皇即位以前的，前256—246年之间的事。李学勤则推定为秦惠文王在位之间（前325—311年），更因鉴于骃病危内容，应是惠文王在位的末年，即前311年。曾宪通从文中的"周世既没"一句，考证应是周灭亡的前249年到前247年间的作品。又在王辉的《秦出土文献编年》认为是从秦昭襄王52年（前255年）至秦始皇统一之前。如此，关于书刻年代以及解读，今后尚有讨论之空间。

　　这件书法，曾宪通认为：A版正面所刻，虽以篆书为基本，但却有浓厚的隶书的风味。B版是典范的小篆，并指出A、B中互相不同结构的同一字，说明A、B两版的书者不同。

　　B版的朱书，因朱书在有斑点蛇纹玉上，字迹不明显，倘能用红外线照像看的话当然很好，然靠摹本则无法把握其正确性。惟A版正面的刻字，在加刀意的这一点，又将A版内的同一个字写成两样的例子，予以考虑的话，A、B两版应该是出自同一人之作。无论如何，在战国时期的秦系文字资料本来就很稀少，除有限的《秦卦宗邑瓦书》（前234年）及《青川木牍》（前306）之外，新增这批资料，其学术价值甚大。（《国学研究》第6辑）。

8.7a 秦骃玉版 A 版正面

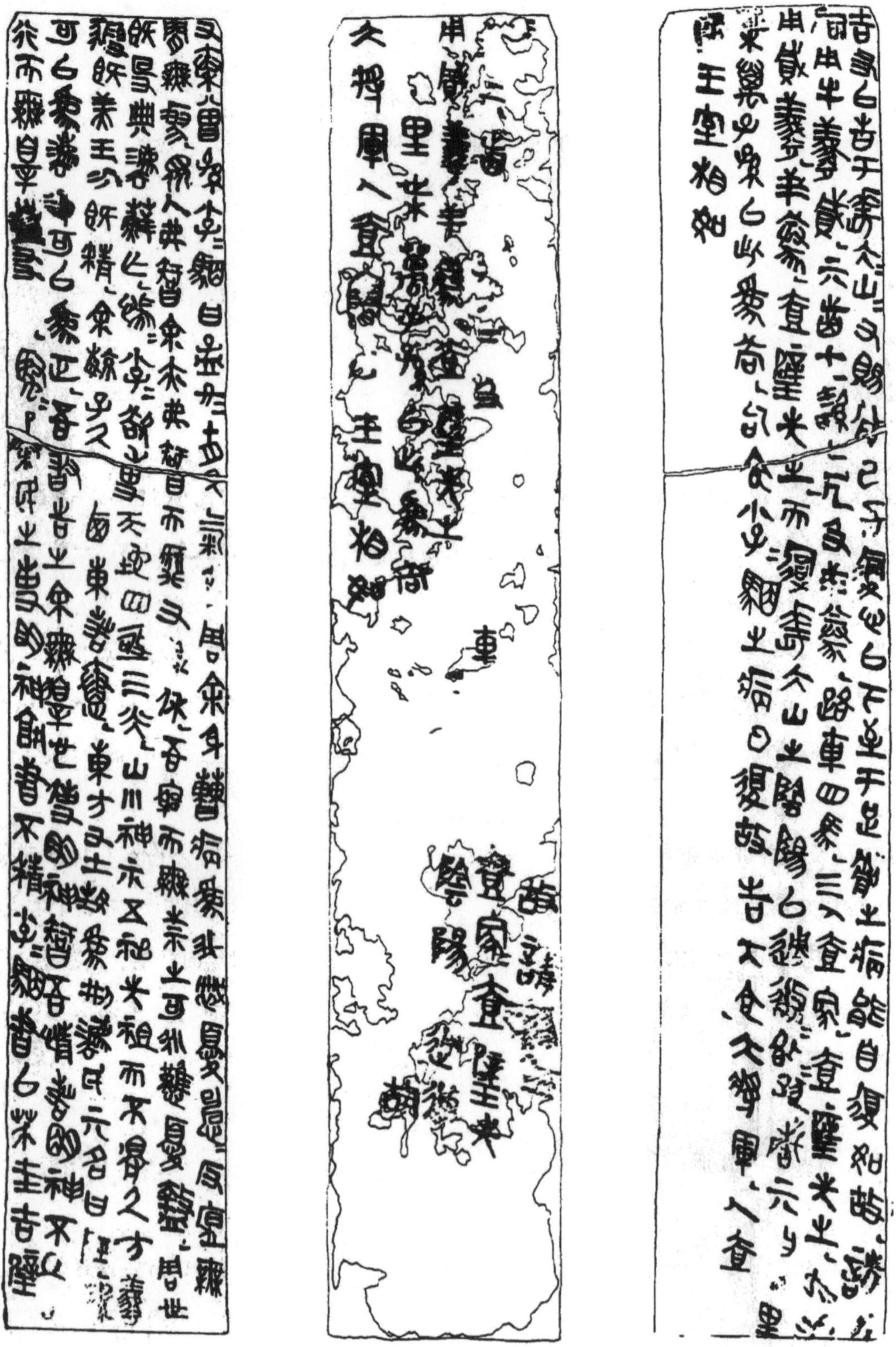

A版正面　　　　　　　A版背面　　　　　　　B版背面

8.7b 秦骃玉版铭文摹本

8.8a 马王堆三号墓漆器题铭

8.8b

8.8c

8.8d

8. 马王堆三号墓漆器题铭　西汉·景帝十二年（前168）

马王堆三号墓出土了漆器316件，除了有与一号墓发现的漆书相同的"軑侯家"、"君幸食"（图8.8a）、"君幸酒"（图8.8b）之外，还有漆书"石"、"四斗"、"二斗"、"九升"、"七升"、"四升"、"二升"、"一升半"（图8.8c）、"一升"等。还出土了竹笥50个，其上有木牌墨书"锦缯笥"（图8.8d）等字，也有"軑侯家丞"封泥。漆书题铭的风格与一号墓发现的漆器题铭的书风相同，都是略带篆意的古隶风格。（《长沙马王堆二、三号汉墓发掘报告》文物出版社2004年）

8.9a 狮子山汉墓陶瓮刻字

8.9b 烛台铭

9. 狮子山汉墓陶瓮刻字　西汉·景帝三年（前154）前后

　　1995年，在江苏省徐州市云龙区的狮子山西麓挖掘调查，竟有南北长117、东西宽13.2厘米的大墓。墓圹设计复杂。虽在早期遭过盗挖，然陪葬品还有2000余件，被选举为"95中国十大考古发现"之一。墓圹现在辟为狮子山汉墓博物馆公开展出。

　　那里离1984年挖掘后公开展出的徐州兵马俑博物馆约500米。因此，这些兵马俑，应该是狮子山墓主的护卫军团。

　　墓主被推测为前汉楚国的第三代王刘戊。刘戊虽参与中国史上的所谓"吴楚七国之乱"，但政变终于失败，在公元前154年自杀。因此该墓的时代应是公元154年前后。

　　出土器物的题铭文字，除印章以外，其书法风格基本相同。口径31、高41厘米的陶瓮（图8.9a）右肩上刻有"苴酱二名。食官第二"的文字。据说左肩上刻着"目"、"十"、"食官"、"食官三石"等文字。高29.4厘米的烛台的圆柱部位，刻着"楚·容三升。四十□□"等文字（8.9b）。这些文字都是工官所刻，线条比较纤弱，虽是篆书，但字形多取扁方形，有些还比较草率，在书法史上没有太大的价值。（《文物》1998年8期、《考古》1998年8期）

8.10 元凤元年骨签铭

10. 元凤元年骨签铭

　　1986－1987年，在陕西省西安市的，从被认为是"未央宫"内仓库遗址中，有将骨片加以整形后刻字的东西出土。合计有五万至六万之多。这是文献上没有记载的新出土品，相当于简牍的"楬"，可是被命名为"骨签"。

　　形状完整的骨签（图8.10）为5.8—7.2×2.1—6.2、厚0.2—0.6厘米，正面稍微鼓起，中间像半月形，略为凹进去，背面为维持分割状态时的平面。表面的上部，加以磨光后刻字。用笔书写的一件也没有。这个骨签的用法，可能是系在行李上，而将带子挂在半月形处后予以打结的。

　　刻字有一行到四行的。一行的，刻有物品名和数量，或是编号。二至四行的，有十几个字到四十个字不等，一般说来，刻有纪年，工官名以及令、丞、令史、啬夫等官职，再加刻工名。总而言之，这都应是从官营工场，呈献皇室时的行李牌。又，这些骨签有跨前汉的元凤(前80—75)至平帝期(前11后5年)的纪年。

　　书体属于古隶，是当时的通行体，将来如全部发表时，将成为研究了解前汉中后期书法真相的重要数据。(《考古》1989年1期)

8.11a 宝鸡汉墓陶书

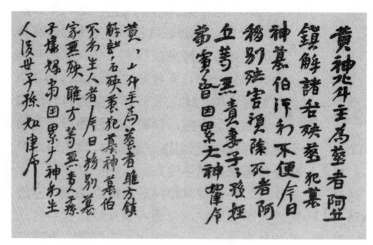

8.11c 宝鸡汉墓陶书摹本

8.11b

11．宝鸡汉墓陶书 　东汉中晚期

　　1970年，在陕西省宝鸡市五里庙的汉代晚期墓葬中，出土了一件陶瓶（图）。此瓶腹部有缺损。残高23.8厘米，最大腹径20.3厘米。腹部有朱书15行，约230字。虽然大部分的字都已剥落，但仍可见到"光和（公元178至183年）"年号。内容是罗振玉所谓"镇墓文"，文辞大意为免除死者生前罪咎，使其魂归天上，并祈愿其为在世亲友及子孙赐吉福，这与买地券一样，都是来自于道教的信仰。其书体正是马衡以"行楷体"命名的那种样式，在这里隶书波势的韵味已经消失，将要发展到楷书萌芽的状态了。

　　1973年，宝鸡市斗鸡台出土陶罐（图8.11a）一件，现藏宝鸡市博物馆。此罐通高16厘米，最大腹径29.5厘米，腹部朱书19行，全文176字，虽然现已大都剥落，文意不明，但仍可判明为镇墓文之类，开始有"永元四年"的纪年（公元92年）。书体从摹本看来是以隶书为主，但夹杂有稍带楷书风格的字形。

　　1979年，从宝鸡市铲车厂一号墓出土两件陶瓶（图8.11b）。其一通高23厘米，最大肩部直径12厘米，腹部朱书6行，全文60字。另一件通高21厘米，最大腹部直径11厘米，朱书6行，全文53字。内容均为典型的镇墓文。两瓶均无纪年，书体以行书为主，不时夹杂有草书，可能是当时民间通行的实用书体。（《文物》1981年3期）

8.12c

8.12b 陶器朱书铭

12. 陶器朱书铭 东汉·阳嘉四年（135）、熹平六年等（177）

2001年陕西西安市西南部高新技术开发区内一批东汉墓内出土，同出的陶器很多，可分为日用陶器和陶模两种，其中有两件泥质灰陶的陶罐腹部有用朱书题写的文字，一件口沿部分残，短颈，鼓腹斜下收，平底。残高18、底径10.4，腹径16厘米。另一件是敞口，折平沿，方唇，束颈，斜肩，腹微鼓，高17.2，口径9.6，底径15.2厘米。另有镇墓瓶1件，其腹部上亦用朱砂书写有文字和符咒，该瓶敞口，平折沿，方唇，束颈，斜肩，斜直腹，平底，高22.8，口径8.8，底径7.6厘米。

三件陶器上的朱书风格各异，题写"阳嘉四年"款（图）的书体笔迹较粗重，构形以隶书为主，间有楷书的笔意，书写流畅而自然。题写"熹平六年"款（图）的朱书则笔道比较纤秀，字形扁方而缺乏笔墨变化的趣味。镇墓瓶上的朱书亦显得纤秀而板拙。（《文物》2002年12期）

陽嘉四年三月庚
戌朔廿八日天帝告
弘丞墓伯地下二千
石主弘名籍王巨
子以甲戌死晦日
死日不吉弘信克鼓
弘鼓轉鈴弘鳴閒人缺
魄弓弓
生弘與起主人前
孔人都兰主人題务
一以工題安音曰何
一曰學至主壬人
之二
土相候郭
氏相坊牢
土相候郭

1

福雞大豆
此代
生孔與起主人前
孔人都兰主人題务
一以工題安音曰何
一曰學至主壬人
之二

憙平六年正月
廿三日关百戌
軍有教玄
丞伯南罗行
西家伯死
中家伯合
守一
不起持曰
青雖黄尸
墓上慈石五
可当一表移
北三丘五墓之
中藥洗死後
他人阴承下
共居，新址
中告弘丞墓
伯地下二千石，
慈君尋吏王
一酒合註死主
右丞才大右伯
右丞才大小右伯

2

令三二令乎
呂乙
三弓月
八午

田居
属大山生人右為
属不得相連生乚前行
死人郝当生人处
異遷不得之

所工四日乙乍天帝使者
謁雀王阿乚之老乚
生乚曰
九月苦王

3

8.12a 陶器朱书铭

8.13a 西安汉墓陶书

如律令乚
故乚神缾寍前門
要籃中人封吵五石之
削除文他央飢
用填壙門地乚死蒋
謹素黄金千斤庸
人天驚死恐寍隠
如故令後當毗易
乎玖竈无惡有央乚
莫彊其故走人速鳴
禹書常令正氏家中先
二千石等里書黄尸黄
燕死黄母當歸藉蒿開
後死心死丘箕泊尖尘
使者謹為玉氏父母
卯朔六日丙申宜老天者
初平四年乚十二月乚

8.13b 西安汉墓陶书摹本

13. 西安汉墓陶书　东汉·初平四年（193）

1957年从西安市和平门发掘的四号墓中出土一件陶瓶（图），通高17.7厘米，最大腹径16.1厘米，朱书18行，全文138字，内容为镇墓文。

书体虽然仍保留有隶书笔意，但仅从摹本观察，也可以不时见到行书与草书夹杂其间。

（《文物》1980年1期）

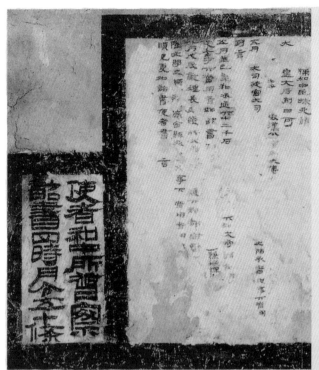

8.14 悬泉置壁书

14．悬泉置壁书

　　书道研究者不可忽视的一件汉代书法的鸿篇巨制是敦煌悬泉置出土的"壁书"（图8.14），它书写在该遗址的右边几个房间的墙壁上，这些墙壁可能是原来办公的室内墙壁。因房屋已经倒塌，只能将大小203个破碎的残垣断壁复元，其结果发现，在48×222厘米的部位，用墨书写了101行文字。因有缺文，总字数不详。

　　内容为"四时月令"的五十条诏书，主要是布告一年四季的注意事项。左下角用线条粗重的隶书记有："使者和中所督察诏书四时月令五十条"的文字，通篇文字都是很熟练的八分体，写得流畅而舒展，具有很高的艺术水准。

15．司马金龙墓漆画屏风题记　　北魏·太和八年（484）以前

　　1966年出土于司马金龙墓后室中。据考证这原是屏风一类的东西，但破损过甚，只留下一些局部，原形的详细情况不明。

　　共有约高80厘米，宽20厘米的木板五块，都于两面施朱红色漆打底，然后描画基于儒教教义以劝善惩恶为主题的历史故事，其中以《列女传》为主题的画像最多。

　　各画像均先以黑漆画轮廓与衣纹，然后以白、黑、黄、橙、绿、兰色颜料调入漆中，给画像施以彩色。这些画像的主题说明文字，则另在画像的旁边空白的红底上用黄色重新作出一块底色，在这部分中划出短册形界栏，以黑漆书写题名或题记（图8.15）。

8.15a 司马金龙墓漆画屏风题记

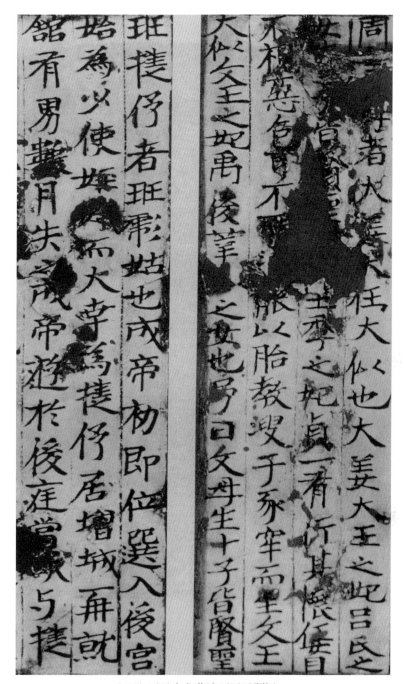

8.15b 司马金龙墓漆画屏风题记

书体为楷书，与持世经第一跋（449 年）以及近年出土的《明昙墓志》、《萧融及太妃王慕韶墓志》等南朝墓志的书风有相同之处，都是已具备一波三折笔法的书法。

此屏风的绘画风格，与传世著名的顾恺之《女史箴图卷》有不少共通之处，但是，漆器工艺技法的流传，以河南省安阳一带为其传播的北限，因此，这件屏风，很可能是东晋制作的，或是司马楚在亡命之际所带的晋见礼之一，或是落入北人之手的姬辰车载而入的东西之一，现在都已不能确知，但无论如何，这是最珍贵的晋代绘画实物。（《文物》1972 年 3 期）

后　记

　　经过近三年的酝酿和反复商讨,这本将日本著名的中国书学史专家西林昭一先生所著的日文版《中国新出土の书》和《中国新发现の书》两种重新改编增订的书终于可以脱稿了。现在我们重新定名为《新中国出土书迹》,这既是为了与西林先生前面所著二书的书名有所区别,也是为了更准确的界定本书的选材范围。首先,这里所说的"新中国"是从时间上明确,本书所选资料的范围都是1949年新中国成立以后所发现的书法遗迹,因此,1949年以前在西北河西走廊所发现的书迹以及1942年在湖南长沙出土的《楚帛书》等都不在本书的介绍范围之内。其次,本书所选的这些出土书迹,仅仅是新中国半个多世纪以来出土的众多的历代书迹中的一部分而已,它并不足以涵括新中国出土书迹的全貌。当然,我们的构想是要选取最有代表性的出土书迹来向广大读者提供一份晚唐五代以前的另类书法史料,借此以拓展中国书法史研究的范围和视野。我们知道,这仅仅是我们的良好愿望而已,如果说,本书的编辑出版能引起中国的中国书法史研究者和广大书法爱好者的注意和兴趣的话,那么,我们也就心满意足了。

　　西林昭一先生是日本书法界中德高望重的中国书法史研究专家,我作为后学,在一些特殊的机缘中结识了西林先生,尽管我们的语言沟通并不是很方便,但我们却成了很投缘的忘年之交,正因为西林先生的高度信任,才很愉快的促成了本书的编选和出版。

　　记得最早知晓西林先生的大名是在20世纪90年代初,当时我作汉语史研究的同行和朋友,现在东京大学的大西克也先生知道我对古文字和书法感兴趣,特寄赠了一本日文版的《中国新出土の书》给我,我当时就为该书编排的独特、内容的精彩所折服,从而很容易地记住了这位对中国出土书迹颇有研究的日本学者西林昭一的大名。

　　后来,我又从不同的渠道知道西林先生不仅是中国书学史研究的著名学者,还是日本有名的书法大家。在20世纪90年代末,西林先生率团来湖南考察出土书迹,专程来湖南省博物馆观摩马王堆帛书竹简,我当时作为湖南省博物馆的业务副馆长,才有机会结识这位心仪已久的著名学者兼书法家。

　　也许是那次湖南之行,湖南历年出土的众多简帛书法墨迹给西林先生留下了深刻印象,因此,作为日本每日书道会顾问的西林先生回国后,就开始建议和筹备每日新闻社、每日书道会在日本东京举办湖南出土古代文物书迹的大型展览。

　　2001年10月，我应东京大学文学院池田知久教授的邀请去东京大学作短期访问，西林先生得知这一消息后，亲自到东京大学来看我，并面商有关举办展览的事宜。

　　为了举办好展览，西林先生多次带队来湖南长沙挑选展品，商议展览事宜，这样我们也就有了更多的交流机会，我们交谈的内容也自然从展览而扩展到有关中国书法史研究的方方面面。

　　2004年9月，由每日新闻社、每日书道会、三得利美术馆和湖南省博物馆联合举办的《中国古代的文字和珍宝——湖南省出土古代文物展》在东京三得利美术馆成功举办。我当时作为中方代表团成员亲身感受了展览开幕的盛况，同时，在东京期间，还应西林先生的盛情邀请，和金子卓一先生一道到他府上拜访。我们在西林先生那富有中日文化交融氛围的客厅内，一边品尝他夫人精巧的日本料理手艺的同时，一边很随意地说起西林先生的许多著述。我说，很遗憾的是，西林先生有关中国出土书迹的著述大都是日文版的，尽管1990年在四川成都出版过他所著《中国新出土の书》的中译本，但该书现在已很难找到，而2003年在台湾出版的《中国新发现の书》的中译本中，有许多译法并不准确，而且在台湾出书，大陆学者还是很难读阅。因此，我建议西林先生应该在大陆正式出版他所著《中国新出土の书》和《中国新发现の书》的中译本。

　　没想到的是，我这随便说起的建议，竟引起西林先生的高度重视。随后我们在一起前往伊豆半岛、镰仓等地参观的途中，就多次讨论起如何将这两种书在中国大陆出版的事宜。

　　西林先生认为，他所著的这两种书，前者出版于1989年，第二种也是2002年出版的，现在中国的出土书迹层出不穷，如果照原样翻译出版，那显然已经过时了。因此，他说，要在中国大陆出版，最好是将两书合并，同时还要补充近年新出的书迹精品。可这两年手头还有一本大型工具书要编撰，一时也腾不出时间来改编这两种书，而我一直在湖南省博物馆从事楚汉简帛的研究工作，对近年的出土书迹比较了解，如果可能的话，他希望我能在他这两种书的基础上加以删节修订和增补，然后以两人合著的形式出版。

　　作为后学，我非常钦佩西林先生这种与时俱进的治学精神，也非常赞成他的这种构想，但我算什么？我哪有资格来修订增补西林先生的大著呢？我先是惶恐，后是推辞。但西林先生很执着，也很实在。面对西林先生的这种信任和抬爱，我又实在找不出什么理由来推脱这种难得的学术历练。因此，当时我也就冒昧地接受了西林先生的全权委托，承接了删节、合编、修订、增补这两本书的任务。

原本以为有两种已出版的书作基础，删节、合编和修订的工作应该是很容易的事，可深入其间才发现，事情并不那么简单。

首先就是一个取舍的问题。西林先生的那两种书都很注重考古材料，因此多有很详细的考古墓葬材料的介绍文字，而凡是有文字的考古材料，如玺印、瓦当、铜镜等也都是其介绍对象。此外，从时代上来看，所收的资料一直到元代。这样篇幅很大，时间跨度太长，而中国古代书迹的重点并不太突出。为此，我在征得西林先生同意的基础上，对原来两种书中的编排体例进行了全部调整。考虑到篇幅的关系，我们忍痛割舍了那些不具备典型书法特征的部分，如镜铭、瓦当、印章、封泥、戳记等，同时，我们还将所选内容的下限截止在唐代。这样，我们再根据载体的不同将所有内容界分为八大部分，作为本书的整体框架，从而有效的控制了本书的篇幅，突出了重点介绍中国出土古代书迹的特点。

其次是在文字表述方面。由于台湾的中译本表述文字很不规范，需要按照现代汉语的表达习惯全部进行修订和改写，因此，在征得西林先生同意的基础上，为了保持全书行文风格的一致，我只好对所有的介绍文字进行了尽可能的修订，而这也就无异于重新编写了一次出土书迹的说明。

我知道，这种修订和改写，往往会造成费力不讨好的结果，如果说，本书的出版能得到书界同仁的认可的话，那我也算是完成了西林先生的重托。如果本书在编排和行文中出现瑕疵或语病的话，那都是我的责任，还请读者诸君原谅。

本书的改编和修订，前后经过了近三年的时间，这三年中，我们获得了很多人的关心和帮助，这里我们要特别感谢日本每日书道社的郑丽华小姐，是她的帮助，化解了我与西林先生之间的语言障碍，得以随时的联系和沟通，有效的促进了本书的编写进程。同时，我们要感谢香港中文大学的饶宗颐教授惠题书名，感谢文物出版社的苏士澍先生惠赐序文，感谢编辑李穆先生的辛勤编辑，可以说，没有他们的支持和帮助，这本书的修订出版那将是不可能的事。

2007 年 3 月于长沙